"十三五"职业教育国家规划教材

U0621020

微课版

企业行政管理

（第三版）

新世纪高职高专教材编审委员会 组编

主　编　马蔚然

主　审　夏海贤

大连理工大学出版社

图书在版编目(CIP)数据

企业行政管理 / 马蔚然主编. — 3版. — 大连：
大连理工大学出版社，2018.8(2021.12重印)
新世纪高职高专人力资源管理类课程规划教材
ISBN 978-7-5685-1685-3

Ⅰ. ①企… Ⅱ. ①马… Ⅲ. ①企业管理－行政管理－
高等职业教育－教材 Ⅳ. ①F272.9

中国版本图书馆 CIP 数据核字(2018)第 175003 号

大连理工大学出版社出版
地址：大连市软件园路 80 号　邮政编码：116023
发行：0411-84708842　邮购：0411-84708943　传真：0411-84701466
E-mail：dutp@dutp.cn　URL：http://dutp.dlut.edu.cn
大连永盛印业有限公司印刷　　　　　　　大连理工大学出版社发行

幅面尺寸：185mm×260mm	印张：15	字数：347 千字
2012 年 9 月第 1 版		2018 年 8 月第 3 版
2021 年 12 月第 5 次印刷		

责任编辑：程砚芳　　　　　　　　　　　　责任校对：刘俊如
封面设计：对岸书影

ISBN 978-7-5685-1685-3　　　　　　　　　　定　价：42.80 元

序

在第三版出版前夕，马蔚然老师希望我给《企业行政管理》（第三版）教材写个序。我知道，这部教材凝聚了马蔚然老师10多年从事该课程教学经验的心血。前言中已经概述的我不再重复。在我院"双高"建设的推动下，教材还增添了混合式教学的素材，重点和难点均增加了微课和动画，并以互联网形式提供给学习者，这突出了"互联网＋"的教育内涵，为学习者自学提供了可行途径。教学模式在与时俱进的现代化进程催逼中不断完善：在完成了教学知识模块化微课式教学模式、培养岗位能力化动画课程模式、实践能力核心化的义务劳动教学模式、教学内容先进化的校企合作模式教学改革后，进一步结合"互联网＋"，创新了网络数字化教学模式，以课程内容为导向，借助在线平台，建设了优质资源库，实现了线上线下混合式教学（该在线课程于2016～2017年入选国家备选资源库课程）。

从2012年教材第一版出版后，2014年修订出版了第二版，到2018年第三版面世，历时6年，每次修订都经过企业调研、岗位分析、整合教学内容、改革教学方法、编写出版教材等一系列课程改革的实践和创新，终于建立起一个既保留了NVQ企业行政管理课程国际标准化又适应企业现实需要，既体现了足够理论知识又突出职业能力的创新型"双证书"教学体系。本教材已达到国际化职业技能标准课程改革先进水平的要求。

本教材是在辽宁经济职业技术学院众多教师对NVQ企业行政管理引进、开发、研究，并取得了省级精品课的重大成果基础上的再研究，也是对从发达国家引进的课程体系的本土化改革研究。这一研究成果，将引进课程的"洋为中用"提高到了一个新的水平，对其他一些引进课程的消化、吸收和"为我所用"有一定的借鉴作用。这本教材在全国发行后取得了很好的反响，2014年，《企业行政管理》（第二版）被评为"十二五"职业教育国家规划教材，2018年，本教材又获得辽宁省教育教学成果三等奖。

　　本教材提出的以企业实际存在的岗位和岗位群设置教学模块和以每一个教学模块所需要的职业能力倒推确定教学内容和教学方法,具有一定的创新性,对广大教师如何建立教学模块和如何选定教学内容应该有所启迪。

　　教学中采用"课后任务训练"指导学生分工合作进行岗位训练——即"小组学习法",这本是个被广泛应用的老的教学方法,然而在这里却焕发了青春,尤其是在实践教学中和模拟团队结合起来,不仅提高了教学效果,而且培养了学生的优秀品质,补齐了学生的某些短板。如果管理类课程都能推行小组学习法,都能建立模拟团队,让学生在小组和团队中互相帮助、互相鼓励、互相比较,也互相监督,对于学生品质的日常养成教育具有潜移默化的良好作用。

　　教学中采用"实践课堂"指导学生团队合作进行岗位目标群技能训练——即建立实践课堂是本教材的最耀眼的一个亮点,这里为管理类课程如何开展实践教学提供了一个范例。在实践课堂设置职业能力要求,为实践教学提出了目标。以能够反映核心能力和具有代表性的工作项目设计实践教学场景和实训过程,破解了在实训场景设置中"无从下手"的难题。以提取现场实训工作成果作为考核学生实践课教学的成绩,抓住实践教学环节的核心,实践教学中的许多问题都能迎刃而解。

　　在线课程成绩考核体系的改革,实现了混合式教学考核环节的实施,利用互联网使学习者实现在线自学,并能够在线全过程、公正、公开、全透明地进行成绩考核,对于全面提高学生的素质、能力和知识水平大有补益。值得一提的是创新混合式教学模式的四个步骤:第一步是任务驱动学生主动学习,第二步是运用现代化手段为学生搭建学习平台(微课、动画、试题、论坛);第三步与第二步平行进行,是利用岗位工作训练学生岗位技能(企业行政管理 12 个模块);第四步是课堂答疑提问,促进学生主动思考、主动提高。

　　总之,这是一本适合企业行政管理人员学习的全面性的教材,一本创新性的教材,一本具有推广价值和借鉴意义的教材。本教材面向全国高职院校,用于各管理类相关专业人才的培养;也可以作为其他管理类专业的教学参考书;还可以用于企业职工培训。

武　新

2018 年 8 月于沈阳

前言 Preface

　　《企业行政管理》(第三版)是"十三五"职业教育国家规划教材、"十二五"职业教育国家规划教材,2018 年获辽宁省教育教学成果三等奖,也是新世纪高职高专教材编审委员会组编的人力资源管理类课程规划教材之一。

　　第三版教材内容符合高职教育新要求,体例新颖、突出情境教学、项目任务教学、案例教学等。与前两版相比做了如下修订:

　　1.全面更新纸质教材。修订更新知识 1.4 万字,且内容符合职业教育特色,丰富、实用,体例新颖。

　　2.教学课程标准及教学大纲 1 份,由马蔚然编写。

　　3.PPT 课件 53 节(1200 页 12 万字):与教材内容相符合,图文并茂,清晰明了。由马蔚然创作和撰写脚本,王君整理。

　　4.在线练习 400 题及答案,由郑春梅编写。

　　5.教学视频:对重点难点知识增加了微课。新增 29 个微课脚本共计 12 万字由马蔚然独立创作和撰写,其中 28 个由马蔚然主讲录制,1 个由郑春梅主讲录制。具体微课内容如下:

　　(1)首席健康执行官(第 1 页)

　　(2)环境与安全保障(第 7 页)

　　(3)伤病员急救(第 12 页)

　　(4)泡壶茶的奥秘(第 16 页)

　　(5)脱胎换骨(第 28 页)

　　(6)建立工作程序的原则和方法(第 29 页)

　　(7)和尚分粥的启示(第 38 页)

　　(8)管理取经(第 44 页)

　　(9)分配工作(第 52 页)

　　(10)业绩好的为什么淘汰了(第 69 页)

　　(11)蜜蜂种族的启示(第 70 页)

　　(12)团队合作(第 72 页)

　　(13)人的一生工作了多长时间(第 82 页)

　　(14)阴阳怪气的电话(第 92 页)

　　(15)职场礼仪标准(第 93 页)

本教材由辽宁经济职业技术学院马蔚然任主编，制订修订方案并编写全部内容；本教材新加入企业合作者：辽宁省人力资源和社会保障行业协会法人王英杰、副秘书长靳婷、华晨汽车集团华晨汽车物流（辽宁）有限公司董事会秘书苑继明，协助编者收集了部分资料；辽宁经济职业技术学院夏海贤教授为本教材的修订提出了宝贵的意见和建议，并审阅了全部书稿；辽宁经济职业技术学院武新教授为本教材的修订写了序，在此表示衷心的感谢！辽宁经济职业技术学院郑春梅、王君、孙方伟、周玉良、荐小泓、李洋参与了第三版教材第 2 次印刷的校正勘误工作。

在编写本教材的过程中，编者参考、引用和改编了国内外出版物中的相关资料以及网络资源，在此表示深深的谢意！相关著作权人看到本教材后，请与出版社联系，出版社将按照相关法律的规定支付稿酬。

由于时间原因，书中不足之处在所难免，恳请读者批评指正。

马蔚然

2019 年 8 月于沈阳

所有意见和建议请发往：dutpgz@163.com

欢迎访问职教数字化服务平台：http://sve.dutpbook.com

联系电话：0411-84707492　84706104

目 录

第一章　办公室的工作环境

学习目标

一、知识
（一）掌握办公室设计的标准
（二）掌握工作环境健康及安全标准
（三）熟知识别办公场所的隐患问题和解决方法
（四）熟悉紧急情况的处理方法
二、技能
（一）建立和维护有效的工作环境
（二）注意工作场所的卫生和安全

职场经验

在别人看来，我的工作太轻松了，似乎每天就是在办公室的电脑前面坐上几小时，有时甚至还可以打游戏！但其实在工作忙的时候，我的眼睛常常会布满血丝，眼圈黑得可以和熊猫比赛了。上午9点到单位，打开电脑，直到中午12点，下午依旧重复着上午的工作，即使眼睛酸得不行，也不能离开座位。久而久之，我的脖子也酸痛极了。

首席健康执行官

首席健康执行官胡昕观察了我多日，对我语重心长地说："难道你真想让这双眼睛就这么陪着你一起见证如此'有意义'的一生吗？"我立即请他坐下来，向他表示感谢，接着听他向我传授职场保护眼睛的经验："在电脑前工作20至30分钟，最好放松休息一下，可以做一些护眼运动。闭目放松：静心闭目片刻，两肘支撑在桌子边沿，以两掌轻捂双眼，全身肌肉尽量放松，30秒钟后睁眼闪眨多次。每日做3至5次。按摩眼周穴位：正视前方，以眼球为中心,在眼睛上画十字,十字正上方眉中央是攒竹穴,十字下方眼下凹陷处是四白穴,十字左面眼内角处是晴明穴,十字右面眼外角处是瞳子髎,经常按揉这四个穴位,直至酸胀,可以加速眼周的血液循环,放松眼部肌肉。通过对眼部周围穴位的按摩,使眼内气血通畅,改善神经营养,以达到消除睫状肌紧张或痉挛的目的。远眺:每日晨起,在空气新鲜处闭目,眼球从右到左,再从左到右各转5次,然后突然睁眼,极目远眺。"他一口气说了这么多,我心里顿生感激和敬意。他又补充道:"贵在坚持。"

职场忠告

工作也要保重身体。白领人士更应注意保健,否则过度劳累会使身体免疫力下降,造成身体伤害,久而久之积劳成疾,酿成大病。因此,预防疾病是第一宝典,适当休息,作息规律,养成好习惯,才能保持健康。"身体是工作的第一本钱",身体有活力,工作才会更有效率。

第一节　办公室布局

一、空间的使用

1.费用的支出

企业应该有充足的房间放置办公桌、椅子和存储设备等物品,包括计算机工作人员的工作区。空间是一种必须支付费用的资源,占用面积越大,费用就越高,特别是在一些城市的中心,地价非常昂贵。应经济合理地布局,以保证空间费用最小化。

2.满足业务工作的需要

办公室布局,需要仔细考虑不同工作部门和不同业务工作所需的空间和位置,例如,打印室就需要安排在独立的空间内,以满足信息保密的需要,并避免交叉干扰。

3.间隔物

办公室布局有三个目标:一是经济实用,二是美观大方,三是独具品味。在现代办公室中,有时要变动办公室的空间布局。因此,需要有更大的灵活性,容易竖起、移动和拆除的间隔物,给办公室布局提供了更多的选择。

二、空间的分类方式

现代办公室通常使用"开放式"和"封闭式"两种不同的方式来布局。

1.开放式办公室

所谓开放式办公室,是指在较大的空间里包含若干单个工作位置的组合。工作位置用隔板分开,以吸收噪音和区分不同的工作组。每一个工作位置通常包括下列办公设备和设施:办公桌、纸张和文具的存放空间、文件的存放空间、椅子、电话、计算机等。

开放式办公室的优点:空间可灵活使用,工作位置能随需要变化而到处移动;提供每个办公室最多的工作位置;易于进行良好的交流;工作人员活动容易受上级监督。

开放式办公室的缺点:保密困难;容易被许多事情分散注意力,例如,电话铃声、人在办公室中走动的干扰等;打电话、谈话和使用设备容易出现噪音;人们会感觉难以找到私人空间。

2.封闭式办公室

封闭式办公室,即传统办公室,也称网格式办公室,是指分隔成若干个带有门窗的小办公室。每一个房间给一个人或两、三个人使用,带有办公桌和工作空间。

封闭式办公室的优点:保证隐私和工作的机密性;更加明确办公室空间是自己的空间;注意力能保持集中。

封闭式办公室的缺点:浪费空间,因为墙壁、走廊占用空间;工作人员可能因被分隔开而感到孤独;难以监督工作人员的活动。

开放式办公室和封闭式办公室各有优缺点,互相补充。从现代化管理的角度来看,开放式办公室的优点更为突出,更有利于创造良好和谐的工作环境,更有利于提高工作人员的办公效率,更符合现代化管理的效益和效率理念,且节省费用,所以开放式办公室是现代企业办公室布局中最常用的。

三、现代办公空间组成

现代办公空间由以下几个部分组成:接待区、会议室、总经理办公室、员工办公区、财务室、机房、贮藏室、茶水间、机要室等。以下简要介绍接待区、会议室、总经理办公室、员工办公区。

1.接待区

接待区主要由接待台、企业标志、客人等待区等部分组成。接待区是企业的门面,其空间布局要反映一个企业的行业特征和企业文化。对于规模不是很大的办公室,有时也会在接待区内设置一个供员工更衣用的衣柜。在客人休息区内一般会放置沙发、茶几和供客人阅读用的报刊架,有的企业会利用报刊架将本企业的刊物、广告等一并展示给来访的客人,有的推行了ISO14000环境管理标准的企业还会向客户宣传企业的环境管理方针等。

2.会议室

会议室主要用于接待客户、举行企业内部会议和进行员工培训。会议室中应包括:电视、能反映企业业绩的锦旗、奖杯、荣誉证书、与名人的合影照等;白板(屏幕)等书写用设备;有的还配有自动转印设备、电动投影设备等。

3.总经理办公室

总经理办公室由会客(休息)区和办公区两部分组成。会客区由小会议桌、沙发、茶几等组成,办公区由书柜、板台、板椅、客人椅组成。空间内要反映总经理的一些个人爱好和品位,同时要能反映一些企业文化特征。在布置总经理办公室的位置时,还要考虑当地的习俗。

4.员工办公区

员工办公区,顾名思义是普通员工办公的场所。在现代企业员工办公区中,部门经理常常是和普通员工在一个场所中办公的。部门经理的办公位置应该有利于监督所有员工的工作状况,有利于第一时间看见出入口发生的变化,有利于观察和控制工作现场发生的紧急情况。普通员工的办公区应以业务联系紧密的人员组成的若干个办公单元来划分,单元与单元之间使用隔板或文件柜隔开。单元和单元、个人和个人的位置应符合有利于工作流程、节省时间、提高效率和健康安全、保密的要求。

四、办公室布局及其功能要求

(一)现代办公室布局应考虑的因素

(1)个人空间与集体空间系统的便利化;(2)办公环境给人的心理满足;(3)提高工作效率;(4)办公自动化;(5)从功能出发考虑空间划分的合理性;(6)导入口整体形象的完美性;(7)提高个人工作的集中力等。

(二)现代办公室布局应达到的要求

1.秩序感

秩序感要求家具样式与色彩的统一,隔断高低尺寸与色彩材料的统一,平面布置的规整性,天花板的平整性,墙面不花哨的装饰,合理的室内色调及人流的导向等。

2.明快感

办公环境明快是指办公环境的色调干净明亮,灯光布置合理,有充足的光线等,这也是办公室的功能要求所决定的。许多设计师将明亮度较高的绿色引入办公室,这样布局往往会给人一种良好的视觉效果。

3.现代感

开放式布局形成了现代办公室新空间的概念;办公室布局还将自然环境引入室内,绿化室内的环境,给办公环境带来一派生机;现代办公设备日益增多与完善,办公室布局中充分利用人机学的知识,按特定的功能与尺寸要求来进行空间布局,也是以人为本的一个基本要求。

(三)办公家具摆放

1.写字台

写字台主要考虑安全、健康、舒适原则。

(1)室内摆设写字台比较好的方案是:写字台之后是墙,左边是窗,透过窗是一幅美丽的自然风景,这就形成了一个景色优美、采光良好、通风适宜的工作环境。

(2)写字台摆设的五不宜:①不宜座背门;②不宜座侧对门;③不宜走道近窗;④不宜座后有窗;⑤不宜临窗而坐。

2.文件柜

文件柜的摆放要考虑使用方便。个人使用的文件柜最好放在本人座椅的背后,公用的文件柜应摆放在所有使用人都方便取用的地方。

五、办公环境及行为的新特点

随着科学技术的发展,人们的工作方式也发生了变化,呈现出新的特点。

1.开放性

办公环境的开放性涵盖了两层含义:首先是指办公空间的开放。办公速度越来越快、效率越来越高,办公空间的封闭性已经被完全打破;另一层含义是指信息的开放,信息的载体已经从纸张飞跃到容量大、体积小的电子媒体形式,这种开放性决定了办公空间的紧凑性、一体性。

2.虚拟性

信息时代的特点使办公用品从传统桌椅、纸笔向自动化、一体化、无纸化的办公系统转变,并迅速地向可随身携带的数字化个人办公设备发展。办公家具的许多传统功能将以数字化的虚拟形式出现。

3.移动灵活性

信息技术与数字化时代对办公自动化的要求是将家具与电脑等先进设备紧密相连,促进办公系统的网络化,办公家具功能的一体化,办公设备的小型化,办公家具与住宅家具的融合化,使办公室办公和居家办公、固定办公和移动办公的界限变得模糊,使虚拟办公和远程办公成为现实。办公环境、办公设备和办公形式都具有了鲜明的移动灵活性的特点。

4.“SOHO”一族

SOHO 是“Small Office & Home Office”的简称,即小型办公室与家用办公室。而“SOHO 一族”就是指“在家中办公的人”。目前在家办公的人士多为作家、广告策划者、编辑、会计师、建筑师、设计师、顾问以及个体工商业者等,而且在这一新的族群中女性所占的比例较大。

课后任务训练

小组合作调查一个企业的办公室,要求:1.描述该办公室的基本布局理念。2.提出帮助企业改进该办公室布局的措施和建议。

第二节　工作环境与安全保障

任何一个单位无不追求效益和效率,而健康安全的工作环境是实现效益和效率的基本条件。因为办公区的环境、办公室的布局以及工作场所的安全、保密和卫生状况对工作人员的身心健康都有直接影响,进而会对单位的办公效益和效率产生影响。所以,企业行政管理特别重视创建和维护良好的工作环境。

一、工作区的安全

(一)建设办公环境的双方保障

建立和维护安全、健康、卫生、低碳环保的办公环境,既是用人单位的责任,也是全体员工的义务。办公室中的每一个成员都应积极主动地参与创建和改进良好的工作环境。

1.用人单位应做到:①保证其员工在工作中的健康、安全和福利;②制定和不断完善有关员工健康和安全的规章制度;③不断建设、维护和改善员工的工作环境;④委任公认的有责任心和献身精神的人做安全和健康代表。

2.员工应做到:①严格遵守国家安全、健康、卫生法律法规和本单位的规章制度;②积极主动地保持和维护工作环境的健康、安全、卫生;③按要求注意自己(包括可能影响到的其他人)的健康和安全;④在安全和健康问题上与用人单位合作。

(二)建设办公环境的评估和检查

企业应选择具有较强责任心和献身精神的员工担任兼职或专职的安全和健康代表。安全和健康代表应具有建立安全和健康的工作环境的理论知识,掌握国家有关安全、健康、卫生的法律法规和单位的相关规章制度,并具有发现安全、健康、卫生问题和提出改进意见的能力。

由安全和健康代表定期对办公环境和办公设备进行安全方面的检查;发现隐患,在职责范围内排除危险或减少危险;如果发现个人职权无法排除的危险,有责任和义务报告、跟进,直到解决;将异常情况认真记录在隐患记录及处理表中,如表 1-1 所示。

表 1-1　　　　　　　　隐患记录及处理表

序　号	时　间	地　点	发现隐患	成　因	危　害	处理人	采取的措施

企业行政管理机构和企业行政管理人员承担着建立、维护和改进办公环境的责任,应该有计划、有组织、有目标地建立办公环境发展规划,制定办公环境管理制度,开展办公环境检查。办公环境检查应视企业办公环境的实际情况和季节变化组织实施,如春季办公环境检查、秋季办公环境检查、年度办公环境检查等。应对办公环境检查结果进行评估,查找存在的问题和原因,提出改进的措施,制订改进的方案,推动和保障办公环境向着健康安全的方向发展。

(三)建设办公环境的原则和基本要求

1.建设办公环境,应遵守以下三项原则:

(1)健康的原则:必须坚持维护企业员工身心健康的原则。

(2)安全的原则:必须坚持保证企业员工人身和财产安全的原则。

(3)保密的原则:必须坚持保守企业秘密的原则。

2.建设办公环境,应满足以下十五项基本要求:

(1)建筑要坚固。办公区建筑必须坚固安全。要求地面、墙面、天花板完好整洁;门窗开启灵活,并且能锁;室内有基本装修。

(2)光线要充足。局部照明要达到要求,且灯光不闪烁;直射的窗户应安装挡板或窗帘;注意光线不应引起计算机屏幕的反射。

(3)温度要适宜。根据天气设置调温设备,最好室温不低于 18℃,不高于 28℃。

(4)空气要流通。办公室布局要注意通风,保持工作场所空气流通;空气的质量要达到良好以上。

(5)要禁止吸烟。在办公室内严禁吸烟,需要时可在工作区外设立吸烟区。

(6)空间要适当。座位间要留有通道,力求员工工作的舒适性。

(7)噪音要低。办公室噪音要低,可利用屏障、地毯、设备、隔音罩减少噪音。

(8)办公家具要达标。办公家具要达到办公环境所需要的健康、安全标准,包括工作台面、椅子、各种存储设备等,不得有有害健康的物质、不得有可燃材料、不得有能伤害人体的棱角毛刺,并要备锁。

(9)办公用品要安全。办公设备、办公用品要满足工作所需并符合健康、安全要求,包括工作台面上的电话、计算机、文具、公用设备和物品;办公设备要安全,操作要符合要求,操作指南和注意事项要放到办公设备附近容易拿到和看到的地方。办公设备的电源线要有序摆放或加以覆盖,严防漏电、踩踏或绊倒行人。

(10)要有防火设施。办公区及办公室要设置相应的消防设施、设备及必要的报警装置。

(11)要有饮水。办公室要提供饮水并要符合健康、安全要求。

(12)要有急救包。办公区或办公室要设置急救包,并定期更换。

(13)要有制度。要建立相应的规章制度,包括健康安全规定、防火规定、人员出入规定、保密规定等。

环境与安全
保障

(14)要有符合组织目标的装饰、标识。

(15)要有适当的绿色植物。

二、工作中的安全保障措施

单位员工或来访者越多,就越需要安全的企业环境。一切工作场所对工作人员和其他在场的人员都应该是安全的;设备和房屋应防止损坏,以保证安全;重要的信息应该保护好,以保证不被泄露。

(一)设备的安全

(1)给设备加安全标记,可在设备上刻蚀或喷涂编码来做标记。

(2)给设备加锁,计算机和录像机可锁定在桌子上。

(3)可携带的小设备应该在不用时锁起来。

(4)应定期对设备进行检查,并对设备的位置和编号准确跟踪。

(5)控制人员进入办公场所,房间在不用时应锁上,人员进入用刷卡系统控制。

(6)加强安全教育,减少偷窃行为。

(7)使用保安人员和闭路电视监视系统。

(二)数据和信息的安全

1. 数据和信息保护的重点内容

(1)价格和市场信息。竞争对手能使用这些信息来获得利益,例如,投标时,事先得知其他企业的报价。

(2)财务信息。财务状况会直接影响企业的股价、银行信贷和商务合作。

(3)裁员和招聘的信息。这些信息可能被新闻单位、员工或协会乱用。

(4)新产品的市场信息、市场活动和价格政策。这些信息对竞争对手都有用处。

2. 如何保护数据和信息

(1)使用密码来保护计算机数据,并要定期更改,注意不要公开给未被授权的人员。

(2)定期备份计算机信息,备份件保留在独立的地方,注意防火防潮和加锁。

(3)定期检查病毒,防止由于病毒造成数据破坏和丢失。

(4)禁止将U盘等移动设备带进或带出企业,这样能减少病毒的危险和防止数据落到不正当的人手上。

（5）当使用计算机时，工作人员应该做到：①正确地退出程序；②定期保存数据；③显示器应放在不易被来访者看到屏幕上的信息的地方；④当离开办公桌时，关闭应用程序；⑤正确地保存磁盘。

（6）纸面数据应保存在带锁的、防火的柜子里。

（7）当处理机密信息时，工作人员应该做到：①当办公室无人时，总是锁上文件柜；②把钥匙存放在机密的地方；③当办公室无人时，不要把机密信息和文件留在办公桌上；④当等待处理时，应把机密信息放在文件夹中；⑤增加安全知识方面的培训；⑥使用保安人员和闭路电视监视系统。

（三）人员的安全

在某些情况下，可能出现工作人员和来访者受到攻击的危险，应该采取措施使危险程度最小化。（详见本章第三节）

（四）个人财产的安全

工作人员的提包、钱夹等个人财产，应该放置在带锁的存储空间。

课后任务训练

以小组为单位调查一个办公室，找出在健康和安全上存在的问题，讨论整改措施，参考表1-1，把存在的问题和整改措施列在一张表格上。

第三节　紧急情况的处理

一、紧急应对

紧急情况，是指发生的事情是不可预见的或突然的，可能是危险的，而且是需要立即采取措施的，包括：工作人员或来访者突发疾病或遭受意外事故；出现火灾或爆炸事故，需要疏散建筑物内人员；有暴力危险的来访者攻击或威胁工作人员；金钱或物品被盗等。企业有责任保证在办公地点发生的所有紧急情况得到安全处理，并使其对工作人员、来访者及工作场所的危险最小化。因此，单位需要制定有关的紧急措施，以减少危险。

（一）程序手册

企业应针对可能遇到的危险情况编写《紧急情况安全处理程序手册》，发给所有工作人员每人一份，写明如果发生这样的紧急情况应采取的程序。手册的内容必须保密。

（二）措施

（1）发放ID卡给工作人员。

（2）发放来宾卡或通行证。

（3）所有来访者必须从接待区被接走，且不允许其独自在建筑物内走动。

（4）安装闭路电视监视器。

（5）给工作人员发放个人报警器。

(6)给关键人员(例如银行经理)安装应急按钮。

(7)人员管理上,不安排人员单独工作。

(8)金钱应小心存放在限制进入的区域。

(9)不得不在建筑物内外单独行动的工作人员,可以发给移动电话。

二、事故发现和报告

(一)培训

(1)应在新成员培训中,讲明工作中可能导致事故的情形和本单位报告事故的规定。

(2)所有工作人员应知道急救箱在哪里和负责他们工作区的急救员的姓名。

(3)在指派的急救员不在的情况下,如果有人得病或发生事故,单位应备有一名专门人员以备呼叫。

(二)事故记录本

(1)所有单位必须建立和保留事故记录本,用以记录任何事故现场的详情。记录所受伤害的细节是非常重要的,因为日后受伤人要求赔偿时,这些记录会成为证据之一。表1-2就是事故记录的例子。

表 1-2 事 故 记 录

2017 年	姓 名	地 址	事故或疾病
7 月 20 日	戴米维	阳光别墅区 3 号	滑倒在湿地板上,送医院
8 月 3 日	朱圭峰	皇姑区售楼处 5 号	被门把手划破手指,由急救员齐赫包扎
……	……	……	……

(2)除了在单位的事故记录本上记录事故的细节之外,还必须填写事故报告表,写出事故的全部细节。事故报告表如表1-3所示。

表 1-3 事 故 报 告 表

编号:

姓名		性别		年龄		部门		班组	
发生时间			单位调查人						
受伤部位									
家庭住址									
发生地点									
事故经过									
急救细节	急救处理人员的姓名:								
送医院	是□/否□ 医院的名称和地址:					电话:			
证人	姓名: 职称: 家庭住址:								
注:可加附页			事故报告人			报告时间:			

事故报告表必须包括下列有关信息:

①受伤人的姓名、家庭住址、出生日期、职位(如果是工作人员)。

②事故发生日期和时间、受伤或事故的发生地点。

③伤害或事故的细节。

④在事故发生时采取的行动、提供的急救处理和进行处理的人员。

⑤受伤人员是否送往医院,如果送往医院,应记录医院的名称和地址。

⑥事故证人的姓名和职称。

⑦事故报告人的签名。

(3)事故记录本中应记录事故的所有细节,并在事故发生后尽快填写其和事故报告表,两者必须保存在安全有锁的柜子中或抽屉里,并且保留到事故发生后 20 年。

三、防火措施和安全警告

(一)防火措施

1.办公环境的防火措施

(1)由于办公室中含有易燃物质,有发生火灾的危险。办公大楼通常有许多层,火灾或爆炸警告的疏散程序应告知所有工作人员。相关内容也必须包括在新成员的培训计划中。

(2)单位应定期检查火警铃是否正常工作,也应该有定期的防火演习,以使工作人员知道应遵守的正确程序。

(3)应为建筑物的每一层指定负责疏散的工作人员。负责人员的数目,应根据该层的大小和人员的多少确定。这些被指定的工作人员对残疾员工要负特殊照顾责任,并通常应等在防火门的安全地方予以保护,直到消防人员到达。

(4)在每一层楼梯旁边备有担架,帮助疏散不能行走的人员。

(5)所有工作人员要保证离开他们的工作区域之前,关上所有的门和窗户。

(6)负责疏散的人员要检查门和窗户是否已经关上,这些人将最后离开楼层。

(7)建筑物应装备有防火门,应保持关闭并处于良好状态。至关重要的是门的前后没有物料堆积,以防止紧急情况下无法打开。

(8)火警铃应遍布每一个建筑物,以使工作人员在铃声响起时都能听到。

(9)要求安装一些报警灯,以方便听力受损的工作人员或来访者。

(10)建筑物应安装烟雾报警器,在探测到烟雾时就会发出声音。这些报警器应定期检查,以确保它们有效地工作。烟雾报警器用的电池应该定期更换。

(11)建筑物中安装的喷水装置,在探测到火灾的情况下,它们会自动工作。这种设备应该精心维护并定期检查,以确保其正常工作。

2.减少火灾危险可以采取的措施

(1)不允许工作人员在室内吸烟。

(2)工作人员在首次参加工作的培训中,应被告知正确的疏散程序。

(3)应进行定期的防火演习,监督离开建筑物花费的时间。

(4)应邀请消防官员提出本建筑物疏散的具体建议。

(5)应经常检查所有电气设备,以确保其处于正常的工作状态。

(6)所有磨损的电线应立即由有资格的人员处理。

（7）所有使用的电器应由有资格的人员定期检查维护。

（8）易燃品应存放在防火柜中。

（9）办公室的家具应尽可能使用阻燃材料。

（10）所有区域应保持清洁，不乱放废纸和纸板箱。

（11）垃圾应每天从废纸篓中清除——这些废纸篓应该是阻燃的，而不是易燃的。

（12）工作人员应知道最近的灭火设备的位置。

（13）工作人员应知道发生火灾时使用的灭火器的类型。

3.灭火器材

有各种类型的灭火器材可供使用：

（1）装有沙子的防火箱。

（2）消防毯，放在厨房可用来扑灭油火。

（3）灭火器。灭火器的种类很多，按所充装的灭火剂可分为：水、二氧化碳、化学泡沫、卤代烷、干粉等，如表1-4所示。

表1-4　　　　　　　　　　　　　灭火器的种类

制成物料	水	二氧化碳	化学泡沫	卤代烷	干粉
扑灭火灾	扑灭木和纸引起的火	扑灭易燃液体或电引起的火	扑灭易燃液体引起的火	扑灭易燃液体或电引起的火	扑灭任何火种
不适用	不适用于易燃液体或电引起的火	不适用于金属燃烧引起的火	不适用于电引起的火	卤代烷有毒，而且破坏臭氧层	

（二）安全警告

（1）安全警告应贴在所有建筑物的显著位置。单位应配备与卫生和安全有关的布告板，使所有工作人员和来访者都能看到。应该写明在火警的情况下应采取的防范措施，疏散时使用的最近的安全出口；也应该提醒人们不能使用电梯以及工作人员在疏散后离开房间前必须关闭所有的门和窗户。

（2）单位内还应贴示其他安全须知。例如，在所有设备上面或旁边放置详细须知，说明如果设备不正常工作应采取的步骤，并列出应该联系的人员姓名及联系电话号码。

（3）建筑物有指明安全门位置的标志并提醒人们使用后关上。也有标志显示当听到警报的情况下向何处去，这些标志通常用一个朝向最近的安全出口方向奔跑的人的图像来表示。

（4）在灭火器旁边，应有标志显示上次检查的时间和人员以及特定灭火器能扑灭的火的种类，也应指出灭火器使用不当会造成的危害。

（三）灭火器的使用方法

企业行政管理人员应该掌握灭火器的使用方法，正确地使用灭火器，把火灾消灭在突发初期。控制火灾蔓延，是防火灭火的重要措施。为此，下面介绍灭火器的正确使用方法。

1.干粉灭火器使用方法

（1）取出灭火器，使用前要将瓶体颠倒几次，使筒内干粉松动。如图1-1所示。

（2）除掉灭火器铅封，如图1-2所示。

图 1-1　取出灭火器,使用前要将瓶体颠倒几次,使筒内干粉松动　　　　图 1-2　除掉灭火器铅封

（3）拔掉灭火器保险销,如图 1-3 所示。

（4）一手握住压把,另一手握住喷管,如图 1-4 所示。

（5）人站在上风,在距离火焰两米远的地方,一只手用力压下压把,另一只手拿着喷管左右摇摆,对准火苗根部喷射干粉覆盖燃烧区,直至把火全部扑灭。如图 1-5 所示。

图 1-3　拔掉灭火器保险销　　图 1-4　一手握住压把,另一手握住喷管　　图 1-5　对准火苗根部喷射(人站在上风)

2.泡沫式灭火器使用方法

使用泡沫式灭火器时应该注意,人要站在上风处,尽量靠近火源,因为它的喷射距离只有 2～3 米,要从火势蔓延最危险的一边喷起,然后逐渐移动,注意不要留下火星。手要握住喷嘴木柄,以免被冻伤。因为二氧化碳在空气中的含量过多,对人体也是不利的,所以在空气不畅通的场合,喷射后应立即通风。

3.二氧化碳灭火器使用方法

二氧化碳灭火器有开关式和闸刀式两种。使用时,先拔去保险销,然后一手握住喷射喇叭上的木柄,一手按动鸭舌开关或旋转开关,最后提握器身。需要注意的是:闸刀式灭火器一旦打开后,就再也不能关闭了。因此,在使用前要做好准备。

四、伤病员急救

伤病员急救

在办公场所突发意外,可能出现伤病员需要急救,这是企业行政管理人员必须注重的工作之一,要设置和配备急救员、配备急救设备和急救箱、普及急救知识。

1.设置和配备急救员

企业应根据办公区域范围和人员多少,合理配备急救人员,承担突发性伤病员的急救。急救员可由办公区域中配备的医务人员承担,也可以由其他工作人员兼职。急救员必须有较高的责任心,熟练掌握急救知识,并具有健康的身体素质。急救员应经常参加急救专业培训,熟悉和更新急救知识,负责和管理急救设备和急救药品。

2.配备急救设备和急救箱

企业办公环境中应配备必要的急救设备,如氧气袋、呼吸机、担架、毛毯、被褥等。

企业办公环境中必须配备足够的急救箱,并必须及时补充和更换急救箱中的药品和其他急救用品,切实保证急救药品和急救用品有效、不过期。急救箱除了配备各种急救药品外,还应配备下列急救用品:消毒棉花;消毒纱布;敷料包;医用胶布;绷带;温和消毒剂如沙威隆;胶布;安全扣针;剪刀;三角巾;即用即弃胶手套。

3.普及急救知识

企业办公场所出现意外伤病,可能包括:头部受伤、休克、骨折、鼻出血、触电、食物中毒、煤气和石油气中毒、窒息、不省人事、癫痫或痉挛(抽筋)、心脏病、脑中风等。对于突发意外伤病,最重要的急救手段就是打120急救电话,请急救中心派专业人员来急救。但是,不论急救中心反应如何快速,对于一些猝死性的伤病急救也是来不及的。本单位的医生和急救员也可能不能立即到达现场。所以,向员工普及一定的急救知识和方法是十分必要的,例如心肺复苏急救方法、人工呼吸急救方法、急救包扎方法等。

课后任务训练

一、你在接待区工作,当一位来访者提出感觉身体不舒服,你将采取什么措施?如果你已经工作,请咨询你的上级,询问你的单位处理这种情况的程序。如果你是学生,请咨询所在学校的相关工作人员,询问处理生病的来访者的措施。将你收集到的信息记录下来,与其他同学交换并集体讨论。

二、制定某层楼办公室的防火紧急措施,并在措施中标记灭火器、防火箱、灭火毯、防火门、火灾报警器和安全门。

一、任务模块

你所在公司组织一次工作现场健康、安全、保密情况检查。

二、目的和要求

(一)目的:培训和检验学生维护和促进办公场所的健康、安全、保密的能力。

(二)要求:掌握与以下职业能力相关的知识和操作要领:

1.熟知有关健康、安全、保密的法律法规、企业规章制度和办公环境健康安全的15项基本要求,并能遵照执行。

2.保障办公室的布局符合健康、安全、保密的要求,达到企业规定的标准并体现团队形象。

3.保障办公室的布局和办公家具、设备摆放的位置有利于企业办公的工作流程,以便于办公人员高效地工作。

4.保障工作现场的工作条件符合法律法规要求,如果发现不符,能及时准确地提出整改方案。

5.识别工作现场的安全隐患,在职权范围内纠正、处置隐患因素,能够设计和填写《事故报告表》,将危害及时、准确地向上级报告。

6.管理督促各种办公设备的使用,使之符合使用程序和安全操作规范。

7.在出现紧急情况时,在自己的职权范围内根据单位程序及时、冷静和有效地采取处理措施。

8.清楚和准确地完成有关健康和安全的记录。

三、模拟现场设计

（一）所需场地

企业行政工作办公室。至少要有一个开放式办公室和一个封闭式办公室。办公室内应有办公桌椅、文件柜、办公电话、计算机、打印机等办公用品。

（二）必需的用品

1.模拟办公室安全健康管理制度；

2.模拟《紧急情况安全处理程序手册》；

3.模拟事故记录；

4.模拟事故报告；

5.其他。

（三）模拟现场的设置要求

1.以所能接触到的真实办公室为实践操作训练现场；

2.以现场实际情况组成若干个实践操作训练小组，按教师的指导对现场进行检查，并做好记录；

3.以小组为单位开会讨论，找出存在的健康、安全、保密等问题并提出改进的措施。

（四）模拟办公环境检查步骤

1.模拟一个比较完整的企业办公环境健康、安全、保密管理制度。这个制度应该包括办公环境布局、健康、安全、保密的各项标准。

2.选择一个比较完备的办公环境。例如，把所在院校的真实办公室或实训室模拟成某企业的办公室。

3.5～7人组成一个模拟的办公环境检查组。这个检查组中，模拟成员为行政助理、他的上级、同事和本企业的专家。

4.组织模拟的检查组对选定的办公环境进行检查。

5.检查过程中，针对存在的健康、安全、保密问题做好记录。同时，对存在问题的原因和不明确问题，要询问相关人员。

6.召开座谈会，交流针对所检查环境中存在的健康、安全、保密问题，逐项讨论解决这些问题的办法。

7.起草维护健康和改进所在工作场所安全、保密措施的建议。

8.针对自己制定的"维护健康和改进所在工作场所安全、保密措施的建议"，向上级、同事和本企业的专家征求修改意见。

9.根据征求到的修改意见，对自己起草的"维护健康和改进所在工作场所安全、保密措施的建议"进行修改，最后定稿。

四、完成任务后每个人需要提交的工作成果

（一）提交一份维护健康和改进所在工作场所安全、保密措施的建议（要求建议措施多于5条）。

提示一：这项成果有三个要点：一是维护和改进健康、安全、保密三方面的建议；二是

改进建议包括措施;三是建议措施不能少于5条。

提示二:维护健康的重点:办公空间、家具设施、通风、采光、温度、环境卫生、健康保障、生病救助。

提示三:改进安全的重点:设备安全、数据安全、人身安全、财产安全;火灾、伤害、疾病、恐怖袭击。

提示四:改进保密的重点:数据保密、文件保密、计算机安全保密。

提示五:改进健康、安全、保密措施的重点:①建立法规、制度、标准;②建立危机处理预案;③建立监控、警示、指引系统;④培训和演练;⑤建立管理体系;⑥技术保障和资源保障。

(二)工作场所影响健康和安全的隐患记录。

提示一:这项成果是一份现场检查情况的记录。

提示二:这个记录的标题应该是:被检查场所名称+办公环境+检查记录(或+隐患记录)。如:《米尼公司办公楼办公环境检查记录》或《米尼公司办公楼办公环境隐患记录》。

提示三:这个记录的开头,应该包括下列信息:检查组成员的姓名、职务和在检查组内担负的责任;检查的时间:开始和结束时间;检查的地点和范围;检查的目的和要求;检查的依据;记录人。

提示四:记录的内容,应该包括:①办公现场存在的隐患,分办公室分部位的详细记录,例如,一台计算机存在安全隐患,就要记录这台计算机所在的办公室、所在位置、设备编号和使用人的姓名,及计算机隐患的实际情况。②检查过程中出现的各种情况,如检查人员的变化、发生的事故等。检查组领导和重要成员,在检查过程中的讲话、插话要点。

提示五:记录的结尾应有记录人和检查组领导的签字,记录人在记录最后一页的右下角签字,领导在最后一页的左下角签字。签字表示对记录的认可。

第二章　制订工作计划

学习目标

一、知识
（一）了解制订工作计划的准备工作

（二）掌握如何制订工作计划

（三）了解执行工作计划

（四）学会工作计划的监督和调整

二、技能
（一）能够制订一份完整的工作计划

（二）能够正确执行工作计划

（三）能够在实践中调整工作计划

职场经验

米尼公司综合行政办公室里，综合行政办公室主任费琳琳、车间产品部经理车见里、人力资源部经理杨时薪和职场新人行政助理白小白正在讨论给客人泡茶喝的程序。白小白把同样的杯子茶壶分成三组，她一边做，一边用秒表计算时间。花了足足90分钟，还做了表格给费琳琳解释："办法1用了23分钟：洗净水壶5分钟；灌上凉水1分钟，放在火上坐待水开10分钟，水开了之后找茶叶1分钟，洗茶壶茶杯5分钟，泡茶喝1分钟。办法2也用了23分钟：洗净水壶5分钟，再洗茶壶茶杯5分钟，拿茶叶1分钟，灌水1分钟，

泡壶茶的奥秘

坐待水开了10分钟，泡茶喝1分钟。办法3用了17分钟：洗好水壶5分钟，灌上凉水1分钟，接着放在火上烧水，在等待水开的10分钟里，洗茶壶、洗茶杯、拿茶叶，等水开了，泡茶喝1分钟。第三种办法节约6分钟。"费琳琳："的确如此，这是小事，但这是引子，可以

引出企业行政管理等方面的有用方法。水壶不洗,不能烧开水,因而洗水壶是烧开水的前提。"车见里说:"这同样适用于我们车间,由于一两个零件没完成,耽误了一台复杂机器的出厂时间。或往往因为抓的不是关键,完成这一环节之后,还得等旁的环节才能装配。"费琳琳说:"在企业行政管理的错综复杂的工作过程中,往往就不是泡茶喝这么简单了。任务多了,几百几千,甚至有好几万个任务。"杨时薪说:"这看起来是'小题大做',但在工作环节太多的时候,这样做就非常必要了。这里讲的主要是时间计划方面的事,但在具体生产实践和工作计划中,还有其他方面的许多事。而我们利用这种方法来考虑问题,是不无裨益的。当然,这种方法,需要通力合作,因而在社会主义制度下能更有效地发挥作用。"

职场忠告

如何提高工作效率?工作有两种形式:一是消极式的工作(救火式的工作:灾难和错误已经发生后再赶快处理);二是积极式的工作(防火式的工作:预见灾难和错误,提前计划,消除错误)。写工作计划实际上就是对我们自己工作的一次盘点。让自己做到清清楚楚、明明白白。计划是我们走向积极式工作的起点。

第一节 制订工作计划的准备

计划是指为了实现决策所确定的目标和预先进行的行动安排。这项行动安排包括:在时间和空间两个维度上进一步分解任务和目标,选择目标的实现方式、进度规定及行动结果的检查与控制等。

一、确立工作目标

工作目标,就是工作项目在一定的时限内要达到的数量、质量、标准和要求,它描绘了组织或个人未来工作的状况。工作目标可以分为长期工作目标和短期工作目标。制订计划的准备工作首先就是确立工作目标。

(一)确立工作目标的意义

确立工作目标是制订工作计划,指导、检查、评价计划执行情况的依据,是统一组织指挥、行政管理、技术支持和计划执行人员思想和行动的准则,是调动各方面积极性和实施奖惩的基础。

(二)确立工作目标的依据

1.政策法规

确立工作目标,必须符合党和国家的政策法规。任何违背政策法规的目标都是非法的和无效的。

2.标准

制定工作目标应该符合有关标准。一般情况下,工作目标执行什么标准,是由单位领导确定的。制订计划人员应向领导请示执行什么标准。如国际标准、国家标准、部颁标准、地方标准、本单位标准等。

3.单位发展总目标

单位的发展总目标是确立工作目标最重要的依据,同时单位的发展目标也是依据国家政策、法规、标准等确立的。

4.资源

资源是确立工作目标必须考虑的人力、物力、财力、技术等因素。确立的工作目标超过资源能够满足的程度,目标是无法实现的。

5.坚持先进性和可行性相结合的原则

具有先进性的目标能鼓舞人的斗志,激发计划执行单位争先恐后地努力奋斗,推动和促进执行单位的建设向着更高的目标发展。确立的工作目标必须具有可行性,经过努力可以达到的目标,既能激发人奋进又能保护人的积极性。如果工作目标定得过高,执行单位无论如何努力都不可能完成,就会使执行单位丧失积极性。

(三)确立工作目标的方法

确立工作目标的方法包括定量法、定性法和形象描述法。

1.定量法

即以数量确立工作目标的方法。能够用数量表示工作目标的都应采用定量法,这对于指导、检查、评价工作计划完成情况是最直观、有效的方法。

2.定性法

即以性质确立工作目标的方法。例如,把工作目标确立为国家级、省级或本单位的优秀、良好、及格等标准的考核要求。工作性质的确定,会伴随各项要素的具体要求,成为执行和考核的依据。

3.形象描述法

即以工作的形象描述作为确立工作目标的方法。一般是在定量、定性方法都有困难的情况下,采用形象描述法来确立工作目标。比如,某项工作在某一时期达到某一阶段等。

二、明确工作内容

明确工作内容,就是明确工作项目。工作内容包括工作名称及其内涵、所需资源、要求达到的标准及其他要求等。工作名称就是要明确计划完成的工作是什么。所需资源指在完成工作计划过程中需要的人力、物力、财力等要素。要求指通过完成该项计划要达到的目的、标准,并要对完成计划的注意事项加以说明。

三、选择实施方法

选择实施方法,就是选择具体的实施方案,包括实现工作目标的实施过程、各个子项的安排顺序、各个环节的衔接方式、各种资源的解决和分配办法、时间限制、奖惩办法、责任部门、保障措施等。

1.实现工作目标的实施过程

一项完整的工作计划必须有一个详细的实施过程。它是指导计划完成必不可少的重要内容。

2.各个子项的顺序

计划在实施过程中要注意先后顺序,安排得当,先做什么,后做什么,都要明确,才能保证计划实施的有序进行。

3.各个环节的衔接方式

在计划实施过程中,要注意前后计划内容的安排具有连贯性。

4.各种资源的解决和分配办法

计划实施过程中要运用各种资源,因此,要做好所需资源的准备工作。同时,为了做到节约资源,还要做好资源的有效分配及利用。

5.时间限制

每一项计划的完成必须要有一个明确的时间限制,这是督促计划完成的有效保证。

6.奖惩办法

为了保证计划完成效果最佳,可以采取一定的奖惩办法。如按期或提前保质保量完成计划,要给予奖励,相反,要进行惩罚。

7.责任部门

每项计划的完成由谁来负责,这是必须要明确的。一旦计划在实施过程中出现问题,要确保能够及时找到负责人加以解决。

8.保障措施

为了保证计划的顺利进行,要制定各种保障措施,把可能发生的意外事情想周全,并做好事先的防范准备,为计划的实施提供有力的保障。

四、安排工作次序

1.安排工作次序的意义

科学合理地安排工作次序,是提高工作效率、合理利用资源、减少冲突和浪费、确保工作计划顺利实施和圆满完成的重要条件。

2.安排工作次序的依据

安排工作次序主要依据工作项目的轻重缓急程度、所需和可利用资源、项目间依存和衔接关系。

3.平行排序和交叉排序

平行排序,是指不同的工作项目在同一时间内平行推进。这些不同的工作项目所占用的人力、物力、财力、技术等资源不相互挤占和冲突,项目间没有相互依存和衔接关系。在安排工作计划时,凡是能平行排序的应尽量安排平行排序。

交叉排序,是指不同的工作项目在同一时间内交叉推进。这些不同的工作项目所占用的人力、物力、财力、技术等资源相互挤占和冲突,项目间有相互依存和衔接关系。交叉排序的项目要充分利用时间和资源,衔接紧凑,顺序合理,科学安排,避免浪费。

4.按重要程度排序

按工作项目的重要程度安排工作次序,保证越重要的工作越优先安排,是一个单位工作先进、主动的重要表现。一般情况下,可以将同一个时期内的各项工作按照非常重要、重要、不重要进行定性和排序。

5.按紧急程度排序

按工作项目的紧急程度安排工作次序,越紧急的工作越优先安排,能够防止工作混乱无序,以致影响全面完成工作任务。一般情况下,可以将同一时期内的各项工作按照非常紧急、紧急、不紧急进行定性和排序。

6.按重要程度和紧急程度综合排序

按照工作的重要程度和紧急程度进行综合排序,是对工作项目最科学、合理的排序方法。一般情况下,可以将同一时期的工作项目按重而急、重而不急、急而不重、不急不重进行定性和排序。

课后任务训练

小组合作对某项工作制订一个月的计划方案,要求有工作目标、工作内容、实施方法,并安排先后次序。

第二节　制订工作计划的步骤

在经过前期的准备工作之后,就可以制订工作计划了。制订工作计划需要经过一系列的步骤。

一、起草工作计划初稿

制订工作计划的第一步就是起草工作计划初稿。

工作计划初稿是用来供相关人员讨论的,是工作计划成稿的基石,对制订工作计划本身和未来计划的执行都有着至关重要的影响。初稿的质量越好,讨论起来就越顺畅,修改的工作量就越少,花费时间少,工作效率较高;初稿的质量差,讨论起来就会困难,修改的工作量也较多,花费时间较多,工作效率较低。所以,要高度重视初稿的起草工作,严格按照工作程序办事,在切实做好准备工作的基础上,严格把好初稿起草的质量关。

工作计划初稿应符合以下儿点要求:

(1)符合制订工作计划要素要求。标准、数量、完成日期、资源是制订工作计划的四项基本要素。

①标准。工作计划的标准是对工作质量的要求和体现。标准分国际标准、国家标准、地方标准、行业标准和单位标准。

制订计划必须明确完成工作的目标。工作目标的依据要符合标准,例如,制订学院学生和教师发展计划,就必须明确要达到国家规定的师生比的优秀标准或合格标准。工作目标本身就是计划执行的标准。

②数量。工作计划的数量是对工作效率的要求和体现。制订工作计划,必须规定完成各项工作的数量。工作数量可能是具体的数字,也可能是形象的描述或品质的说明。

③完成日期。工作计划的完成日期是完成工作目标的时限。制订工作计划,必须明确规定完成各项工作目标的最终时间。

④资源。工作计划的资源是工作的基础和保障条件。

(2)符合工作计划写作要求,做到指导思想明确、方法步骤科学合理、保障措施可靠有利。计划一般由标题和正文组成。计划的标题包括单位名称＋时间期限＋内容范围＋"计划"两字。计划的正文包括开头、主题、结尾三个部分。其中，开头简明扼要的或简述依据，或概括情况，或揭示目的。主体要明确阐述目标任务、计划要求和措施办法。结尾或突出强调重点，或提出贯彻执行要求，或发出简短的口号，当然也可以不写结尾。

（3）正确选择工作计划格式。工作计划有三种格式，一种是文章式，一种是表格式，一种是文章＋表格式。文章式工作计划如上所述；表格式工作计划即是把标准、数量、完成日期、资源、责任人等要素制成表格，一目了然的表达出来；文章＋表格式，即把文章和表格有机地结合在一起。

二、征求修改意见

工作计划初稿形成后，至少要向三人以上征求修改意见。征求意见的对象，包括上级、交办人、团队内部同事、团队外部同事、外单位人员。上级和交办人对计划的目标、指导思想、资源的占有情况和解决途径比较清楚，并具有决策的权力，是征求意见的重点对象。他们不仅能够提出良好的修改意见，而且具有决定是否通过和批准计划的权力。

执行计划人员可能是团队内部的同事，也可能是团队外部的同事。他们既是计划的执行人，也是计划的受益人，对计划有着极高的关切度，也最了解计划执行现场的现状和发展态势，对修改计划有着不可替代的作用和发言权，是修改计划征求意见的重点对象。

外单位人员可能是制订计划的专家，对制订某种计划有着丰富的经验或教训，向他们征求修改意见，会对提高计划制订水平有较好的帮助。

征求意见时可以召开会议进行讨论，讨论情况要做好记录。讨论记录要包括时间、地点、参加人、主持人、记录人、讨论议题、每个人的发言、主持人和记录人签字。当然，也可采用面谈、信件、电子邮件、微信、电话等形式征求对计划的修改意见。不论哪种征求意见形式，都要做详细记录。

三、修改工作计划

根据征求到的修改意见，对计划初稿进行修改，最后形成各方面都满意的修订后的工作计划。

修改计划时，要根据政策法规、单位的总体规划、应执行的标准、资源状况、上级和交办人意图等，对收集到的修改意见进行分析，去伪存真，去粗取精，对计划初稿进行认真修改。

修改工作计划，应符合以下要求：

（1）工作计划和实施过程符合单位的政策、规章、程序及本人的权限；

（2）工作目标符合先进性和可能性相结合的要求，并达到应执行的相应标准；

（3）工作程序符合重而急、重而不急、急而不重、不急不重的顺序安排；

（4）所需的资源，包括人、财、物，符合"优化组合"的要求。

课后任务训练

小组合作，根据你所在学校本学期的教学计划，完成一份小组的学习计划，具体内容可根据小组中每个人的实际情况加以确定。

第三节　执行工作计划

制订工作计划的目的就是执行工作计划,在执行工作计划的过程中,需要明确如下具体内容。

一、明确职责

（一）明确人员和职责

执行计划的第一步,就是将工作计划清楚地通知相关人员,明确各自的行动和职责。

1.相关人员,是指与计划有关联的人员。包括计划的执行人员、计划的指挥人员、计划的管理人员、计划的保障人员。

2.通知的内容,包括标准、工作内容、资源、完成日期等。内容重点是每个人应执行的工作内容、应完成的工作任务的确切细节、任务完成的最终期限及应承担的职责。

（二）建立目标责任制

建立工作目标责任制是保证计划顺利进行的重要措施。在计划实施之前就要明确工作计划的各个分项、子项、各环节、各阶段的责任单位和责任人,务必做到责任到人,指标到人。

（三）建立奖惩制度

对于正常完成任务和超额完成任务的单位和个人,要奖励;对于完不成任务的单位和个人,要处罚。只有奖惩分明、奖勤罚懒、奖优罚劣,才能保证各项任务的顺利完成。

二、执行计划

1.实施

利用有效手段维护和控制各项工作,使工作计划有条不紊地实施。

2.手段

维护和控制计划的有效手段,是指实施计划过程中利用经济、政治、行政等手段采用检查、督促、调节、指导、鼓励等方法和措施,来确保计划的顺利进行。

3.仪式

项目开始时,应举行仪式,向社会宣布。对内是一种鼓舞,对外是一种承诺,也有利于号召和督促所有执行单位同时开工。

4.指挥

靠前指挥,领导者与执行者并肩战斗,对于鼓舞士气,激发执行者克服困难、奋勇向前有着重要的作用。

5.检查

及时检查、指导,可以随时发现计划执行中的各类问题,适时解决矛盾,调度资源,协调各项目、各环节、各阶段间的不平衡问题,保证整个工作有条不紊地推进。

6.建立统计汇报制度

在任何工作计划执行中都有必要随时收集各类信息,定期汇总分析,按时向上级汇报。通过汇报和交流信息,可以为领导决策提供依据,进而保证工作计划的顺利进行和圆满完成。

三、计划的总结、分析和评价

1.找差距

计划的总结、分析和评价,是总结工作经验,查找工作差距,解决工作中存在的问题,促进工作向更高指标发展的重要工作。

2.依据

总结、分析和评价计划执行情况,应以既定的计划目标为根据。计划目标,是根据单位的发展规划、规章制度和现实工作的需要确定的,并经过民主讨论和领导批准,是最权威的指标,同时也是检验执行者的准绳和标准。所以,总结、分析和评价计划执行情况,以既定的计划目标为根据,才是正确的选择。

3.分阶段进行总结、分析和评价

总结、分析和评价,应按阶段进行。按阶段总结、分析和评价工作成果和计划执行情况,可以及时发现工作环节中存在的问题,及时纠正和解决,防止积重难返,有利于计划健康、顺利发展。

课后任务训练

完成工作单位办公大楼安全防火工作计划的具体实施步骤。

第四节 计划的监控和调整

计划在实施过程中,要对计划进行监控以便及时发现计划目标产生的偏差,并做出相应的调整。

一、找出与计划目标产生偏差的原因

找出与计划目标产生偏差的原因,并在自己职权范围内采取正确的行动,如有必要,向有关人员汇报。

1.查找计划执行中出现偏差的原因

发现计划出现偏差时,应与执行者及有关人员共同协商,分析过程,查找原因,找出症结。计划出现偏差,可能归因于具体程序的细节、执行者的水平不合要求、资源的限制或情况的变化等,也可能是计划本身的原因,如指标过高或时间太紧等。

2.分析计划偏差的职权范围

通过分析,进一步明确计划出现的偏差,划分哪些属于本人的职权处理范围,哪些属于其他部门和个人处理的职权范围。同时也要明确哪些部门和个人有能力处理,需要采取何种措施和投入何种资源进行处理。

(1)属于本人的职权范围,应立即采取措施,积极、主动、稳妥地处理。

(2)属于其他部门和个人的职权范围,应立即将计划出现偏差的时间、地点、问题和过程通知相关部门和个人,并督促、检查相关部门和个人按时完成偏差的处理。

3.报告

要及时将计划出现偏差的情况、责任单位和个人、处理方法和结果等及时、准确地报告给上级、交办者、参与计划制订者和执行者。

二、调整工作计划或实施方案的优先顺序

根据情况变化,可以调整工作计划或实施方案的优先顺序,并与相关人员进行沟通。

1.查找计划出现变化的原因

计划出现变化的原因,可能是所需的资源发生了变化,即原计划的人力、财力、物力、技术、政策、自然条件等各方面出现了新情况,如计划执行者生病,设备、器材发生故障,某种物品规格型号不符、未能如期到位等;也可能由于不可抗力导致意外情况的发生等。

2.分析计划出现变化导致的后果

计划出现变化,可能使任务的性质发生变化,由不重要变为重要,由不紧急变为紧急,或完全相反;也可能使原计划的某个环节无法进行,或整个计划无法实施等。

3.调整计划

根据计划出现的变化情况,可以调整原有工作计划方案的优先顺序,做出新的调整计划。

4.及时将调整后的计划与相关人员进行沟通

相关人员可能包括上级、交办者、参与计划制订者、执行者等。沟通内容包括请示批准、征询意见、解释原因。

5.通知、督促、指导执行者按调整后的计划执行

将调整后的计划通知相关者,并督促、指导执行者按调整后的计划执行。

课后任务训练

小组合作,根据自己的实际情况制订一份计划,并执行该计划。在计划执行过程中,对计划的执行情况进行监督,如遇到不合适之处要做出相应的调整。请把监督过程做一份完整的记录,并把调整之处的内容写出来。

实践课堂

一、任务模块(此部分可根据学生所学专业具体落实)

米尼公司为了维护和改进健康安全的办公环境,提高突发火灾的情况下员工紧急救

灾的水平,计划开展对员工灭火器使用方法的培训。

要求企业行政管理人员制订培训计划,并组织实施和监督执行这一培训计划。

二、目的和要求

(一)目的:培训和检验制订工作计划的职业能力。

(二)要求:掌握与以下职业能力相关的知识和操作要领:

1.清楚所要开展的每项工作的目标、工作内容和实施方法。

2.按照工作的轻重缓急安排工作的优先顺序(重而急、重而不急、急而不重、不急不重)。

3.起草并与相关人员共同制订工作计划,标明标准、内容、资源、完成日期等。

4.为完成计划,按优化组合准备和分配所需的资源,包括人、财、物。

5.确保工作计划和实施过程符合企业的政策、规章、程序及本人的权限。

6.将工作计划清楚地通知相关人员,明确各自的行动和职责。

7.利用有效手段维护和控制各项工作按照制订的计划有条不紊地实施。

8.根据既定目标,按阶段总结、分析和评估工作成果和计划执行情况。

9.找出与计划目标偏差的原因,并在自己职权范围内采取正确的行动,如有必要,向有关人员汇报。

10.根据情况变化,改变工作计划或实施方案的优先顺序,并与相关人员进行沟通。

三、模拟现场设计

(一)5～7人一组,分别轮流扮演行政助理、上级(总经理或副总经理)、交办者(办公室主任或行政管理科科长)、团队内同事、团队外同事、外单位人员。

(二)把教室模拟成开放式办公室。

(三)模拟实施步骤

1.任务交办者布置任务:灭火器使用方法培训计划。给出条件并提出要求:

(1)培训对象:公司机关全体人员,约30人左右。

(2)培训地点:培训教室。

(3)使用设施:灭火器、防火演习用烟雾弹、破旧墩布、打火机。

(4)编制计划

①起草灭火器使用方法培训计划初稿。

②征求修改意见。至少向三人征求意见,征求意见的对象包括上级、交办者、团队内同事、团队外同事、外单位人员。

③根据征求到的修改意见,完成修改,并报请上级批准。

2.按照批准的计划,以小组为单位实施培训。

(1)实施的方法

①在一个小组内,一人扮演培训教师,其他人扮演接受培训的员工。

②培训教师向接受培训的员工讲解操作要领。

③培训教师指导员工一个个的进行操作训练,对不正确的操作给予指导。

④轮流进行,每人担任一次培训教师。

（2）实施步骤

①扮演上级者宣布:灭火器使用方法培训现在开始,全场报以热烈掌声。

②培训教师讲解要领。

③培训教师指导操作训练。

④培训教师对培训结果进行总结点评。

（3）检查指导

①小组成员分别担任上级和交办者,对培训计划的实施进行检查指导。发现问题,立即解决。

②培训过程中,出现了操作不顺畅,进度缓慢的现象,影响了培训目标的实现。

③上级和交办者立即组织寻找偏差的原因,发现干粉灭火器的装料过期,影响培训效果。

④上级和交办者立即要求暂停。打电话向有关方面调用新的灭火器,但电话中被告知库房中已没有能使用的干粉灭火器了。

⑤上级立即找计划交办者、计划制订者、培训教师讨论,统一认识后决定改用泡沫灭火器进行培训。

⑥当场确定修改计划的细节。将调整后的计划与相关人员沟通。

⑦培训工作继续进行。

3.上级或交办者,对培训工作进行总结,指出培训工作取得的成绩、经验、教训和改进的方向。对完成任务做出突出贡献者给予表彰,对完成任务造成不良影响者给予批评。

四、完成任务后每个人需要提供的工作成果

（一）需提供为完成灭火器使用方法培训任务,自己制订的工作计划的草稿、与同事的讨论记录及修订后的计划。

提示一:这个成果包括三部分:计划草稿、讨论记录、修订后的计划;

提示二:这个成果是一份计划,计划的要点包括:标准、数量、完成日期、资源;

提示三:参与讨论修改计划的人最少三个,他们包括:上级、交办者、团队内同事、团队外同事、外单位人员;

提示四:计划写作,应符合应用文写作方法,不仅要符合四个要点要求,也要符合计划写作的工作目标(工作内容和标准)、方法步骤[根据轻重缓急确定,即重而急、重而不急、急而不重、不急不重安排优先顺序,采取的方法,完成的时间,保障措施(人、财、物、技术、政策)]的要素要求。标题、落款、引言等也要符合写作规范。

（二）灭火器使用方法培训工作记录

提示一:这个成果是一份工作记录。

提示二:工作记录应包括时间、地点、人物、事情经过,发生了什么问题、这些问题是如何解决的以及整个工作完成后的总结评价。

提示三:重点记录计划执行过程中出现变化的解决办法。

提示四:重点记录计划执行过程中出现偏差的解决办法。

第三章　工作程序和制度建设

学习目标

一、知识

（一）掌握建立工作程序的重要性

（二）熟悉行政事务管理的流程

（三）了解质量标准与控制方法

（四）了解基础制度概念

二、技能

（一）开发程序

（二）执行程序

（三）维护程序

职场经验

　　刘君新到 W 公司，他下定决心要好好干。上班的第一天，刘君看到同事们陆陆续续进来，一般的是迟到十几分钟，有的迟到近半个小时。中午休息一小时，下午一点上班，一点二十分才有同事从外面吃饭回来。以电话行销为主的部门几乎听不到打电话的声音，个个坐在电脑前，MSN、QQ 兴致正浓，还有的看股票的走势图、网上小说。这无形中让刘君大吃一惊。进公司第四天下班后，好心的同事把公司的历史、来龙去脉、人际关系等细枝末节给他描绘了一番，令本来准备好好干一番的刘君"一下子掉到了井底"，新人冲天的干劲消失了大半，只好随大溜混，跟着也开始迟到和聊天……

　　就这样 6 个月过去了，刘君迎来了 W 公司人力资源管理制度改革。一是总经理专门谈过话，不要管别人怎样，做好自己的事就行了，一切以业绩为导向，业绩不好的下场只有离职走人；二是公司里实施了目标管理与绩效考核，每个人都有自己明确的目标和任务。

脱胎换骨

刘君对自己进行了调整,开始投入到紧张的工作中,他明白一个道理:要为自己而工作,为自己积累从业经验,塑造自己的职业形象,扮演好自己的角色,做一个对得起公司、对得起自己的人。

一年后,W公司的利润比以前翻了三倍,员工们群情振奋地往前冲,大家抱成一团,氛围、形势比以前好多了。

职场忠告

好的制度令人才辈出,不好的制度则埋没人才。同样一个人,在不同的环境下能创造出不同的价值,可见公司的整体氛围对人影响很大。

第一节 建立工作程序

一、建立行政管理工作程序的必要性和重要性

1.有利于规范行政管理办公人员的行为

现代化办公,在能够更加充分地发挥每一个行政管理工作人员个性化的同时,也容易造成办公形式、进程、质量的不一致性,从而影响整体工作的推进和目标的实现。建立和完善办公工作程序,能保证每一个行政办公工作人员在不同的工作地点和不同的工作时段,都遵循同样的工作标准和程序,达到同样的要求和目标。

2.有利于建立公平正义

公平正义是中国特色社会主义的内在要求。在一个社会组织中,无论做什么工作,各行其是,不按照统一的章法和标准做事,是无法实现公平正义的。所以,建立企业行政管理工作程序,是在企业行政管理工作人员职责范围内实现公平正义的重要保障。

3.有利于提高办公效率

企业行政管理工作很繁杂,有的时候会出现大事、小事、临时性和紧迫性的任务接踵而至的情况,这个时候如果不分轻重缓急,理不出头绪,工作起来东抓一把,西扯一下,件件都去做,件件都没有结果,按下了葫芦又起了瓢,捡起了芝麻却丢了西瓜,会导致工作效率低下。假如建立一项工作程序,每天对工作按先急后缓、先重后轻的原则进行排序,安排先做什么,后做什么,找出各项工作应达到的目标、需要的条件和合作的对象等,就能保证工作的有序进行,提高效率,达到目标。

4.有利于树立良好的企业形象

建立完整的企业行政管理工作程序,能够保证一个组织的行政管理工作规范有序和灵活运转,表现出对内对外的公平正义和团结和谐,展示出良好的工作效率和风范,这对于树立企业良好的社会形象具有至关重要的作用。

二、以文字形态存在的程序呈现四种形式

1. 在国家法规中存在的工作程序。如在司法中规定的批捕程序、审判程序。

2. 在规章制度中存在的程序。如单位在其财务管理制度中规定的借款审批程序、报销审批程序等。

3. 为某项工作专门规定的程序。例如，一个企业的来访接待程序、新职工入职工作程序、档案借阅程序等。这些工作程序具有规范工作、提高效率、减少差错、统一标准的多种作用。专门规定的工作程序，既要依据相关的规章制度，又是对规章制度很好的补充。

4. 为某次工作专门规定的程序。例如，某次会议的会序、某次接待工作的日程安排、某次活动的实施方案等，实质上就是此次工作的具体的实施计划。为某次工作规定的程序，与为某项工作规定的工作程序相比，要更细致、更具体、更具有可操作性，它应该包括目的、理由、细目和实施计划。

在法规和制度中列入的程序，具有强制性，必须严格遵守，否则就会受到制裁。而建立某项和某次工作的程序，则是企业行政管理人员经常会遇到的工作。

三、建立工作程序的原则

在为某项工作建立工作程序和为某次工作建立工作程序时，应该遵循以下原则：

建立工作程序
的原则和方法

1. 规律性原则

建立工作程序，必须遵守客观规律的要求，如果违背客观规律，工作就会失败或者造成不同程度的损失。如同建一座大楼，基础没有打牢，就开始砌墙、封顶，势必会造成大楼坍塌。例如，我们组织一次培训考核，在还没有完成考试的情况下，就把评卷人员集中起来，势必会造成窝工浪费。

2. 法规性原则

建立工作程序，必须符合法律法规的要求。如果工作程序与法律法规相悖，不仅违法违纪，还会失去公平正义，不会得到公众的支持和认可。例如，档案的归集、整理和分类，《档案法》和不同类型社会组织的档案管理细则都有明确的规定，如果我们制订的某一年度的档案工作方案，违背这些规定，就会使当年的档案立卷出现混乱，给编码、查找、利用带来困难，造成档案全年管理的质量下降。

3. 公平性原则

建立工作程序，必须符合公平、公正、公开的原则要求。一项工作程序，不仅应该保证程序执行的结果是公平的，还应保证程序执行的过程是公开透明的，这样才能使程序的利益方感到公平正义。例如，一个企业选聘中层干部，假如规定本部门员工的赞成率必须超过80%，全体员工的赞成率必须超过60%，董事会的赞成率必须超过90%。应聘的人员5人，而最后聘用的只有1人。那么，这个方案，既要保证选聘的结果对5个人都是公正的，又要保证选聘的过程是公开透明的。也就是说，要使应聘的5个人和广大员工，都能亲眼看到和亲身感受到这种公平、公正。这种公平性原则，还要求程序执行人员具有公平正义的品格和条件，并建立程序本身的监控程序。

这里特别强调,一些为职工和社会公众提供服务的工作程序,尤其是工作程序的细节和辅助要求,公开和透明十分重要。2013年北方一个城市的一家供暖公司贴出一张公告,大致的意思是:接到政府通知,今年交纳采暖费增加一道程序,除了提供房产证(往年只需要提供房产证),还要提供房产证复印件、身份证原件和复印件。为此,一位老人跑了五次供暖公司才完成一次交费。有这种遭遇的绝非他一人,也绝非只有交纳采暖费有这样的尴尬。假如,这家供暖公司能够一次性公布这些缴费程序的细节和辅助要求,不仅老人和其他市民不必往返多次,也能提高供暖公司本身的办事效率。

4. 简化性原则

建立工作程序,凡能简化的环节应该尽量简化,凡能简化的辅助要求也应尽量简化。这样不仅能够给服务对象带来诸多方便,也能简化办事人员的工作负担,提高工作效率。例如:医疗机构特别是三级医院利用信息化手段,为患者提供预约诊疗、候诊提醒、院内导航、检查检验结果查询、划价缴费、健康教育等服务,努力做到了"四个减少":患者往返医院次数减少,在医院内的重复排队减少,门诊全程候诊时间减少,平均住院日减少。许多医院已采用手机移动 APP 网上办公、挂号,不必再排队等候,预约医生可以在微信上选择医生和支付挂号费,节约患者时间。

四、建立企业行政管理工作程序的方法

建立企业行政管理工作程序,涉及工作过程中各环节的目标、方法、措施等细节,还涉及人、财、物、技术、政策等要素及其辅助要求。这些复杂的因素,靠一个人很难准确把握和正确解决,需要与上级、同事、专家,特别是程序涉及的工作人员,认真地讨论,多方征求意见,反复推敲研究,最后才能确定建立程序的方案。有时还需要制订几个方案进行对比,从中选择最优方案。

1. 要明确工作程序的目标

凡是工作目标大多都会涉及标准。标准有国际标准、国家标准、地方标准和单位标准。例如,国际标准的纸张尺寸可分为 A、B、C 三种系列。此标准的特色是纸张尺寸的长宽比均为$\sqrt{2}$(约为 1.4142)。同系列但不同尺寸的纸张,其几何比例相同。指标还可能涉及国家政策、法律法规的要求,指标涉及最多的是数量、质量和时限。当然,一个单项工作的目标,必须符合单位总体规划目标的要求。依据上述要素确定目标时,必须与上级、同事、专家讨论,最后确立自己的工作程序目标。

2. 要制定工作程序的细节

工作程序的细节,就是为实现工作程序中的各个环节目标所需要采取的方法和步骤。一切工作程序,一般都会有准备、计划、实施、总结评价等阶段,每个阶段都会有若干个环节。例如:准备阶段可能涉及信息采集、信息分析等;计划阶段可能涉及计划草拟、计划讨论、计划修改等;实施阶段可能涉及开始、中间运行、结尾等;总结评价阶段可能涉及收集反馈意见、收支决算、起草总结报告等。

3. 要确定工作程序的辅助要求

工作程序的辅助要求,是指实现工作程序的目标和实施工作程序的方法步骤所需要的帮助性条件。例如,某供应商只收现金,不收支票;而购买设备的单位财务制度规定,支付现金必须经由主要领导特批,如坚持要购买这个供应商提供的产品,就必须解决这个付款问题。再如,按单位设备管理规定,新购买的设备必须先入库,然后再由使用单位领出使用;但由于使用单位距库房较远,且急需投入使用,决定将设备从商家直接运送到使用现场,这就需要设备管理部门派人到使用现场办理入库、储存手续。又如,一个工作程序是验证身份证,其辅助要求是提供身份证原件的同时,还要提供身份证复印件,并且要求复印双面。

课后任务训练

小组合作,设计米尼公司出差人员到财务报销差旅费的工作流程。

第二节　行政事务管理流程

企业的行政事务管理流程,只是企业行政管理工作程序建设中最常见、最便捷的形式。一目了然,便于执行,是企业行政事务管理流程的鲜明特点。

下面所列九项流程,只是企业行政管理工作流程的一部分,不是全部。每一项企业行政管理工作流程都不是一成不变的,不同企业,不同的发展阶段,不同的行政管理环境,都应有不同的管理工作流程。但是,工作流程的编制原理和方法基本一样。

1. 办公设备、用品及日常用品的采购、发放管理(图 3-1)

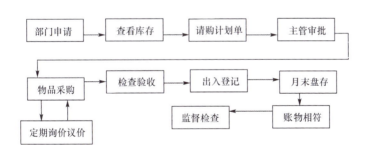

图 3-1　办公设备、用品及日常用品的采购、发放流程

2. 文件档案的归档管理(图 3-2)

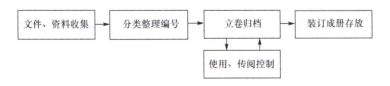

图 3-2　文件档案的归档流程

3.文件资料收发、传真往来流程(图 3-3)

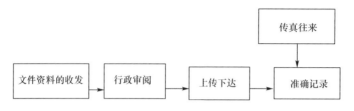

图 3-3　文件资料收发、传真往来流程

4.各种车辆费用的支付、控制流程(图 3-4)

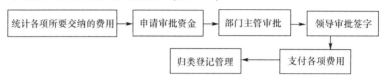

图 3-4　各种车辆费用的支付、控制流程

5.对外关系的建立和维护流程(图 3-5)

图 3-5　对外关系的建立和维护流程

6.处理突发事件流程(图 3-6)

图 3-6　处理突发事件流程

7.后勤服务质量保障检查流程(图 3-7)

图 3-7　后勤服务质量保障检查流程

8.安全管理工作流程(图 3-8)

图 3-8　安全管理工作流程

9.日常事务处理流程(图 3-9)

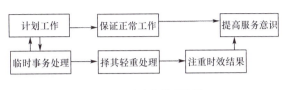

图 3-9　日常事务处理流程

课后任务训练

小组合作,设计到机场接待来访者的工作流程。

第三节　质量标准与控制

这里说的质量是指企业行政管理工作的质量,标准是指企业行政管理服务令服务对象认同和满意的程度。企业行政管理服务对象对服务质量的认同和满意程度,表现在是否在对象期待的时间内提供了服务,以及服务是否符合其心理上、实际上的需要。企业行政管理的一项职能就是对这种服务质量进行研究,并将其转化为可量化的或者可描述的形象化指标。

作为有效的管理手段,企业行政管理人员把服务标准和实现这些标准的政策依据、法律法规、指导思想和工作程序等制作成管理手册,例如"质量手册""职工手册""接待工作手册""春季运动会秩序册"等,并依据这些手册对服务质量进行控制和管理。

在实际工作中,为了保证手册的正确执行,实现质量目标,企业行政管理人员就具体项目、具体环节制定的操作程序编制"作业指导书",这种作业指导书可以是文本,也可以是图解。有的就称为指导书,例如,《安全检查工作记录填写指导书》,有的称为措施,有的称为方案,有的称为计划。

一、工作时限和周期控制

(一)回应周期

1.回应时间和满足最终期限

企业使用回应周期来处理多种问题。例如,某企业宣称其专门人员会在 24 小时内回复来电或在 7 天内以书面形式回复某项投诉。

(1)回应时间。回应时间是指处理一个问题以及给客户或查询者"回应"的答复时间标准,例如,3 天内发送货物。回应时间可由任务的类型(如电话或客户投诉)确定。有些要求也能识别为"日常"或"紧急",紧急任务需要更快地回应,如表 3-1 所示的例子。质量标准的一项关键的特征,是标准能容易地予以衡量和监督。组织中处理工作花费的时间就是这些标准的重要部分。

表 3-1　　　　　　　　　　　　　　回应时间标准规定

工作任务	回应时间
接电话	外线在 3 次铃声以内
打电话回答、告知对方信息	按对方指定的回应电话时间回答所要求的信息,例如,要求在当天下班前 1 小时内
回复信件	应该在收到信件后两个工作日内发出;紧急回复,应该在收到信件当天发出
回复电子邮件	应该在收到后 12 小时内发出;紧急电子邮件,应该立即发送回复
处理投诉	应立即处理,例如同一个工作日;信件回复,应该在收到后 24 小时内发出
归档	每天完成,在周末没有积压;紧急归档应该在 2 小时内完成
复印	日常工作,应该在收到后 24 小时内返回;紧急工作,应该在收到后 3 小时内返回

(2)满足最终期限。现代通信系统速度的加快和计算机技术的应用,使人们的注意力集中在速度和时间上,确定这些时间的标准,是制定客户对满足最终期限的要求。满足最终期限逐渐成为客户衡量一个企业服务质量的重要标准之一。

2.迅速有效地处理相关问题的重要性

随着通信系统的发展,电子邮件、传真、短信、即时聊天软件、智慧化移动办公软件等多种工具的使用成为惯例。对查询和申诉的快速反应、对不同情况的回应周期都是公开的,用户和客户都了解这些最后期限。

3.区别处理

在紧急和常规情况下,要制定不同的处理程序。工作人员必须正确区别优先次序,才能够在常规任务之前优先处理紧急任务。

(二)报告和跟踪工作进展

1.小型单位

在小型单位工作的行政人员,可能是办公室中的唯一成员,目标小,任务少,工作单一。因此未必会报告其工作的进展,所以跟踪工作进展的正式报告也就不像在大单位中那么需要。

2.大型单位

在大型单位中,目标大,任务多,工作复杂。例如,组织许多工作人员服务于同一个项目,在需要相当长的时间才能完成的情况下,必须进行跟踪,以确保达到总工期中应有的进度。通常会把大的工作分成几个部分,并为每一部分设定完成目标,进一步跟踪其进度(图 3-10)。每部分都必须按期完成,这样全部工作才会按期完成。当然,对有经验的工作人员的跟踪比对新来的没有工作经验的人员的跟踪要少。

图 3-10　任务目标分解

3.报告和跟踪(检查)工作进展使用的跟踪方法和频率取决条件

(1)工作人员的经验。新工作人员需要较高级别的检查。

(2)工作人员的个人技能。特定工作范围,需要较高级别的检查。

(3)任务的困难程度。复杂任务需要较高级别的检查。

(4)任务的紧急程度。紧急任务需要较高级别的检查。

(5)任务的优先程度。要求高的任务,需要较高级别的检查。

4.跟踪工作进展的方法

(1)非正式口头检查。在工作期间询问工作人员工作的进展情况。

(2)工作日志。根据开始时的工作计划列表,核对完成时间。

(3)现场检查。查看实际的工作进展情况。例如,观察个人公文架上等待处理的工作数量。

(4)对照检查。对照清单和制订的计划检查工作进展。如果任务被分成几个部分,各部分的目前进度是否符合期限。

(5)监督检查。对重要的工作和易出现问题的工作进行监督检查。如表3-2所示。

表 3-2 　　　　　　　　　　　　工作任务质量控制

提交日期		发出任务人姓名	
要求完成日期		实际完成日期	
工作内容			
特殊指导			
工作者		签字:　　　　　　日期:	
任务组其他成员			
发出任务人完成下面 2 项后提交给×××(办公室主任)			
1.你对工作者所执行的工作满意吗?(是/否)			
2.你提出的意见(希望):			
办公室主任签字:　　　　　　　　　　　　　　　　　　日期:			

二、公司程序、政策和质量控制手册

(一)程序(详见本章第一节)

(二)政策

政策是规范企业运行的总的原则,如公司的政策就是使客户满意。

(三)质量控制手册

质量控制手册是用来明确质量标准的书面文件,包括关于这些标准如何被监控、分析和采取正确措施的信息。例如,监督出某不合格产品的退款事宜,就要进一步识别在哪个制造过程中出现了问题,并保证该问题得到解决。

（四）程序和质量手册的制作和展示特点

1.制作程序的基本要求

（1）书面布局清晰，以使它们容易遵守。

（2）询问相关的工作人员，保证程序是可接受的和符合实际的。

（3）应急处理，当不正常情况发生时该如何做。

（4）应清楚地包含稳定性和安全性。

（5）指出应该完成的文档。

（6）具有执行监督方法以便检查程序。

2.展示特点

（1）标准的方式和布局。每一部分应该有标准的布局和方式，例如页边距、字体、标题样式和信息。

（2）参照和编号文档。文档应该清楚地标明日期和参照，表示哪些是最新添加的。可利用文档页眉和页脚。

（3）散页格式。散页文档可存储在环形文件夹中，目录页放在前面。这是为了方便单个程序在更新时易于更换。

（4）装订方式。在装订好的手册中应包含程序，并在确定的时间重新发布。

（5）手册的跟踪。定期检查谁在使用手册和它们存放在哪里。应了解手册的发布和更新情况，保证正在使用的是最新的手册。

（6）语言风格。手册是所有工作人员使用的工具，语言应该清楚和简单。

三、标准

标准能根据数量和质量定义，任何程序都应该清楚地包括所要求的标准中的指导方针，这些标准还应该能够应用于整个企业、部门和个人。

1.数量标准的例子

（1）规定接听电话之前最多的电话铃声次数，例如，3次铃声内必须接听电话。

（2）规定对单位收到的信件的最长回应时间，例如，两个工作日以内必须回复。

2.质量标准的例子

（1）对打电话回应的语言语调定标准。

（2）企业中制作文件的准确要求。

（3）企业中制作文件的标准格式。

许多企业在编写程序和设立标准时，主动适应国家和国际标准，例如ISO9001标准。企业可主动提出申请证书，确认企业达到国家或国际标准。为了满足这些标准，企业必须证明其有充足的程序和标准，并在执行这些程序和标准，以使其有效地运作。因此，所有程序和标准必须书写清楚、全面。

四、作业指导书和表格管理

作业指导书，是作业指导者对作业者进行标准作业的指导文书。作业指导书源于生产企业对单一产品生产过程、数量、质量、安全及作业内容的明确要求。沿用到企业行政管理,就是对某项行政管理工作应达到的目标、标准、数量、质量、安全和具体操作要求的指导文件。例如:××公司××年文书档案立卷指导书,又如:××学院工商管理专业××年毕业实习指导书等。

表格是用来收集和记录标准化信息的文件,也是执行工作程序和控制工作质量的工具。例如,工作申请表格、客户登记表格、人事记录表格以及订购表格等。

(一)表格的管理

1.最少原则。企业中使用的表格数量应保持最少,表格太多可能会导致低效率。

2.不得任意更改。确定程序时,应该确定清楚所有必要的表格。如果工作人员需要增加表格,应该准备表格并递交管理部门审核同意。

3.不得替换。获得标准认证的企业,如认证了 ISO9001 标准,设计和使用替换表格是错误的,使用替换表格可能被认定为违约行为。

(二)表格的设计因素

1.表格的目的。表格要符合它所设计的目的。表格是处理行政管理工作真正需要的工具。设计表格的目的是简化工作手续。

2.费用。填写表格花费时间,而工作人员的时间就是金钱;印刷也需要费用。

表格应该是简化手续的,应该包含最少的必要信息。那种询问额外信息,认为"它可能有用"的想法应该予以抵制。但是,如果在表格中增加这一信息可以免除填写其他表格的需要,那么,这种做法是可以采纳的。

3.容易完成。表格应该以逻辑顺序布局,以易于填写。可使用以下技术来实现:

(1)把相关信息放在一起,例如,姓名、地址、年龄、出生日期。

(2)减少书写,使用打钩、圈选完成,例如,选择"男/女"代替填写男性、女性。

(3)留出足够的空间给需要的信息,例如,较长的姓名和地址。

(4)留出足够的空间,便于使用不同方法填写,例如,给手写留出空间。

(5)避免模糊的问题。

(6)应该为所要求的信息做出指导说明。

4.考虑填表人员的文字水平,列出的问题应适合于填写表格的人员。

5.填写表格的地点,将影响纸张的选择、表格的大小和设计方案。

6.考虑信息的安排。信息的安排能影响布局。表格中要求的信息顺序应该与信息处理的顺序匹配,以减少转移过程中发生错误,例如表格中问题的顺序应该与信息输入数据库的顺序匹配。

7.复印的数量。需要复印件时,有必要考虑 NCR(无碳复写要求)文书。当填写 NCR 表格时,应稍微用力使在每一页上都能产生相同的结果,以自动提供表格的复印件。填写表格的人员可留一份作为自己的记录,另外的复印件按需要分发。每一页可使用不同颜色的纸,例如交货凭单,白色的给客户,黄色的给会计保留,蓝色的给仓库。

8.表格的计算机化。OCR(光学字符阅读)和 OMR(光学标记阅读)表格能自动读入计算机中。这是一种非常有效的处理数据的方法,但是表格需要非常认真地设计,以保证它们被准确地填写,把错误减到最小。

课后任务训练

1. 你作为米尼公司的行政助理,收到下面的备忘录,请迅速做出处理。

备忘录

发给:行政助理

发自:客户服务经理米舒琪

日期:2018年2月10日

我收到客户的抱怨,他说用电话查询信息时,不得不花很长时间等待回应。请区分下列电话的优先次序,并给你的部门处理电话查询的工作人员每人一份。完成任务的列表,并将复印件放在电话旁边显眼的位置。

1. 韦可湖女士打的电话,要改变与朱敏思女士两周前安排的约会。
2. A规划公司的设计师打的电话,他们正在修建我公司的新办公室,装修设计图需要紧急地决定。
3. 司雨声先生询问关于我公司广告征召助理会计师职位的细节。
4. 章西芝女士打电话抱怨说,她两周前发出的意见信没有收到回复。
5. 陈珍女士电话询问关于我们一种产品的信息,她的公司正在考虑大量订购。

2. 在手机上下载移动办公软件,与小组人员合作模拟办理出差申请和审批。

第四节　基础制度

和尚分粥
的启示

　　科学的组织制度是保证整体管理效率的基础,企业拥有的制度体系是否科学与完善,往往决定着企业能否健康高效地运转。管理制度的设计和实施的前提条件是准确科学的定位,它包括:基础制度的形式类型、基础制度设计的标准步骤、员工对管理制度的认同、规范企业内部管理环境和条件。

一、基础制度的形式类型

(一)企业管理的三个层次

1. 高层管理,即对企业业务和资源在整体上的一种把握和控制,包括组织架构、资源配置和企业战略等。

2. 中层管理,即业务管理中的控制、组织和协调,决定了企业各种业务是否能有效地开展。

3. 基层管理,即业务处理的过程管理。

基础管理分布在基层管理中但又跨越三层管理,能够影响企业全局的管理活动和事务。

(二)基础制度的类型

1. 管理手册

它阐明方针和目标,描述管理体系构架和要素,是整个体系运行的总纲。它包括企业机构设置、发展规划、制度汇编、员工手册等文件。

2.程序文件

程序文件是运行方法的具体描述,是开展各项管理工作的控制程序,是体系的主体,是管理手册的量化和细化。

3.作业指导书

它是指各项具体管理活动的指导性文件及相关工作记录表单,是控制程序的支持性文件。它最鲜明的特点是:一项工作结束了,这项工作的作业指导书的作用也就完结了。

上述内容表明,管理手册、程序文件、作业指导书都是企业基础制度的组成部分。在现代企业中,管理手册、程序文件、作业指导书是互为依存、互为补充的。企业管理手册本身就包括企业基本制度和相关程序,每一项基础制度中都包含程序内容。作业指导书的实质也是一种程序,只不过针对的对象是具体的作业活动,而程序文件针对的对象是某项系统性管理活动。

二、基础制度设计的标准步骤

企业行政管理人员在承担制度设计任务时,在明确分工和完全清楚设计目的的情况下,按照以下步骤操作:

1.明确方针

要明确制度制定的依据、时机的选择是否明智、制度需要达到的目的等。

2.明确价值理念

深入了解企业文化、企业精神、企业作风、质量方针等价值理念,在调查分析的基础上,经过与各相关部门的充分讨论,明确在制度设计中贯彻企业价值观的宗旨。

3.设计和审定草案

设计管理制度(含程序、表单)草案,反复修改后由高层管理者审定。

4.执行和配套措施

试行、修订后全面推开,同时根据运行情况制定配套措施。

三、员工对管理制度的认同

管理制度的制定不能仅仅源于管理者的主观期望,它还必须得到管理制度约束的对象——广大员工的认同,与员工的利益和期望相适应,这是基于管理制度的设计和执行必须依赖员工的认同这一理念。因此,只有消除了员工中存在的制定制度是对员工的"威胁"的情绪,才能最大限度地实现制度设计的目标。要达到此目的主要从以下几个方面入手:

1.避免强调惩罚

制度要避免单纯强调惩罚。例如,有的企业规定完不成定额,就会有某种形式的处罚;如果在考核评价中处于落后状态,就会影响未来的晋升与工资水平等。惩罚是需要的,但只强调惩罚,企业肯定是管理不好的,所以制度设计不能过于突出惩罚条款。

2.避免人际关系紧张

管理制度体现倡导的工作标准和管理模式,不能造成人际关系紧张。组织中人与人之间的相互关系(上下级之间、部门之间、同事之间)是否存在信任和合作,是能否调动员工积极性的主要条件。若人际关系紧张,员工会认为组织内部人际利益的竞争是对自己的最大威胁。

3.避免压力威胁

管理制度对员工的自我实现、成长路线、个人安全或情绪产生不利的影响时,员工就会感到威胁的存在,产生消极情绪。

这些现象产生的制度原因,主要是企业传统的管理控制体系设计存在多种标准,如成本控制标准、预算标准、工作绩效标准等,这些标准对员工形成多重压力。在管理者看来,如果建立了压力结构,仍有不服从的现象,那就只好增加压力。此外,传统控制体系的责任制度往往只包含对员工没有达到标准的惩罚办法,而缺乏对达到或超过标准的激励办法。在这种情况下,员工只会更加对抗规章制度,使之失效。这又会导致管理者采取反应式的管理措施,设法制定出更严格的规章制度,结果势必耗费巨大的管理成本。另外,员工对制度的抵抗情绪也会阻碍正常企业文化的形成。

因此,制定管理制度必须避免压力威胁,科学合理的设计奖惩标准,形成以激励为主的企业制度。

四、内部管理制度建设的要求

许多企业并不是疏于制度的制定,而是制度繁多杂乱,政出多门,相互抵触,结果形同虚设。建立一套体系完整、内容合理、行之有效的管理制度,应注意遵循以下要求:

1.对制度制定者的要求

具体包括:要了解国家法律、社会公共秩序和员工的风俗习惯;要熟悉企业各部门的业务及具体工作方法;要有较好的文字表达能力和分析能力;要做到公正、客观。

同时,制度的制定、执行和监督要由不同的人员分别负责,这是最为核心和关键的要求。

2.对制度内容的要求

具体包括:制度所依据的资料必须全面、准确,能够反映生产经营活动的真实面貌;制度体系要完善、科学;不能违反国家法律和公德民俗;要根据实际需要设计相应条款;要明确、翔实、便于理解;要以发挥激励作用为目的;要充分考虑员工的意见,和员工达成共识。

3.基础制度与职能制度一体化

内部管理制度中的基础制度和职能制度是关系密切、相互影响的。例如,基础制度明确了员工有参与企业管理的权利,在人事职能制度的评估和考核体系中就要加以体现,在提升、培训和薪酬制度设计中就要体现对参与企业管理行为的量化激励,将企业对员工的尊重和支持落到实处。

因此,企业内部管理制度要明确制定、审批程序与权限;修改程序及权限;废止程序及权限;要制定培训与实施过程、下发与管理、定期修订等规定;要达到系统、规范、有效的要求。

课后任务训练

小组合作,编写米尼公司员工培训制度。

一、任务模块

找出下面工作程序需要改进之处,并修改这个工作程序:

A公司订单处理程序

1. 目的:订单处理是物流配送的重要流程,改善订单处理过程,缩短订单处理周期,提高订单满足率与供货正确率,提高客服工作水平的同时降低物流成本,以确保企业竞争优势;

2. 适用范围:A公司电子商品物流配送作业中订单接受与处理全过程;

3. 职责:订单科负责订单处理业务与订单处理流程的改善与提升。

4. 工作程序

(1)接受订单:本公司经营四类电子商品,由订单科收发室接受全部订单,并分成四大类。

(2)设订单编号:由订单科收发室负责设定编号。编号由商品类号、年月日、商品订单接受顺序号组成。如2020年10月22日接受的A类商品的第33份订单的编号为:A2020102233。

(3)建立客户档案:由订单科收发室将相关信息传输给客户管理科,建立客户档案。

(4)存货查询:由订单科收发室向各车间查询。

(5)订单分配:订单科收发室将分好类的订单交由订单科科长,分配给四个工位上的四名订单处理员,每人承担一类商品订单的处理。即:1号工位负责处理A类商品订单,2号工位负责处理B类商品订单,3号工位负责处理C类商品订单,4号工位负责处理D类商品订单。

(6)打印发货清单。由四位订单处理员分别打印发货清单。

(7)装订发货清单。由四位订单处理员分别装订发货清单。

(8)调货。由四位订单处理员分别向车间调货。

(9)打包。由四位订单处理员分别对四类商品打包。

(10)发货。由四位订单处理员分别与快递公司办理发货。

5.订单处理流程图

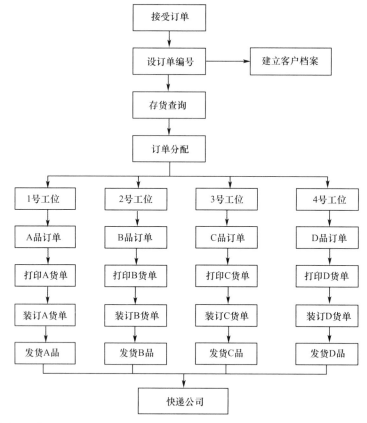

二、目的和要求

（一）目的：培训并检验建立和改进工作程序的职业能力。

（二）要求：掌握与以下职业能力相关的知识和操作要领：

1.在职权范围内能够主动找出需要改进和新建的工作程序，并鼓励相关人员共同参与改进和新建工作程序的工作。

2.说明改进或新建工作程序的目的、理由和效益，提出具体改进或新建工作程序的建议，并及时向上级做出汇报。

3.在领导同意后，与相关人员商议执行该工作程序的具体细节和辅助要求。

4.确保提出的工作程序及其辅助要求满足单位需要并与相关的政策、法规协调一致。

5.将充分协商后的工作程序编制整理定稿，并做出实施计划。

三、模拟现场设计

（一）人员：每5～7人为一个小组。

（二）场地：模拟标准办公室(或实训室)1间，可利用已有的综合办公室。

（三）设备及设施

1.办公桌、办公椅、电脑、打印机、文件柜、电话(传真)、复印机、装订机等。

2.文件柜里装有下列书面材料：单位规章制度、财务管理制度、员工管理手册、质量标准手册、单位经营项目、单位宣传册。

（四）模拟实施步骤

模拟修改 A 公司订单处理程序的实施步骤和方法

1.以小组为单位，分别扮演行政管理人员、上级、同事、单位内订单管理专家或程序编写专家、订单处理工作人员。并轮流扮演行政管理人员，向在场的人征询对程序的修改意见。

2.对原有的程序进行讨论，找出存在的问题。

3.把所有人的发言都记录下来，并请发言人在记录稿上签字，包括发言人的姓名、工作单位和职务。

4.按照修改意见，编制新的《A 公司订单处理程序》。

四、完成任务后每个人需要提交的工作成果

（一）修改后的《A 公司订单处理程序》

（二）讨论修改《A 公司订单处理程序》的记录

对以上两项成果，做如下提示：

1.无论改进还是新建工作程序，都必须按照单位规定和相关的规则进行。

2.无论改进还是新建的工作程序设计方案，都应包括具体的目的、理由、细节和实施计划等必备要素和内容。

3.参与协商讨论修改和建立工作程序的相关人员，其范围应包括同事、单位内专家，必要时也可以邀请上级参加，人数不得少于3人。

4.协商讨论修改和建立工作程序的记录中，必须包括讨论的时间、地点、内容，参与讨论的相关人员和各自的单位、职务及其签名。

第四章　人员管理

学习目标

一、　知识

（一）掌握人员管理规定的主要内容

（二）了解绩效考核的实施程序

（三）了解工作目标的时效性

（四）掌握首次做对的途径

二、　技能

（一）能够按照规定完成日常工作

（二）能够自己规定工作目标，按照时效性进行评估

（三）做到首次做对

职场经验

管理取经

　　郝平邮初到车间做小组长，很虚心地向金米利请教管理经验。"金主任，这两年时间具体做了哪些事情？"两年前，金米利也是米尼公司车间的小组长。车间问题较多，不但三天两头出事故，而且生产的产品质量合格率总是不达标。金米利用不到两年时间，把这个车间管理成为整个厂最优秀的车间。现在金米利已经晋升为车间主任了。

　　金米利说："领导的责任，就是解决'乱子'、订立规矩、培养干部。刚来这个车间的头两个月，我跟员工们呆在一起解决技术问题，经常住在厂里，从来没有正常下班过。两个月后，生产和技术方面的问题基本都解决了。我就开始订立制度、流程和考核规定，大概又花了一个多月时间，车间完全实现正常运转。再后来，就是培养干部（工段长、班组长），

放开手让他们干!"金米利告诉郝平邮,他现在基本上每天有半天时间没事情干,空下来就充电学习——查阅行业信息、技术动态资料,自学企业管理。金米利说:"作为一个好的领导,出现意外事故的时候,你要到场,敢于承担责任,摆平问题;如果连续出现同样问题,就认真研究,订立制度和规矩,这样意外的事故就越来越少了;接下来把精力放在培养干部上,有更多的人帮你管理,领导也就越来越轻松了! 所以,最好的领导往往工作最轻松,而最差的领导往往忙得要命 。"现在不光是金米利实现了"工作解放",在他领导下的副主任和几个工段长都已经学会了这种管理模式,"他们现在也很轻松,每天正常下班,从来不加班。"

郝平邮问:"谁是好干部?"金米利说:"我对干部有三个分类:一流干部是敬业想办法——除了勤奋努力,工作上你得想办法,发挥主观能动性,按时保质完成目标。二流干部,能够严格执行工作任务,但不会想办法解决问题。三流干部只是找借口,一次完不成,我给你机会;两次完不成,降薪降级,严厉警告;三次还完不成,调走或者下岗,我坚决不用!"

郝平邮问:"怎样确定一个干部是一流的?"金米利说:"分两个部分:一是看业绩,每个月都有绩效考核,到年底算总账;二是看群众基础,每年年底进行一次民主评议,车间所有员工对干部进行打分。第一部分是客观事实,没啥说的;但第二部分是主观评价,需要慎重对待。"金米利解释道,"民主评议这东西还是有必要的,因为群众基础对一个干部开展工作至关重要。但评议结果只能作为参考,而不能成为绝对的评价依据。如果一个干部评议得分全是优秀,在 90 分以上,说明他有老好人思想,不适合当管理者;如果评议结果太差,70 分以下,说明综合能力差、不得人心,干部自然当不下去;最好的人选是评议得分在 70~90 分的人,这是要重点提拔和培养的干部!"

郝平邮问:"考核与评估的诀窍呢?"金米利说:"坚决推行末位淘汰制,班组大比武,每月进行排名。具体做法是:每一个同等工段都安排 3 个班组,工段长每天给各个班组制订生产计划,并在当天按照任务完成情况(包括工时、产量、安全生产、规章制度执行等)进行打分。每月综合所有得分,将三个班组进行排名:第一名奖励,第二名不奖励也不处罚,第三名罚款。这样强制排名之后,三个班组争先恐后、互相比拼,使得每个工段在技术进步和生产高效方面都不断取得进步。所有干部实行强制的末位淘汰制,比如一个班组长,如果年底统计共计 6 次以上排名倒数第一,对不起,你必须下岗! 新的班组长,由班组成员推选产生,也鼓励毛遂自荐;原先的班组长自动降为普通员工,但仍可按照程序重新申请成为班组长——这样能上能下、靠能力和业绩吃饭,让绝大多数员工感受到了公平!"

职场忠告

订立公平、公正、公开的制度和流程,执行制度、流程和落实考核,是人员管理成功的关键。

第一节 个人绩效

企业为了取得高效率的运转,越来越重视员工的工作绩效,同时,员工为了获取个人更好的发展,也越来越重视个人的工作绩效。取得良好绩效的方法是要遵守企业的规定和实施绩效考核。

一、遵守规定

企业内的工作人员要保证工作的正常运行,必须遵守企业的一些具体规定,按照规定采取正确的工作方式。例如:

(1)反复检查时间、日期和地点,尤其是检查日期和星期是否匹配。

(2)及时准确地预定开会的地点。

(3)进行收发工作时,需要检查信件和包裹上的姓名和地址是否准确,确保邮件在规定的日期前到达目的地。

(4)进行差旅安排时,需要查询交通工具的具体时刻表,以保证便捷、经济的交通方式。(详见第十二章)

(5)通过电话询问一些事情的情况时,如果当时不能确定,在准确查询确定后需要给予电话回复。

(6)按时完成各种文件的制定时,如果上司草拟的一些文件中有文字或语法错误,应及时修改这些错误,而不需要再向上司请示,以避免尴尬。

(7)接待来访者时,要保证陪同来访者到达指定的地点。(详见第六章)

(8)要有一份日期和内容完整的工作日志。(详见本章第二节)

(9)要不断检查自己的日常工作,不断地翻看自己的工作记录,检查自己所接触的工作是否都处理完善。

二、绩效考核

在遵守以上规定的情况下,个人的工作绩效应该是健康运转和达到考核标准以上的。但是,在违背某些具体规定的前提下,就不能保证工作的正常运行和绩效达标。那么,组织对个人绩效的考核是十分必要的。

(一)绩效考核的目的

1.提高员工的业务素质

提高业务能力的需要,了解工作人员的工作业绩,讨论工作人员各方面的工作表现,确定员工个人的发展前景和进一步培训提高业务能力的需求,以帮助规划员工的个人职业生涯,提高员工的业务素质。

2.双赢(图 4-1)

加强组织和工作人员之间的关系,通过绩效面谈沟通绩效考核的结果获得工作人员对他们的工作和单位的各个方面的看法。绩效考核的最终目的并不是单纯地进行利益分配,而是促进企业与员工的共同成长。通过考核发现问题、改进问题,找到差距进行提升,最后达到双赢。

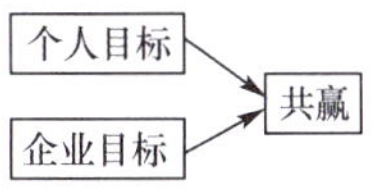

图 4-1 共赢

3.主动完成目标

评估员工工作潜力,可以增加他们的工作动力,因此要鼓励工作人员积极地看待绩效考核。绩效考核要奖优罚劣,改善调整工作人员的行为,激发其积极性,促使组织成员更加积极、主动、规范地去完成组织目标。

4.把个人的需要与组织的发展战略紧密结合起来

绩效考核本质上是一种过程管理,而不是仅仅对结果的考核。它是将中长期的目标分解成年度、季度、月度指标,不断督促员工实现、完成的过程,有效的绩效考核能帮助企业达成目标。

5.为下一年制定新的工作目标

绩效考核能够明确组织、部门及个人的工作目标和工作标准。在明确目标的指引下,员工能够有效地完成自己的工作,以促使全体员工凝聚共同的目标,形成新的合力。

(二)绩效考核的实施

1.确定考核的主体和客体

考核的主体主要是确定负责绩效考核的领导班子成员,可以聘请绩效评估专家,还可以委托有关咨询服务机构来开展绩效考核工作。考核的客体就是被考核的对象。

2.制订考核计划

考核计划就是确定绩效考核要达到的目的,在这一目的的指导下,确定相应的考核手段和方法、考核的开始和结束时间、考核结果的评价和奖惩办法等。

3.考核的准备

绩效考核是一项技术性很强的工作,其准备工作包括:确定考核标准、培训考核人员等。

4.实施考核

绩效考核的实施,是靠考核主体来执行的。每个考核主体面对几个考核客体,而每一个考核客体的工作岗位、工作内容和工作表现各不相同。所以,考核主体对每一个考核客体都要确定不同的考核内容和要点,选择恰当的考核方法,安排具体的考核时间。

(1)确定考核的具体内容以及考核的重点

考核的具体内容要结合岗位和工作的特点来确定,不同的工作性质其考核的具体内容也会有所不同。考核内容确定后,要确定考核的重点是什么,这对于提高员工的工作业绩和企业的效率具有重要的意义。

(2)选择考核的具体方法

绩效考核的方法有很多种,常见的方法有排列法、成对比较法、强制分布法、关键事件法、目标管理法、360 度绩效考核法等。要根据考核客体的特点,具体确定合适的考核方法。

（3）确定考核的时间

不同的考核对象以及考核的内容,其考核时间也会有所不同。考核时间一般有年度考核、季度考核、月考核、周考核、日考核等,组织要根据不同岗位的工作特点,采取相应的考核时间。在同一个考核时段内,也要对不同考核客体安排考核时间顺序。

（三）绩效面谈

绩效面谈,是在绩效考核结束后对每一个考核客体做出了最终考核评价的基础上,考核主体就考核评价结果对考核客体进行的面对面谈话。

1.确保真实

绩效面谈时,要对工作人员保证:谈话的内容对他人是保密的,这一点是非常重要的,否则,员工会在谈话中有所掩饰,导致面谈效果不真实。

2.帮助改进

指出这次绩效考核中的不足,并帮助工作人员提出改进的措施和建议。绩效考核的真正目的是通过提高员工的绩效,进而改进企业的绩效。因此,要通过绩效考核,重点指出员工工作中的不足,并帮助他们提出改进的措施和建议,明确未来的发展方向,为下一阶段工作重点制订计划。

3.提出员工关注的内容

绩效考核结束后,员工特别关注的内容是绩效面谈的重点内容,这些内容也是员工下一阶段工作的重点内容。

4.关注职业发展

谈论个人发展、专业发展的一些内容。在面谈过程中,主管一定要认真倾听被考核者的意见,充分调动对方讨论的积极性,重点谈员工的个人工作表现,而不要对个人加以批评。同时,谈论的内容也要与个人的发展有关。对员工今后的事业发展提出指导性的意见。绩效面谈不仅是谈过去,更重要的是谈未来的发展。因此,对未来事业目标发展的确定就成为面谈的重要组成部分。

课后任务训练

一、小组合作:收集一个企业的绩效考核制度,分析这个制度与企业目标、员工目标的关系。

二、5~7人为一组,分组模拟绩效面谈,记录谈话内容。

第二节 工作模式

对于繁忙的上司和行政助理来说,采用恰到好处的工作模式,才能最大限度地调动办公人员的工作积极性,激发创新热情,提高办公效率;才能准确地把握信息、保持最新的日程、实现良好的时间管理。

一、不同的工作模式

现代企业已经打破了"早八晚五"一天八小时坐在办公室里办公的固有模式,采取灵活多样的办公形式,以满足不同企业不同特点的需要。实践证明,这些不同的工作模式,正在改变着企业选人、用人的策略和方式方法,也在改变着企业行政管理的工作程序。目前主要有以下几种工作模式:

(一)弹性工作制

弹性工作制是指允许工作人员在灵活的体制下工作的工作模式。工作人员对一天内的工作时间段有更多的选择,如开始时间、午餐时间和结束时间,都由自己选择。他们也能累积计算工作时间,以使他们能抽出时间做其他的事和自己的事。目前弹性工作制已经引入许多企业,作为提供灵活工作时间和激励员工的方式,也给工作人员在调整工作时间和个人事项方面带来了很大的方便。

1. 弹性工作制对用人单位的好处

(1)按照弹性时间来安排工作,工作人员缺勤的情况会更少,因为工作人员能够安排非办公时间去完成过去必须靠缺勤才能完成的个人事项;

(2)紧急工作可以迅速完成,因为工作人员知道如果加班完成,他们能腾出其他时间为自己所用;

(3)能节省工作人员加班费用,工作人员加班完成工作得到的是时间赔偿,企业不用为加班支付工资;

(4)激励工作人员更好地管理自己的工作,腾出他们需要的时间。

2. 弹性工作制对工作人员的好处

(1)工作人员能控制自己的出行时间,避免交通高峰;

(2)工作人员能灵活地使用工作时间满足自己和家庭的需要,例如,某天下午要去学校参加孩子的家长会;

(3)工作人员对所担负的责任能做出更加积极的响应,因为这种工作模式使工作人员感到自己更加受到信任和肯定。

3. 用人单位弹性时间管理的注意事项

(1)控制和监督工作人员的工作时间会更加困难,因为负责人员不能总是在现场;

(2)工作人员可能对监督和检查他们的工作时间感到反感;

(3)有些特定工作岗位要求上班时间保证有足够人员去完成,例如会计室的工作;

(4)必须与工作人员商定弹性时间,合理地安排,防止在正常的8小时工作时间内出现无人上班的问题;

(5)尽管工作人员欢迎弹性工作制度,但是大部分企业都不可能建立起一个能够满足所有工作人员弹性工作时间要求的制度。

(二)在家工作制

在家工作是指人们在家里完成工作任务,可以用各种方式安排工作,例如,一个星期在家工作3天,在办公室工作2天。在家工作的优缺点见表4-1。

表 4-1	在家工作的优缺点
优点	缺点
①节省办公室空间和资金； ②可把往返办公室的时间用在工作上； ③有更大的灵活性管理时间； ④减少交通拥挤，特别是高峰时间； ⑤减少交通污染； ⑥减少交通费用	①需要投资计算机和通讯设备给工作人员，以能在家中开展工作； ②工作人员在家里可能没有适合的场所； ③在家庭环境下工作很难集中注意力； ④监督、管理和控制更加困难； ⑤交流困难，得不到其他人员的支持和社会联系

（三）远程工作制

远程工作制是指工作人员能远程通过电话和计算机处理工作，一般适用于不必与客户进行实际接触的工作人员。远程工作能够节省办公室使用成本，企业聘用在偏远郊区或在高失业率地区的工作人员进行远程工作，可以支付较低的工资。远程工作的优缺点见表 4-2。

表 4-2	远程工作的优缺点
优点	缺点
①减少办公场地、取暖、照明、租借等费用； ②在低工资区聘用人员，能够减少工资支出； ③在工作高峰期能聘用更多的工作人员，不需要提供更多的工作空间； ④减少员工交通时间和费用，减少交通污染； ⑤员工对自己的工作时间有更多的控制，工作有更大的灵活性； ⑥政府为了提高乡村和高失业地区的工作机会，可能提供工作场地和设备使用的优惠补贴	①远程工作要求企业对电话和计算机设备的投资； ②必须加强管理，以确保工作人员能满足要求； ③远程工作的员工可能感到孤立和缺少社会联系； ④对远程工作人员的监督和控制更加困难

（四）交叉工作制

交叉工作制是指由两个人分担全部时间的工作。他们一起工作，共同管理这个工作并完成任务。每个人通常工作半周，两个人重叠的时间可以交换信息和更新进展，例如：

人员 A——星期一和星期二全天；星期三 9:00~15:00。

人员 B——星期三 12:00~17:00；星期四和星期五全天。

星期三 12:00~15:00 是传递和交换信息的时间。交叉工作的优缺点见表 4-3。

表 4-3	交叉工作的优缺点
优点	缺点
①公司能保留有承担其他责任和有技能的人员； ②灵活的工作模式能激励工作人员； ③双人努力合作的贡献，比一个人做该工作的效果要好； ④交叉工作中的伙伴可以替补因疾病和假期造成的缺勤	①客户和其他工作人员可能更愿意与交叉工作中的一名成员工作； ②交叉工作中，两人身上的工作量可能不公平； ③难于保证工作的连续性； ④当工作没能有效地衔接和沟通时，可能出现混淆和错误

（五）兼职工作制

兼职工作是指工作人员拥有在多家单位工作的多种技能。这些技能可以合同或收费的形式提供给一家企业,还可以在一周或短期内,再为几家不同的企业兼职工作。典型的例子是一个人拥有管理、记账和IT技能,在自己经营的基础上,再提供这种技能给不同的单位。兼职工作的优缺点见表4-4。

表 4-4　　　　　　　　　　　　　　　兼职工作的优缺点

对象	优点	缺点
用人单位	①节省人工费,它只提供临时性专业服务,节省永久性聘用人员昂贵的费用; ②工作的灵活性,特定的项目才需要此类专业服务; ③节省设备费用,设备由工作人员自备	①企业对该类人员工作控制很少; ②企业中工作的连续性可能受影响
工作人员	①工作人员能自己控制工作时间和环境,经营有动力,因为能感觉到自己努力工作而获得的全部利益; ②这种工作方法可给兼职人员提供多项工作; ③兼职人员能完全发挥他们的专业技能; ④兼职工作的收费可包括旅行时间、旅行费用和设备的提供和使用	①工作人员将因病或休假而无工资收入; ②工作人员可能在一段时间很少有工作,而另一段时间忙不可开交; ③工作的酬劳难于控制,有时事先给,有时事后给,还可能长期拖欠

二、职位描述

职位描述和分配工作是对行政管理人员进行日常管理的基本方法。

（一）职位描述

职位描述,也称岗位说明书,是一份关于某一工作岗位设置的目的、任职资格、职权范围、责任和义务的文本。企业为工作人员制定和发放职位描述,是一种有效的人员管理的方法之一,也是企业对每一工作岗位和每位工作人员的工作内容、工作数量和工作质量的基本要求和考核标准。

1.职位描述一般包括下列内容:

（1）公司名称;

（2）工作地点和部门;

（3）职位名称和等级;

（4）对上向谁负责;

（5）对下管理哪些人员和设备;

（6）职位目标和主要职责;

（7）发布日期。

2.职位描述的作用

（1）人员管理。便于员工理解职位所要求的能力、工作职责、衡量的标准,让员工有一个可遵循的原则。

（2）绩效考核。便于上级对员工进行考核。职位描述就是衡量标准,使绩效考核有章可循。

（3）招聘。例如,要招一名行政助理,首先就要了解这个职位要承担什么职责,需具备哪些条件,这些要求都可以参照职位描述来进行。

（4）培训。在做培训课程设计中,可以围绕职位描述的内容开展工作。

三、分配工作

每一位企业行政管理人员都是在某一个团队中进行工作的,既能不断得到别人分配给你的工作,又能经常给别人分配工作。

(一)接受工作

企业行政管理人员接受别人分配给你的工作时,应该做到:

1. 准备一个专用的笔记本,放在伸手就能拿到的地方,记录分配给你的工作任务的所有信息。包括分配给你工作的人员姓名、工作单位和职务,工作任务的详细内容、要求和时限。

2. 不清楚的问题,要立即向分配给你工作的人提出,直到清楚为止。

3. 需要的设施、设备、工具、用品,自己能解决的有哪些,不能解决的有哪些。必须向你的上级或任务分配人报告,并解决自己不能解决的问题。

4. 需要别人的配合和帮助时,尽量由自己去求得别人的配合和帮助。如果自己不能解决时,应该向上级报告,求得解决。

5. 需要资金时,应编制预算,并向上级申报。

6. 复杂的工作任务,必须制订计划和工作流程。

(二)分配工作

企业行政管理人员给他人分配工作时,应该做到:

1. 明确分配工作的对象,主要包括三个方面:①给直接下级人员分配工作;②给专业人员分配工作,如分配汽车驾驶员执行接站任务;③向其他部门布置工作或传达任务,如传达总经理办公会议决定:要求各部门在周五下午打扫卫生。

2. 选择分配工作的方法,可供选择的方法有:①口头。面对面的布置任务。如果向多人分配任务,可以召开会议。②电话。对于较远距离的人分配任务,适于使用电话,包括座机电话、手机电话、手机短信、手机微信、手机 QQ 等。③电子邮件。使用电子计算机发送电子邮件分配工作任务,可以将很复杂的计划文件、图像等发附件。④填写表格。如印制一份工作计划表,分发给各执行单位和人员。⑤书面。写信、写通知、写计划书等分配工作。⑥群发。利用 QQ 群、微信群或 OA 系统等方式群发,向较多人群分配工作任务。但群发不易保密,机密性内容不可群发。

3. 分配工作注意事项:①任务的细节。例如,分配的任务是复印文件,就必须明确说明复印的数量、纸张大小、纸张颜色、装订要求等。②任务的轻重缓急程度。③完成任务的最终期限。④有关的资源和信息。例如分配的是一次植树任务,树苗到哪里去领,工具到哪里去取都应详细告知。⑤程度上或质量上的要求。⑥完成任务过程中出现任何问题和困难时,与相关负责人的联系方法。

四、工作日志

(一)工作日志的好处

工作日志,就是把一天要做的工作,填写在一张表格上,用于管理一天的工作。这是企业行政管理人员的一种行之有效的工作方法,采用这种方法的好处是:

1. 培养工作条理化。每天做计划,工作更加条理化,避免工作的随意性和盲目性。

分配工作

2.培养工作计划性。每天做计划、检查、小结、定措施,可以有效地把当天和阶段性的工作落实,促进问题的解决,避免"说了不做、做也做不到位",解决好执行力低下的老大难问题。

3.培养发现问题、分析问题、解决问题的思考能力。每天下班前对当天的计划落实情况做小结,列出存在问题,分析原因,定出改进措施。长此坚持下去,工作能力就会提高。

4.强化工作职责。每天围绕本岗职责记日志,长此坚持下去,自己的职责必然熟悉,管理人员可以为做好管理打下基础,避免"想干不知干什么"的状况。

5.加强上下级沟通。上级每天检查下属的工作日志,就可以了解下属当天的工作情况,为指导工作提供依据。

6.为绩效考核提供依据。为上级对下级的考核提供充实的材料。

(二)工作日志的分类

工作日志分为手工填写的工作日志和电子工作日志。

1.手工填写的工作日志

(1)行政助理工作日志

一个行政助理必须保持最少两本工作日志,其中,一本是上司专用的,一本是自己使用的。如果其中一本工作日志丢失,可以从另外一本中查询信息。行政助理人员的工作日志见表4-5。

表 4-5　　　　　　　　行政助理人员的工作日志

××××年××月××日　星期四
09:00　部门会议,7层76号房间,带有议程和相关文件的文件夹。
09:30　处理今天收到的文件。
10:00　通知车队到火车站接出差回来的副总经理。车队电话:××××
10:30　安排维修工维修总经理办公室的窗口(关闭不严)。维修工电话:××××
11:00　安排首席执行官面见待聘人员,包括午餐,拿出待聘人员的简历资料。
11:30　为副总经理办理出差报销事宜。
12:00　午餐
12:30　做好招聘接待员的相关准备,包括提醒面试官。面试官电话:××××
13:00　招聘接待员的面试,4个候选人,在234房间。在面试开始前把寄来的申请信和表格收集在一起,请面试官阅读后签字。
13:30　会见1——张某
14:00　会见2——李某
14:30　会见3——徐某
15:00　会见4——王某
15:30
16:00　与参加招聘面试的其他工作人员讨论,任命接待员。
16:30

(2)上司工作日志

某些上司更主张保留三种工作日志,其中,第三本工作日志是一本小的个人工作日志,专门记录在非办公时间发生的一些事情。当上司返回办公室时,常常把这些事情转移到其他两本工作日志中。

①上司的两本工作日志中主要应包含同样的信息,这些信息每天必须至少更新一次。填入的信息内容应书写清楚,并在不同信息内容之间带有空格,以使信息易于阅读。

②在工作日志上,要用铅笔注上计划的会见内容。如果这项内容需要改变,则可以擦去铅笔线,以保持工作日志的整洁。

③应注明有关来访者的姓名、单位的详情和会见的时间。

④安排在外面的会见,要注明会见的时间和确切的地点,这样能够节省上司到达的时间。

⑤要养成记录会见人的电话号码的好习惯,因为一旦上司生病或因其他一些事情阻碍上司参加会见时,要及时给对方打电话取消会见,这样就避免了因为不能及时会见而造成的不良影响。

⑥即使是个人信息,也要详细记录在工作日志中,这样,当翻开工作日志时,可以一目了然地看见相关信息。

⑦工作日志要每天留有一整页可记录的日志,这样可以使临时填入的内容有足够的空间。每页工作日志上最好在页面的左边预先打印好时间,以减少记录的麻烦,使记录人能直接按照时间顺序填入所需要的信息。

上司的工作日志见表4-6。

表 4-6   上司的工作日志

××××年××月××日　星期四
09:00　部门会议,7层76号房间。
09:30
10:00
10:30
11:00　首席执行官,包括午餐。
11:30
12:00
12:30
13:00　招聘接待员的面试,4个候选人,234房间。
13:30　会见1——张某
14:00　会见2——李某
14:30　会见3——徐某
15:00　会见4——王某
15:30
16:00　与参加招聘面试的其他工作人员讨论,任命接待员。
16:30

(3)工作日志管理的要求

作为上司的得力助手——行政助理,一定要清楚地把握应该遵守的工作程序和有关工作日志的管理要求。具体要求如下:

①共有多少本工作日志;②如果工作日志在一本以上,需要多长时间对它们进行一次检查,以确保日志上的信息内容都是准确的;③工作日志应该存放在哪里;④工作日志中应该包括的信息类型;⑤上司每天最早和最迟可安排会见的时间规定要清晰,而且每次会

见的时间(指一般的时间)是多长;⑥注明上司每天的工作时间长度、午餐时间长度;⑦先用铅笔填入即将要做的工作,确认时再用钢笔填写清楚;⑧如果会见的时间超过规定的长度,由行政助理人员采取当面打断、电话、手机短信(微信)、按铃或写便条等措施进行提示。

2. 电子工作日志

电子工作日志系统主要是在手机和计算机网络上运行。

(1)电子工作日志的优点

①操作简单,便于查询;②存储量大,不易丢失;③文书工作大大减少;④比使用手工日志更容易更新信息。

(2)电子工作日志的缺点

①如果所有的工作日志都能被查询,可能会出现安全问题;②电子系统一旦发生故障,会造成麻烦;

(3)电子工作日志的应用

手机、计算机、网络技术的发展,使电子日志的应用变得越来越广泛。各种日志软件的出现,更加使电子日志的应用受到欢迎。行政助理使用两部以上手机管理电子日志,或手机、电脑和手写日志结合使用,使电子日志变得更加得心应手。

现以公司内部召开一次会议为例,说明电子工作日志的使用步骤。

①打开电子工作日志;②开始查找参会的每个人都可以参加的时间;③查找在这段时间内可使用的会议室;④输入时间和地点,以及会议的时间长短和邀请参加人员的细节;⑤发送开会信息给所有参会人员;⑥为需要的时间段预定会议室。

(三)工作完成之后写的工作日志

前面提到的都是工作之前写的工作日志,用于指导一天的工作按顺序进行。在工作过程中可能会发生很多变故,有许多事前没有列入日志的事情正在发生,有些列入日志的事情也会出现时间、地点、人物或事件本身的变化。把这些已列入日志和没有列入日志的事件,按照事件发生的实际记录到日志中,有利于还原事件的本来面貌,有利于与原写好的日志做对照比较,有利于对一天的工作进行总结和分析。

1. 工作完成之后写的工作日志要遵循六个基本要素:

(1)时间。不仅要记到年、月、日,还要记到小时、分,甚至秒。

(2)地点。事件发生或即将发生的地点。

(3)人物。与事件相关的主要人物、次要人物和关联人物。

(4)事件。事件的性质、缘由、经过和结果。

(5)问题。发生了什么问题。

(6)解决办法。对发生的问题是采用什么办法解决的。

2. 工作完成之后写的工作日志的基本特征

工作完成之后写的工作日志就是平铺直叙地把当天发生的事情记下来,但是在结尾的时候不要忘记总结一天的教训、经验、收获等。它有以下四个基本特征:

(1)一天的日志是由发生在不同时间地点的相互独立的事情组成的;

(2)一天中发生的事情,有的是原来日志中安排好的,有的是临时发生的;

（3）某些事情和记录人正在做的一个或者多个任务、项目相关；

（4）某些事情一定会涉及其他人员，他们可能是自己的同事、朋友、客户、供应商、竞争对手等。工作完成之后的工作日志的格式见表4-7。

表 4-7 工作完成之后的工作日志

年　　月　　日

序号	时间	地点	主要内容和小结	关联的项目和任务	关联的联系人
总结和分析					

3. 完成工作之后的工作日志的写作要求

（1）随时记录。将一天工作过程中的问题、数据等随时记录下来，不拘于用纸片、便签等，但一定要保存好，它是工作日志的原始资料；

（2）当天整理。对随手记录的日志进行整理，填写在正式的工作日志上。

（3）对写作工作日志的基本要求：

①记录本一定要正规，质量要好，易于保存。

②每日工作无论再忙、再累，一定要挤出时间来写工作日志，既是对一天工作的记录，更是对一天工作的总结和分析；

③根据一天的随手记录可以按时间、类别或其他，进行详细有条理的记录，但一定要实事求是，不得随意删改。

④经常翻阅和总结。工作日志不是为了记录而记录，而是为了下一步工作做得更出色，所以一定要经常翻阅和总结，而且务必要保存好。

五、考勤、值班安排和缺勤替补

在企业行政管理工作中，为了保证各项工作的正常运行，经常需要考勤、值班安排和缺勤替补。

（一）考勤

考勤，就是考察员工的出勤情况，包括是否迟到、早退、旷工等，考勤分为考勤机考勤和纸卡考勤等多种方式。现代大中型企业一般使用考勤机考勤，但在小微型企业仍在使用纸卡考勤。

1. 考勤机

考勤机是在员工考勤通道安装的考勤硬件。考勤硬件受电脑上安装的考勤软件控制，实现对进入考勤通道的员工进行考勤。考勤机把采集的考勤数据传输到电脑，电脑按照出勤状况实现制度化管理。这就是通称的考勤系统。目前考勤机的主要类别有：ID卡考勤机、IC卡考勤机、指纹考勤机、静脉考勤机、人脸识别考勤机、声音识别考勤机。

2. 纸卡考勤

纸卡考勤，即运用签到制、点名制等形式采集信息，然后将考勤信息填写在考勤表上，再根据考勤表的记载实现制度化管理。公司员工考勤的案例见表4-8。

表 4-8 　　　　　　　　　　　　公司员工考勤
年　　月

姓名	时间	出勤情况						考勤记用符号							
		1	2	3	4…29	30	31								
	上午				……			1.本资料为工资计发依据,望按时填报。							
	下午				……										
	上午				……			2.每日正常上班时间以 8 小时计算。							
	下午				……			类别	出勤	事假	病假	旷工	迟到	早退	公休	公差
	上午				……										
	下午				……			符合	√	□	△	×	分钟	分钟	G	C
	上午				……										
	下午				……			负责人签名								
	上午				……										
	下午				……			年　月　日								

考勤目的是提高出勤率,有事请假,防止整体工作断档、出现缺口和无法衔接等不良情况的发生。

(二)值班安排

1.企业需要安排值班的原因

(1)节假日。节假日期间需要安排人员值班,处理节假日期间发生的各类事项。例如,放假期间下了大雪,当地街道办事处来电话,要求企业派人到某某地段扫雪;

(2)生产和经营需要。有的企业 24 小时生产或经营,需要安排办公人员值班,处理生产、经营中发生的各种问题;

(3)安全需要。企业为了安全,安排人员在八小时工作时间之外值班;

(4)时差原因。外经贸企业与国外合作伙伴有时差,需要安排值班人员接听和处理对方的电话、传真等相关信息;

(5)紧急情况。企业发生了紧急情况,在一段时间内需要安排值班。

2.值班制度

企业应该建立值班制度,对值班事项做出明确规定,一般包括下列内容:

(1)值班人员范围,即哪些人必须参加值班,哪些人可以不参加值班;

(2)值班人因故不能值班的申报和批准程序;

(3)值班人替补和轮换规则;

(4)值班人的职责,即值班人员在值班时间应承担什么责任,有哪些权限;

(5)请示汇报范围,即哪些事项必须请示汇报和向谁请示汇报;

(6)交接班工作要求,即交接班的时间、地点、交接班人员、交接班内容等;

(7)值班日志的填写规则。

3.值班轮流表

企业应建立值班轮流表。值班轮流表的主要内容包括:值班人姓名、值班时间、联系电话和注意事项。

（1）按周轮流值班表

表 4-9　　　　　　　　　　　××××年第一季度轮流值班表

月份＼星期	一	二	三	四	五	六	日
1	张天	李飞	王亮	赵跃	董利	莫然	米图
2	李飞	王亮	赵跃	董利	莫然	米图	张天
3	王亮	赵跃	董利	莫然	米图	张天	李飞

值班注意事项：（略）

（2）节假日值班表

表 4-10　　　　　　　　　　国庆节中秋节值班安排表

日　期	值班领导	联系电话	门卫值班人员
10 月 1 日（周日）	顾国歌	1332186××××	毛永
10 月 2 日（周一）	程荣	1366182××××	胡泉
10 月 3 日（周二）	胡辉	1580034××××	毛永青
10 月 4 日（周三）	丁紫娟	1891839××××	胡泉
10 月 5 日（周四）	苏喜	1891705××××	毛永
10 月 6 日（周五）	单元声	1891872××××	胡泉
10 月 7 日（周六）	唐丽莉	1362199××××	毛永
10 月 8 日（周日）	彭林	1391820××××	胡泉

注意事项：

①公司领导在节假日期间应保持通信工具 24 小时畅通，确保值班人员能够及时联络。

②值班人员准时到岗，前后值班人员要认真做好交接工作，确保值班工作不脱节。

③值班人员值班时需巡查，负责处理巡查中发现的偶发事件，并及时向有关领导报告，认真填写值班记录并汇总至门卫室。

④值班时间，自当天早 8 点至第二天早 8 点。

⑤有关联系电话（略）。

×××公司

××××年九月二十日

4. 值班日志

值班日志，也称交接班日志，是记录值班人值班时间内发生的各种事项和向下一值班人交代的事项的日志。值班日志，一般是表格形式，要求值班人按表填写，表格不够可以另附纸填写。其格式如下：

表 4-11　　　　　　　　　　　　　　值班日志

值班时间		值班地点		值班人姓名	
值班事项记录					
交接班事项记录					
交接班时间			交接班地点		
交班人签字			接班人签字		

（三）缺勤替补

1. 企业办公中会发生如下缺勤情况

（1）工作人员按劳动法规定休年假；（2）工作人员根据个人需要，运用加班、串休、积累时间休假;(3)工作人员休产假;(4)工作人员因病请假;(5)工作人员因事请假。

2.做好缺勤记录

为确切掌握休假和缺勤人员情况,需要建立缺勤记录表。缺勤记录表中主要记录以下5方面信息:

(1)缺勤人员的姓名、性别、职务、工作岗位;(2)缺勤的具体时间;(3)缺勤的原因;(4)将在哪里找到休假或缺勤者的替补人员,以保证工作能完成;(5)怎样安排"替补人员"或如何对未料到的缺勤等意外情况予以处理。

3.安排替补工作人员

当工作人员患病或休假时,可以安排替补人员来保证完成所有工作。一般可以从以下8种来源安排替补人员:

(1)部门内同一级别的工作人员替补;(2)下级顶替上级的工作;(3)上级顶替下级的工作;(4)调配其他部门的人员来顶替;(5)聘用临时工顶替休假和缺勤人员;(6)雇用代理机构人员顶替休假和缺勤人员;(7)安排人员加班,完成因人员休假和缺勤没能完成的工作。(8)利用执行弹性工作制人员和一技多能人员,顶替休假和缺勤人员。为此,可采用以下四种方法做准备:①培训,让工作人员掌握多种技能,例如各种设备的使用;②轮班工作,让工作人员能够相互顶岗工作;③执行统一的工作程序;④在批准休假时,留出足够的交接工作的时间。

课后任务训练

一、米尼公司在沈阳,你作为公司行政助理将于明天和你的上级一起接待来自北京的客户刘经理(男)和他的助手林助(女),手写一份工作日志。

二、根据第一题的工作任务,使用计算机或手机编制一份电子工作日志。

三、5～7人一组,利用办公软件协同在线完成一份电子工作日志。

第三节 工作目标

在工作中,建立工作目标是每个员工以及管理者必须具备的基本能力,也是特别重要的工作环节。每一个员工都要为自己建立正确的工作目标,但同时也必须注意工作目标的时效性。

目标是指在一定的时间内,所要达到的具有一定规模的期望标准。在某种意义上说,目标就是人所期望达到的成就和结果。目标有个人和集体之分,这里主要是指个人的工作目标。

确定工作目标是组织进行管理的一个重要手段。为更好地完成工作,保证工作高效率地运行,单位或个人都会设立工作目标。例如,医院常会制定到某天为止要把预约名单上候诊人数降到某个百分比的目标;销售部门也会制定一个到某天把销售额提高百分之几的工作目标。

为实现工作目标,应制订实现该目标的行动方案。行动方案要明确实现目标的不同具体阶段,以及每个阶段要完成的工作任务情况。如果该目标实现的主体不是单位,而是多个人,行动方案要明确每个人的具体工作职责,保证目标有序完成。

同时,对行动方案的实施情况要进行有效的监督,准确地了解目标完成的进展情况,及时调整实现目标过程中存在的偏差。行动方案的监督可采取定期召开会议、访谈、跟踪等方式来进行。

一、工作目标的制定

1. 工作目标要具有可接受性

一个工作目标对于其接受者来说是可接受的,那么他就很容易完成,其工作目标也就具有时效性。但是如果工作目标超过其能力所及的范围,则该目标不但对接受者没有激励作用,而且对于工作目标的时效性也会产生影响。

2. 工作目标要具有可考核性

工作目标要能够量化,要建立目标考核制度。只有具有可考核性的工作目标,才能有效地对员工进行控制。在完善的考核制度下,员工就会按照工作目标的要求,在规定的期限内,有效地完成工作目标。

3. 工作目标要具有可挑战性

如果完成一项工作所达到的目标对于员工来说没有多大的挑战性,他们就没有更大的动力去完成,这就很难激发出工作人员的创造性和工作热情,缺乏激情不利于工作目标的实现和良好作风的养成。因此,制定具有可挑战性的工作目标对于保证工作目标的时效性会产生促进作用。

二、工作目标的时效性

工作目标的时效性是完成某项工作目标所需要的期限。一般来说,单位为完成某些工作目标经常会制定一个日期——最后期限,这样,可以按照工作目标的最后完成期限来评估该项目标是否实现,如果超过这一具体日期,则意味着工作目标没有完成。工作目标的时效性对于组织、团队或个人提高工作效率具有重要的作用。

然而,有些工作目标虽然制定了完成的最后期限,但结果却不容易测量。例如,在工作中,可以设定提高工作人员接打电话的水平这一目标,对于这一工作目标我们无法规定其具体日期。因此,要根据具体的工作情况设定工作目标,并规定相应的时效。

三、工作目标缺乏时效性的原因

有些工作目标不能按时完成,没有体现出其时效性,产生这种情况的原因可能有以下几种情况:

1. 工作目标不具体,缺乏现实性

工作目标是完成工作的前提,没有目标就没有方向。但在工作中,有的工作目标不具体,表达比较笼统,而且未能与实际很好地结合起来,缺乏现实性,这就导致工作目标无法

按时完成。

2.最后期限不合理

在实际工作中,我们常常会有一种感受,那就是每次领导交办的工作往往都特别急,工作刚布置下来,就要求在很短的时间内完成。在短时间内要完成领导交办的工作,要么加班加点,要么工作质量大打折扣,而且有时候即使这样也不能按时完成工作任务。

3.工作人员自身条件不足

在企业中,已经制定了科学合理的工作目标,但工作的完成却是不理想的,出现这种情况的原因就是工作人员本身的素质、才能有所欠缺。没有经验的人员、不能胜任工作岗位的人员也是导致工作目标的完成缺乏时效性的原因之一。

4.没有明确的实现工作目标的行动方案

一些没有受过训练或是没有太多工作经验的人在实现目标的过程中,缺乏计划好的行动方案,没有一个系统的行动程序,这也会导致工作目标在规定的时间内不能完成。

5.监督力度不够

目标管理是很受企业领导欢迎的一种管理方式,这种管理方式的优点就是工作目标制定出来后,无须领导监督,只要到期检查成果就可以了。但实质上,这也是目标管理的一个弊端。如果员工缺乏较强的自觉性,那么这种监督的不到位,就可能造成工作目标不能按时完成。

6.激励机制不健全

激励能有效地提高人们的工作热情和积极性、主动性、创造性,最大限度地挖掘人的潜能。健全与完善的激励机制,除了应坚持物质激励、精神激励、竞争激励、民主激励、榜样激励、情感激励、监督激励之外,还应加强以人为本的激励理念。而激励机制的缺失,也是影响工作目标无法实现的重要原因之一。

7.受工作目标所处环境的影响

有些工作目标由于所处环境的影响(例如,网速慢导致较大的文件不能及时看到),导致完成者很难在规定的时间内完成任务。

四、提高工作目标的时效性

工作目标的时效性无论对于个人工作效率还是对于组织工作效率都是至关重要的,因此,每个员工都要尽力提高工作目标的时效性。

1.目的明确

做工作就要注重目的明确,只有在明确的目的指导下,工作目标的制定才能具有科学性,工作目标的实施也具有时效性。

2.期限合理

在完成工作目标的过程中,合理的期限,会让每个员工都尽自己最大的努力,发挥自己的才能去完成,这样工作效果也会很理想。但实际工作中,有些工作领导要求得特别急,工作目标没有提前下发,员工对工作目标的认识还不是很完善,理解也不是很深刻。在这种情况下,工作目标完成的质量会受很大影响。因此,合理的期限对于工作目标的完成是很重要的。

3.明确组织的作用

一般来说,工作目标的完成是每个员工的任务,往往会忽略组织在员工实现工作目标中的应有作用。建立一个完善的组织结构,可以协助员工完成工作任务。例如,在制定一种新产品投入的目标中,研究、销售和生产部门的主管人员必须积极地协调他们的工作,协助他们完成工作目标。

4.做好计划

没有计划或是计划不明确,做事就会盲目,不具体,针对性不强,这会影响工作效率。为提高工作目标的时效性,要根据组织的实际情况,做好相应的计划。

5.加强监督管理

各部门要全力配合人力资源部认真做好监督管理工作,落实绩效考核要求,对照考评指标,逐项排查,查漏补缺;要坚定目标意识、强化目标思维、树立目标导向,以强烈的使命感和责任心,确保各项指标落地有声。

6.建立有效的激励机制

激励是调动员工工作动力的有效手段,良好的激励机制会对员工完成工作的质量产生积极的作用,也是员工保证工作目标时效性的重要前提。

7.不断优化工作环境

工作进度会受硬件设施环境和软件环境两方面的影响,因此为了提高工作目标的实效性,在做好必要的办公设施等硬件环境保障的同时,也必须在企业机制、规章制度、文化和管理者的价值观、领导风格等方面不断优化工作的软件环境。

课后任务训练

制定一份"个人职业生涯发展规划",要求时间明确,目标具体。

第四节 改进工作

企业行政管理人员要善于不断改进自己的工作,使自己适应纷繁复杂的工作要求,圆满完成任务。

一、征询改进意见

企业行政管理人员要定期总结和检查自己的工作,查找工作中存在的问题,并加以改进。但是,从自己的角度来看自己的工作常常看不到存在的缺陷,所以应该向周围的人征询改进的意见。

(一)征询意见的范围

征询意见的范围,应包括以下三个方面:

1.工作业绩。即自己在一段时间内,例如一个月、一个季度、半年或一年内,工作中取得的业绩是突出、一般，还是很差。

2.工作能力。即自己在一段时间内，工作能力表现如何，是强，是中等，还是弱。

3.工作态度。即自己在一段时间内，工作态度是积极，是一般，还是消极。

（二）征询意见的方法

征询意见的方法各种各样，可以根据所处环境和自己的喜好确定。但是，最有效的方法是面谈。

1.面谈。面对面的征询对自己工作的意见，可以表达自己诚恳的态度，可以就某一问题进行深入的讨论，也可以排除相互之间的误解。

2.座谈会。召开一个征询意见的小型座谈会，和几位朋友一起进行讨论，更容易辩清事情的本质。

3.书面。写一份情真意切的书信，向他人征询意见，也许更能打动他人。发出若干份调查表，可以更广泛地征询意见。

4.电话和电子邮件。对于不便面谈的对象，可以打个电话或发一个电子邮件征询意见。

5.微信。使用微信中的视频、音频、群聊、公众号等征询意见。

（三）征询意见的对象

征询意见的对象包括同事和上级。

1.向同事征询对自己工作的意见，要注意：

（1）要实事求是地把自己对自己工作的评价告诉同事，诚恳地请求他提出改进的意见。

（2）如果与同事有什么摩擦、隔阂和不愉快的过去，一定要先向同事道歉和解释，取得同事的谅解后，再诚恳地向同事征询意见。

（3）对于同事提出的意见，包括工作、学习、生活和待人处事各方面存在的问题和缺点，都要正确对待，诚恳接受，认真改正。

2.向上级征询对自己工作的意见，要注意：

（1）要实事求是地向你的上级汇报自己的工作，争取上级的支持；

（2）要与上级一起讨论自己的工作，对照单位的工作标准和自己的工作计划进行分析比较，达到标准的予以肯定，作为继续发扬的方向。未达到标准的予以否定，作为今后改进的方向。

（3）要认真听取上级对你的工作的批评，虚心接受上级的指导，并主动向上级征询改进工作的方法和措施。

二、确立改进目标

企业行政管理人员在征询多方面的意见和认真总结分析的基础上，要进一步明确自己的改进方向，制定改进目标。

1.与上级一起分析并确认自己今后可能承担的新职责。根据前段工作取得的业绩和展现的能力，分析是否可以承担一些新的工作职责。

2.与上级一起分析并确认自己今后应该放弃的工作职责。根据前段工作存在的问题,分析是否有不适应自己发展的工作职责,这时应该放弃,选择适应自己工作的方向发展。

3.与上级一起分析并确认自己应该改进的工作职责。根据前段工作的实际情况,分析是否一部分工作虽然存在缺点,但仍适应自己发展,这时需要采取改进措施,加以提高。

4.与上级和同事商定自己将要担任的新职责和需要提高的原来承担的职责的目标,并最后由自己把这些目标确定下来报告上级,得到确认和支持。

5.与上级和团队中的相关人员商定培训计划和保证达到目标的各种措施。

三、积极参加培训

企业行政管理人员,为了改进工作,达到预期目标,实现自己职业梦想,应该制订自己的学习提高计划,积极地参加各种培训。其中包括:

(1)在职的学历教育,研究生、本科、大中专等在职教育;(2)短期培训;(3)职业资格培训和考试;(4)自学;(5)拜师学艺。

四、评价和检查改进情况

企业行政管理人员为达到改进工作的目标,应定期对自己的工作和学习培训进行评价和检查。

1.与上级讨论自己的达标进展情况。应定期与上级讨论自己在培训和工作中的改进情况,评价和检查理论水平、职业技能和工作态度的提高幅度和改进效果。

2.检查自己的工作和培训计划的实施情况。应定期对自己的工作和培训做出评价,并与过去做比较,确定取得的进步和存在的问题。

3.适当调整目标。在评价和检查的基础上,如发现原来确定的培训目标不合理,或者过高无法实现,或者过低不利于自己的提高和发展,应该与上级进行讨论,修改原定的培训目标,使目标更切合实际。

课后任务训练

制订一份改进自己工作(学习)的计划,包括目标、措施和实施步骤,征询所在团队的意见,做出自我评价。

一、任务模块

米尼培训中心,是F市的一家民营培训机构,它的办公室是主要行政管理部门。大后天是培训班开学时间,办公室主任给行政助理写了一张纸条:

大后天第七期培训班开学,近三天注意安排好以下工作:

1.X 主任要在开学典礼上讲话,起草讲话稿,明天下班前写完,后天 9 点以前,必须交到 X 主任手里。

2.开学时间 13:30,通知有关人员做好会场的准备。

3.学员名单和相关信息在培训部。另外有两位领导参加开学典礼。下午 5:00 两位领导参加晚宴。领导 M 需要派车到她的住所去接,联系电话:×××××××。领导 N 自带车,带一名秘书兼司机。社团派一名工作人员,担任班主任,并兼任社团管理软件的培训教师。

4.开学当天 8:00~12:00 为报到时间。每人收取培训费×××元。

5.第二天早 8 点开课,第一堂课由 Y 教授讲课。需要安排接送:Y 教授在开学当天 15:50 乘飞机到达 F 市 M 机构,第二天午饭后去机场,14:20 乘飞机返回 B 市。

6.开学典礼在 6 楼大会议室举行,要摆鲜花、全程录像、使用多媒体投影机、送茶水。多媒体投影机的灯泡坏了,通知相关人员买灯泡,在开学前一天 16:00 前必须修好。

7.教室设在 6 楼第一教室,安装多媒体设备,开学当天 17:00 前做好准备。

8.增加一名学员宿舍服务人员,女,50 岁以下,通知相关人员调剂或招聘,学员报到前到岗。

9.学员住宿本中心的学员宿舍,住宿费每人每天 30 元。男学员按 3~4 人一间安排,女学员按 3 人一间安排,管理人员按 2 人一间安排。名单在培训部,通知有关人员提前安排好房间和床位。

10.学员就餐,在大学的第三食堂,每天餐费 50 元,通知有关人员与食堂联系,做好安排。

11.开学典礼,领导讲话、教师代表×××、学员代表×××讲话,会间发培训计划表、学员胸卡、学员生活学习指南、中心简介。编制会序,送 X 主任审查批准后,印发有关人员执行。通知有关人员准备会议期间发给学员的文字资料。

12.K 主任明天上午接待,下午去教学仪器厂联系购进语音设备事宜。后天上午乘高铁去 D 市参加国际教育展览会,并与 W 大学代表商谈合作举办研究生班,培训部长陪同,晚间乘高铁返回,安排好 X 主任的行程。

13.在培训班开学期间,安排干部轮流值班。

14.开学典礼前,全中心搞一次大清扫,各部门办公室、教室、会议室都要窗明几净,一尘不染。

15.开学典礼前,做一次健康安全大检查,排除各种不健康、不安全、不保密的隐患。

作为米尼培训中心的行政助理,看到这张长长的纸条,首先要按事务的轻重缓急排序,接着确定每件事应该由谁来办、何时办、如何办,不懂的地方请教同事或相关人员,列一个工作日志表,与上级和同事及相关人员讨论,直到确认这个工作日志是合理的为止。然后按这个工作日志执行或监督他人执行。

二、目的和要求

（一）目的：培训和检验运用工作日志等手段管理自己的工作和改进自己工作的职业能力。

（二）要求：掌握与以下职业能力相关的知识和操作要领：

1. 根据不同工作的重要性和紧迫性处理工作，必要时能够寻求上级或同事的帮助。

2. 能够编制工作日志，并运用工作日志实施、督促和检查工作计划，管理自己的工作。

3. 能够积极争取同事的帮助，调动同事的积极性，团结协作，共同完成上级交办的工作任务。

4. 能够采用最能有效运用时间的工作方法，完成自己的工作。

5. 能够充分利用可利用的各种资源，将浪费控制在最低限度。

6. 能够正确处理保密信息。

7. 能够在工作过程中遵守单位的规章制度和工作程序。

8. 能够根据工作轻重缓急的新变化自觉调整工作计划，并征求相关同事的同意。

9. 能够按照提出任务人的要求，按时完成工作并保证符合要求。

10. 在工作过程中，如果不能满足相关同事的要求，应当向他们做出合理的解释。

三、模拟现场设计

（一）将教室模拟成会议室。

（二）全班学生分成5～7人一组，每一组为一个模拟的接待团队，团队内轮流扮演行政助理、上级领导和同事。在一个小组执行接待和服务时，其他小组的学生扮演前来报到的学员。轮流完成学员报到接待和开学典礼会议服务。

（三）调查一下本省社科类社团的名称，把全班学生每2～3人模拟成一个社团的代表，作为参加培训班的学员。

（四）模拟学员报到接待、开学典礼服务的步骤

1. 对办公室主任用留言方式布置的任务，按轻重缓急进行排序。

2. 按任务排序编写工作日志。

3. 制订培训班学员报到接待计划。

4. 制订开学典礼工作计划和会议议程。

5. 学员报到接待

(1)制作欢迎学员前来学习的横幅、标语、音响、欢迎辞等。

(2)制作学员报到签到簿。

(3)从学校大门到中心楼再到教室(开学典礼会场)设置指引标识。

(4)在教室门外设置接待处。

(5)接待签到。

(6)收费：培训费、住宿费、餐费。

(7)制订学员宿舍房间安排计划。

(8)安排学员住宿。可能出现问题：原接32名学员，15女17男，结果报到的是16女16男，原方案房间分配计划需要立即修改，与同事协商修改方案。

(9)发放资料：开学典礼议程、学习生活指南、中心宣传册、学员胸章。

（10）引领学员进入住宿房间。

（11）特殊人员接待。领导 M 和领导 N 及随行人员参加会议,安排单独接待,并陪同到 X 主任办公室休息。

6.开学典礼服务

（1）会议准备

①落实和检查会议地点,包括会场内外道路畅通吗? 环境安全吗? 卫生打扫干净吗? 桌椅能满足要求吗? 温度、空气、采光都好吗? 电源都在哪里,好用吗?

②落实和检查参加人数、到达时间等各种信息。确认本中心参加人员是否确认,如尚未确认,应立即找领导确认。确认参加会议的人都通知到了吗,确定会来吗? 确认是否需要安排车辆接送。

③落实和检查在典礼上发言人员,打电话或发邮件找到发言者本人,确认他知道要在典礼上发言,并已经准备好了发言稿,建议他把发言大纲告知会议主办方。

④落实和检查会议文件:会议议程表、会议讲话稿等文件都准备好了吗?

⑤请示领导,是否做会议记录和会议纪要,如果需要,安排到计划之中。

（2）会场布置

①布置主席台,请示领导,确定在主席台就座的人员,安排座位和名牌。主席台外,还应安排一个发言台。

②制作会议横幅,请示领导,确认横幅的准确内容,制作出来,并安设到合适位置。

③摆放鲜花,放什么花,放在什么位置,放多少,花从哪里来,都需要做好计划,请示领导批准,再按计划去办,中间还可能要调整。

④座位划分。学员的位置、教师的位置、来宾的位置、本中心职工的位置,每个类别中都要留出机动席位。

⑤音响设备安装到位,并要试验,确认完好。

⑥摄录像设备安装到位,并要试验,确认完好。

⑦安装一台计算机,以备使用。

⑧安装饮水机,以备使用。

⑨请示领导是否供应水果、点心,如果供应,做好准备。

（3）会场服务

①引导所有与会人员顺利到达自己位置。

②每 20～30 分钟供应一次茶水。

③引导会议中间要去卫生间的参会人员到卫生间。

④帮助与会人员解决各种问题,例如复印材料、发传真等。

⑤会议结束,引导学员去食堂就餐。

四、完成任务后每个人要提交的工作成果

（一）提交一份接待学员报到当天的工作日志。

提示一:这份成果是一份完成一天工作以后,记录的工作日志。

提示二:这份成果要包括时间、地点、人物、事件、问题和解决问题的办法六个要素。

提示三:要总结和分析一天的工作,包括收获、经验和教训。

（二）提交一份改进工作目标的计划。

提示一：这份成果要取近期的工作进行评估，找出差距，制定具体的改进目标。包括将来承担新的职责的提升目标和原承担职责改进提高的目标。

提示二：这份成果要争得上级和同事的支持，并经过上级领导的批准。

提示三：这份成果，必须包括培训提高的计划。

第五章　团队建设和时间管理

学习目标

一、 知识

（一）掌握团队精神和团队领导的职责

（二）了解团队互助合作的主要内容

（三）掌握时间管理工具

二、 技能

（一）致力于改进自己的工作

（二）建立、发展和维护团队效率

（三）合理分配时间

职场经验

　　大学毕业后第一次进入职场试用期时,总经理对我们同时应聘的5个人说:"试用期满,将在你们中间选一名业务主管。"听了总经理的话,我发誓要当上业务主管! 然而,要想当上业务主管就必须战胜4个同事! 我想,短短的3个月里要凸显自己的业绩仅靠埋头苦干是不行的,我必须凭借聪明才智苦干加巧干。此后,我开始利用网络的优势进入广告设计网博览别人的设计创意并频频跟网络设计高手交流。为了确保

业绩好的为
什么淘汰了

自己能超过他们,我开始向4个同事学习,而他们向我请教问题的时候,我每次都把自己独特的见解藏起来,只说一些能在网上查询到的观点。当然,我所做的一切都很隐蔽,我不会傻到为了打败他们而把他们的材料藏起来,也不会在私下里对他们发起人身攻击。我常常自我安慰说,我并没有伤害他们,我只是努力提高自己而已。

试用期满,我的业绩果然比他们4个人突出。然而,总经理的决定却让我大跌眼镜:我不仅没能当上业务主管,还被公司淘汰了!面对总经理的决定,我质问他为什么。总经理平和地说:"我们公司之所以能有今天,主要靠的是团队合作精神,因此,在我们公司,能跟同事共同提高的人才是最理想的人选。"原来,总经理对我的所作所为明察秋毫!我离开公司的时候,总经理吩咐财务处多给我算了一个月的工资,他还拍着我的肩膀语重心长地说:"记住,跟同事共同提高比只向同事学习受欢迎。"

职场忠告

团队的组成对组织的绩效起着重要的作用,在组织中,追求"高绩效团队"成为许多组织的口号与理想。要达到这个目标,首先必须明确团队的类型,根据不同类型的团队确定不同的绩效,并给予相应的报酬。总之,要重视团队的作用,加强团队管理,始终认为"我们全在同一个团队里",这样,团队的效率才会有所增加。

第一节　团队和团队精神

蜜蜂种族
的启示

现代企业越来越重视团队的作用,以团队为基础的工作方式已经取得深远的影响,因此,企业要注重培养员工的团队意识,形成团队精神,以较强的凝聚力赢得市场竞争的主动权。

一、团队

(一)团队的含义

团队是一个为了共同目标而工作的集体。团队工作主要通过自我管理的小组形式进行,每个小组由一组员工组成,负责一个完整工作过程或其中一部分工作。工作小组成员在一起工作以改进他们的操作或产品,计划和控制他们的工作并处理发生的各种问题。

在工作中,大家一起友好地、互相支持和高效率地工作,比个人单打独斗地工作能取得更大的业绩,这就是建立团队的意义。团队是为了一个特定的目标或任务建立起来的,强调的是整体的业绩,强调通过队员的共同奋斗取得较好的工作成绩。从动机、价值取向和目标追求的角度看,团队成员的一致性远远高于其他类型的群体。

(二)团队的特征

团队工作的宗旨是委托和授权,管理者不仅将任务而且也将责任授予了团队的每个成员。团队成员享有自己承担的日常工作和任务决策的权利,同时也必须承担相应的责任,他们在协同上比其他群体更主动、更积极,在技能、经验和知识方面具有互补性。具体来说,其特征主要有:

1.有共同的目标,每个人都愿意为这个目标的实现而努力奋斗。

2.团队成员在技能、经验和知识方面具有互补性。

3.团队成员在动机、价值取向和目标追求方面具有高度的一致性。

4.团队成员共同努力的结果大于个体成员的绩效总和。

（三）团队的组成形式

所有在企业中工作的人员都是企业团队中的一部分。然而,大的团队通常分成许多较小的团队。这些团队的大小和数量取决于企业的大小、任务的性质和规模。团队可能用下列方式组成:

1.正式团队。由企业为特定的目的而设立,例如企业的质量监察科,就是企业为提高产品质量而成立的正式团队.

2.非正式团队。或称非正式组织,是基于组织成员的情感和心理需要自发建立起来的,并非是按照有关的规章制度而建立的组织。它是人们在共同工作、共同劳动过程中,由于共同情感而建立起来的组织,存在于正式组织之中。它没有正式组织那样明显的规章制度,但其作用不可小视。它对正式组织的发展具有双重作用。

3.职能团队。执行特定任务的组,例如健康和安全委员会。

4.部门团队。在同一业务部门工作的组,例如采购组、保管组等。

5.项目团队。为特定项目工作的小组,例如销售人员招聘小组。

二、团队精神

团队精神就是大局意识、协作精神和服务精神的体现,反映的是个人利益和集体利益的统一,是保证组织高效率运转的精神力量。

1.大局意识

团队精神就是团队成员共同认可的一种集体意识,显现的是团队成员的共同心理状态和工作士气,是团队成员共同价值观和理想信念的体现,是凝聚团队、推动团队发展的精神力量。

2.整合互补

团队精神是员工思想与心态的高度整合,是员工在行动上的默契与互补,是"小我"与"大我"的同步发展,是员工之间的互相宽容与理解。

3.凝聚力

团队精神的实质是一种力量,这种力量是通过共同的信仰、一致的行动、相互熟知的工作作风、共有的价值观念、标准的行为规范凝聚起来的一种合力。它通过塑造可以成长,通过教育可以传播,通过激励机制可以发扬光大,通过人这一载体可以生生不息,延续不断。

4.组织文化

团队精神是组织文化的一部分,如果没有正确的组织文化,没有良好的从业心态,就不会有团队精神。

三、团队精神的重要功能

1.凝聚的功能

团队精神使团队中的每个成员在长期的工作过程中逐渐形成了团队特有的习惯、信仰、兴趣等文化理念,形成共同的使命感和归属感,能产生一种强大的凝聚力。

2.激励的功能

团队精神促使团队中的每个成员自觉要求进步,向最优秀的人员看齐,而最优秀的人员在对团队中的其他成员产生激励作用的同时,也会激励自己更加努力地工作,争取达到最优。

3.控制的功能

团队精神最主要的是让团队中的每个成员清晰地认识到:个人的价值远远小于团队的价值,每个成员的行动都关系到团队的切身利益,而不能凭主观想法产生行为。很显然,团队精神能够有力地控制每个成员的行动,保证团队工作高效率地运转。

课后任务训练

小说《西游记》(吴承恩著)中哪些人形成了一个团队?列举这个团队中的领导是如何领导团队不断健康发展的,提交一份600字左右的书面报告。

第二节　团队合作

企业中建立团队是至关重要的,同时也要注意团队之间的相互合作,这样,整个企业才能在各个团队的合作下高效率地运转。

团队合作

一、建立和维护与同事的良好关系

(一)目 的

1.共同协作

建立和维护与同事的良好关系是为了与同事有效地协作,共同完成团队的工作。

2.互相支持

团队的很多工作,不是一个人可以完成的,必须靠团队成员的合作来完成。而团队成员合作是否默契,决定着工作完成的效果。所以要求团队成员之间要建立良好的关系,互相理解、互相支持、互相帮助,以保障各项工作的顺利完成。

(二)要 求

1.善于建立关系

团队成员在团队中要善于与同事建立良好的工作关系。团队成员要树立与团队中同事建立良好工作关系的意识,明确目的,掌握方法,善于捕捉和利用各种机遇主动地与同事建立良好的工作关系。

2.能够维持关系

团队成员要能够与同事维护良好的工作关系。在实际工作中,工作本身的困难和矛盾,同事间的意见分歧和冲突,会经常出现。要求团队成员善于发现这些困难和矛盾、分歧和冲突,及时提供信息和帮助,正确解决分歧和冲突,维护和保持良好的工作关系不断向前发展。

二、遵守对同事的承诺

遵守对同事的承诺,执行同事的委托,否则要在恰当时机向其解释原因,这是建立、发展和维护团队效率最基本的要求。

1.遵守承诺

团队成员应具备诚实守信、一诺千金的基本素质。团队成员在团队中,要遵守对同事许下的每一个诺言,要么不承诺,只要承诺了的,就必须得兑现。

2.执行委托

团队成员要乐于接受同事的委托,一旦接受了办理的事项,就应该按许诺逐一认真做好,达到标准,不可以漏掉任何一项,或敷衍塞责。

3.对同事的承诺一旦不能兑现,要向其解释原因

如因某种原因不能如期圆满完成对同事的承诺,必须选择恰当的时间和地点把原因向对方解释清楚,并真诚道歉,以求谅解。

这里说的恰当时间,应该是尽快解释,以免影响同事的工作或造成同事的误会。

这里说的恰当地点,是指这个地点具备以下特点:

(1)可以避开应该避开的人员;(2)不会使同事感到尴尬;(3)有利于双方交流。

三、向同事提供信息和支持

向同事提供信息和支持,是建立、发展和维护团队效率的基本工作内容。

在团队工作中,团队成员应该互相提供信息和支持;团队成员在同事不能按时完成工作任务时,应该提供帮助;在发现团队工作质量出现问题时,团队成员要及时提出改进的建议,并与他人进行讨论,切实维护团队的信誉和效率。

(一)团队成员互相提供所需的信息和支持

任何一个团队成员都应具备大局意识、整体意识和团队意识,具备为团队效率和整体工作的完成向同事提供所需的信息和其他支持的能力。

1.整体责任意识

团队成员首先应明确,团队是一个有机整体,自己是团队中的一员,团队能否高效地完成工作,每一个成员都负有不可推卸的责任。

2.整体目标意识

团队成员应该明确,每一个团队成员在团队工作中,都要把团队整体工作目标的实现作为首要目标。

3.主动帮助意识

团队成员遇到有同事需要自己提供帮助时,自己又有能力提供帮助的情况下,要责无旁贷地向其提供所需要的信息和其他支持,包括提出建议、给予具体的指导和人力、物力、财力方面的帮助。总之,不能袖手旁观。

(二)制订计划和分配工作应遵循的基本原则

团队在完成各项工作时,会遇到分配人员、分配时间和资源等问题。行政管理人员在为团队制订计划和分配工作时,应遵守的原则是:一要依据团队的总体工作目标;二要考虑团队成员的能力,并符合他们的发展需要。

1. 应掌握团队中每一个成员的工作能力、发展需要及其他具体情况

(1)每个团队成员的工作能力各不相同,这与他们的专业技术、工作经历、性格特点有密切关联。

(2)每个团队成员的发展需要各不相同,这与他们的个人职业生涯规划及单位领导期望有密切关联。

(3)每个团队成员都会有一些与工作相关的其他情况,如家庭住址、联系方式、社会关系、生活习惯、相关技能等。

2. 依据团队的总体工作目标和团队成员的具体情况来制订工作计划

(1)任何工作计划都不能背离团队的总体工作目标。一个团队的总体目标,应该是这个团队全体成员的共同意愿,代表团队的价值取向。背离总体目标的工作计划,不会得到批准。如果在总体目标没有修改的情况下,背离总体目标的工作计划得到了批准,也很难实现;即使实现了计划,也必然会对团队的总体目标产生重大的冲击和破坏,甚至影响团队的安定团结、正常运行和健康发展。所以,无论如何,制订工作计划都不能与总体目标相矛盾。

(2)制订团队的工作计划,必须考虑团队成员的具体情况,量体裁衣,才能保证计划顺利执行和目标实现。团队成员的数量、能力、合作精神和个人特点都影响着工作计划的数量目标、质量要求、实施方法和保障措施等。例如,团队只有 3 名成员,制订的工作计划必须由 5 人完成,这个计划就不合理。

3. 充分考虑团队中每个成员的实际工作能力、基本特点和个人发展需要

(1)由于每个团队成员的学历、经历、专业、性格、爱好等不同,其工作能力和基本特点也不相同。例如,有的人善于交际、有的人善于计算、有的人善于协作、有的人善于文艺、有的人善于体育等。从所学专业层面考量,每个人的能力差别就更大了。所以,在制订计划和分配工作时,要充分考虑每个团队成员的能力特点,合理地安排,扬其所长,避其所短,因材适用,最大可能地调动和发挥每个团队成员的工作积极性和潜在能力。

(2)每个团队成员都有个人的人生目标和职业发展规划,团队领导也会对每个团队成员有着不同的期望和培养目标,这些就构成了团队成员个人的发展需要。在制订团队工作计划和分配团队成员工作时,应充分照顾团队成员个人的发展需要。这对于调动团队成员的工作积极性、保持团队稳定和积蓄团队发展后劲具有重要意义。

(三)当同事不能按时完成工作时,应提供帮助

当团队中的同事由于某种原因,不能按时完成工作任务时,团队成员应及时向其提供多方面帮助,包括提供信息和建议、具体的指导和帮助等。

对同事提供帮助,必须有的放矢。认真了解、分析、掌握同事不能完成工作任务的原因、所需帮助的具体事项和内容,然后再有的放矢地实施帮助。例如,小丁正在为一个新员工讲课,而这个时间要求小丁必须把培训班的资料邮寄到北京去。小丁遇到的困难,就是这边的课程不能停下来,那边的资料必须送到邮局发走。小李了解到小丁的困难后,主动提出帮助他。在他的同意下,小李到邮局代替他邮寄了资料。小丁和小李的故事,就是团队成员互相帮助的一种体现。

为团队成员提供帮助,应注意以下 3 点:

(1)应征得对方的同意,不能贸然行事;(2)不能超出自己的职权范围;(3)应在不影响自己的任务按时完成的前提下进行。

(四)发现与工作质量有关的问题,应及时处理,维护团队信誉和效益

任何工作都要重视质量。生产、经营、销售、新产品开发等各项工作都有质量要求。达不到质量要求,就是没有达到目标。一个团队的工作质量,代表着一个团队的综合素质,关系到一个团队的信誉。所以,要求团队成员能发现工作质量方面的问题,及时提出并与相关人员讨论,以解决问题、维护团队信誉和效益。

1.善于发现团队工作中出现的质量问题

(1)工作质量标准的检查

要想善于发现团队工作中出现的质量问题,关键在于了解工作的质量标准,也就是掌握工作质量合格与不合格的界限。一般情况下,工作质量应符合以下要求:

①符合法定标准,如国际标准、国家标准、行业标准、地方标准等;②符合法律法规要求;③符合单位的规章制度;④符合工作单位总体目标和计划指标;⑤符合服务对象的要求;⑥符合客观发展规律。

(2)建立制度

建立工作质量的监控、考评制度。例如,建立工作质量责任制,团队成员对工作质量按期自检、如实汇报,有关责任人定期检查,组织专家对工作质量进行评估等。

2.发现工作质量问题立即处理

一旦发现工作质量问题,必须立即处理:

(1)及时通知团队内有关人员。如果属于同事的责任,应善意地指明问题所在。(2)与相关人员进行讨论。包括是否确定已经出现工作质量问题,导致问题的原因,责任人,应采取的措施等。(3)整改。按照讨论确定的措施,进行整改,修正出现的工作质量问题,以维护团队信誉和效益。

(五)交流和反馈信息、提供建议和实施帮助的基本要求

1.提供反馈信息和建议要讲求质量、效用和方式。向团队成员提供的反馈信息和建议要做到:

(1)应是清晰而明确的;(2)应是带有建设性的,而不是一味地指责或埋怨;(3)应充分考虑对方的心理承受能力,采取不公开的方式进行。

2.交流、反馈和实施帮助的时间、地点和方法应适应不同同事的情况,目的是提高团队的凝聚力和促进发展。

(1)凝聚力是实现团队目标、促进团队发展的基础,团队的凝聚力离不开团队成员之间的和谐关系,而团队中每一个成员都有自身的具体情况和特点。与团队成员进行交流、提供反馈信息和帮助时,因人而异、因时而异、因地而异,才能促进团队的发展。(2)时间方面,原则上应该从快从速,不能耽搁时间,影响工作;但另一方面,应考虑个人对某一个问题的认识程度和接受能力,可能需要从侧面做些工作,等过一段时间,再进行交流更为合适。(3)地点方面,应尽量回避第三者,进行单独交流,使交流的内容不外传、不公开。(4)方法方面,应采取对方愿意接受的方式。

四、正确处理工作关系中的问题和分歧

在团队完成的每一项工作中,都可能因为对各项事务的认识程度不同、做事的方法理念不同、攸关的利益不同或其他相互间的感情等多种因素,出现矛盾和分歧。团队成员应该正确地面对问题和分歧,采取积极的态度和行动,尽快地化解矛盾,解决分歧,团结一致完成任务。

（一）正确识别与同事的关系

行政管理人员应能有效地识别出与团队同事在工作关系中出现的某些问题和分歧。判断和识别与同事的工作关系是否出现了问题和分歧,主要从以下 3 个方面来考虑:

1.感情上是否有相互疏远、不信任、不和谐的感觉。如果有了与同事相互疏远、不信任、不和谐的感觉,同事间的工作关系一定是出现了问题和分歧。

2.工作上能否相互配合。如果在工作中不能积极地配合,敷衍塞责、应付了事,甚至制造障碍,同事间的工作关系一定是出现了问题和分歧。

3.第三者的评价。常言道:旁观者清。向第三者征询意见和看法,是识别与同事关系是否出现问题的有效方法。

（二）从大局出发主动与对方沟通、解决

团队中同事间的工作关系出现问题和分歧,会破坏团队的安定团结,影响团队各项工作的顺利进行和目标的实现,必须引起高度重视,立即加以解决。解决团队中同事工作关系出现的问题和分歧,应遵循以下四条原则:

1.要从大局出发。就是从团队的整体利益出发,而不是只考虑局部的利益和个人的利益。

2.要采取积极主动的态度。每个团队成员遇到与同事的工作关系出现问题和分歧时,都要积极主动地与对方进行沟通。

3.选择恰当的时间、地点和方法,妥善解决工作关系中出现的问题和分歧。

4.当与同事的关系出现矛盾并超出自己解决能力范围时,应按照单位的程序予以解决。例如,及时向主管领导或上级汇报,寻求协调和帮助。

课后任务训练

小组合作,组织一次卫生检查。针对团队合作列举工作中的问题,提出具体解决方案。

第三节　团队管理

凡事有交代,件件有着落,事事有回应——曾国藩成事的方法,简单说就是管理自己、管理团队、管理事情。

管理自己,管好自己能做的,管好自己不能做的;管理团队,他给团队提了两个基本要求:不睡懒觉,不撒谎;管理事情,他的名言是"大处着眼,小处着手"。

组织中每项工作都是在一定工作目标的指导下进行的,为了各项目标按质、按量、按时完成,需要加强团队管理,包括确立目标、健全机制、明确职责、合理分工和开展活动等。

一、确立团队目标

企业团队必须确立清晰的目标和保障这些目标实现的措施。

（一）团队目标的主要内容

1.任务的性质,例如执行健康和安全检查;

2.任务的范围,例如在整个企业内;

3.质量标准,例如全面执行公司健康和安全的若干规定,列出存在问题项目表,写出检查结果报告;

4.重要阶段、进行中的目标,例如每星期完成企业内 4 个部门的检查;

5.完成任务的最终期限,例如所有检查在月末完成。

（二）保障完成目标的措施

团队在制定目标时,必须制定保障目标完成的措施,这些措施应该包括以下内容:

1.明确保障的重要资源首先要确定资源、重要阶段点、计划时间表、个人职责的明确的协议等。

（1）资源必须保障实现目标的需要。人员、资金、物资、信息都要进行评估,落实到位,确保需要。

（2）重要阶段点,根据需要和可能,经过多方协商,将其确定下来。

（3）计划时间表,在前两项已经落实的基础上编制计划表,把各项指标、资源配备、责任人、完成时限和阶段进度,用表格和文字确定下来。

（4）明确职责。这里是指明确团队成员在完成一项具体目标时的职责。团队领导应与团队成员达成承担某项责任的协议,这种协议可能是文字协议,也可能是口头协议,也可能是在计划表上签字即可。

2.留出意外情况和弥补欠缺的时间。

3.定期开会讨论进展和出现的问题。

4.及时监督检查完成的任务,并确认是否达到要求的标准。

5.清楚告之工作人员关于进展的信息,例如使用墙上布告板、计划图予以公布。

6.当完成工作和达到重要阶段点时,给予团队成员鼓励和支持。

二、建立团队管理的运行机制

团队的运行,必须有相应的规章制度做保障,让全体队员在共同的规则下发挥作用。因此,团队应该建立必要的制度和工作程序,例如工作模式、考勤制度、绩效考核制度、奖惩制度、信息报告制度、值班制度等。这些制度建立的原则和方法,大部分在人员管理一章中都讲过了,这里重点介绍建立信息报告制度的好处和报告信息的方式。

（一）建立团队向上级和管理部门信息报告制度的好处

1.通过这些信息使上级掌握企业的项目和任务的整体进展情况,形成清晰的印象。

2.使上级和管理部门为团队下一步工作需要的资源做好准备,例如人员、设备等。

3.使上级和管理部门向提供支持的人员、股东、银行和政府通报团队的进展情况,以求得持续的支持和帮助。

(二)团队向上级和管理部门报告信息的方式

1.定期发送给上级的书面报告;

2.由团队领导定期向上级主管口头汇报;

3.上级主管参加团队的会议;

4.向上级展示团队完成任务和进展情况的实物、图表和影像。

三、公平分配团队成员的工作

(一)公平分配团队成员工作的好处

1.人人工作量公平,任务分配合理,会提高团队成员工作的积极性。

2.工作分配公平,而不是把许多工作集中给一个人,更容易达到目标。

分配工作无法做到绝对"公平",但是相对公平、合理地分配工作是可以做到的,也是可以得到团队成员理解和支持的。

(二)公平分配工作需要考虑的因素

1.注重经验。缺乏经验的工作人员将会影响工作效率。

2.控制总量。有的人可能还有其他工作要完成,这些其他工作也有最终期限的要求,对这类人员不能满负荷地分配工作。

3.调换任务。有一些任务更加有趣或更容易完成,确保这样的任务不要总是分配给同一个人。

4.照顾偏爱。应与团队中的每一个成员沟通,尽量照顾他们的偏爱,了解他们自己期望如何对团队做贡献。

5.组织讨论。对如何分配工作,与团队成员进行讨论。

6.监督检查。需要监督和检查工作进展,并在项目推进中间适时重新调整工作。

四、明确个人在团队中的责任

明确个人在团队中的责任,是促进团队发展和成长为一个有效率的工作团体的基础条件,也是团队对企业发展做出有价值的贡献的重要保障。团队发展的责任,是由上层管理者、团队领导和团队成员共同承担的。

(一)上层管理者的责任

1.为团队工作提供适当资源,例如人员、时间、设备、资金;

2.及时将团队对企业做出的贡献向团队成员反馈,并给予鼓励;

3.给下属的团队领导提供支持。

(二)团队领导的责任

团队领导在一个团队的管理中起关键的作用。团队领导的责任如下:

1.正确把握和合理运用所有团队成员的工作态度、技术水平和个人爱好;

2.保证团队成员有必需的资源来完成任务;

3.重视所有团队成员在团队中的作用;

4.拿出时间与团队成员沟通,与团队成员建立良好的个人关系;

5.公平地对待团队的所有成员取得的业绩,正确地做出评价,及时地给予表扬和奖励;

6.代表团队向上级提出要求;

7.带头完成自己的任务,为团队做表率;

8.兑现向团队成员做出的所有承诺;

9.给团队成员支持和鼓励;

10.在团队出现失败时,公平和谨慎地以恰当方式对待成员,多从自身查找原因,不能把怨气发泄在成员身上;

11.热爱团队和团队的工作。

(三)团队成员的责任

团队的每一个成员有责任对团队工作做出积极贡献。团队成员的责任:

1.保证及时完成自己的工作,并达到所要求的标准;

2.当出现问题或在最终期限前不能完成工作时,应向团队领导报告;

3.积极参加会议;

4.履行自己向团队成员做出的承诺;

5.给团队中的其他成员提供支持和鼓励;

6.热爱团队和团队的工作。

一个团队的成员应该清楚自己在团队中的责任和自己的决策范围。工作人员应该能够处理问题和采取必要的措施完成自己的任务,也应该清楚在何时向同事和上级请求帮助和支持。

五、团队活动

组织好团队的各种活动,是促进团队建设和发展的重要方法。这些可能包括:

(1)定期举行会议,例如班前会、周会、月会等。

(2)离开工作场所,到环境适宜的地方举行会议,以此激励团队成员的工作热情和参与讨论的积极性,但并不中断办公室的工作。

(3)参与社会活动,例如科普宣传活动、社会志愿者活动等,增进团队成员的社会责任感和集体主义精神。

(4)开展团队内部建设活动,包括解决各项工作问题的活动。例如工作经验交流活动、工作问题研讨活动等。

六、评估和监督

对照预先设定的目标,定期检查团队取得的成果,评价团队的经营业绩,是企业的一项经常性工作,也是企业监督和评价各个团队和工作人员表现的必不可少的环节。

(一)评估和监督工作的必要性

对人员进行评估,以监督工作人员的业绩,对组织来说具有重要的作用,是必不可少的工作。

1.通过评估,组织可以讨论人员各方面的工作表现,并根据其当前的业绩情况勾画其未来的发展前景。

2.通过评估,组织可以对员工工作过程中出现的问题和不足进行评价,帮助其加以改正。

3.通过评估,可以加强上司和工作人员之间的联系,能够获得工作人员对他们工作和单位各个方面的看法。

4.通过评估,组织可以对员工的工作业绩给予肯定,对员工的事业发展提出指导性意见,有利于保持和增加员工的工作动力。

5.通过评估,有利于为下一年制定新的工作目标。

6.通过评估,能够确定哪些员工需要参加培训,提高其业务素质,并把员工个人的需要同单位的战略计划结合起来。

7.通过评估,能评估出某人是否有工作潜力,为以后提升做准备。

(二)评估前的准备工作

1.做好评估前的动员工作

(1)组织要召开评估前的动员大会,向全体员工传达评估的目的和意义;

(2)要鼓励员工积极地看待评估,让员工认清评估不是处分工作人员的方式;

(3)要求全体员工积极配合,促进组织和员工的共同发展。

2.组织培训

组织要对负责此次评估工作的经理及工作人员进行适当的培训,以保证评估和监督工作高效率运行。

3.制订评估计划

组织要根据组织的整体发展状况制订相应的评估计划,明确评估的整个实施过程,确保评估计划的顺利进行。当然,评估计划也要随着组织的发展不断进行调整,使评估计划符合客观实际情况,达到真正的评估目的。

(三)评估的组织程序

1.确定评估员

组织要给每一个工作人员分配一个评估员,评估员通常就是工作人员的业务主管,由主管完成对他们的业绩评估和监督。如果工作人员感到指定的评估员对他不公正,通常可以指定其他评估员。

2.确定评估内容

评估内容是评估工作的重点,一般来说就是员工的工作成果和工作业绩。

3.确定评估时间

评估时间可以分为年度评估、季度评估、月评估、周评估等,一般每年进行一次。

4.确定评估方法

评估员要根据组织的实际情况,确定合适的评估方法。

5.评估反馈

组织的评估负责人员要把评估的结果反馈给每一位员工。一方面,可以帮助员工改进工作中的不足;另一方面,可以充分肯定员工的工作业绩,鼓励他们更好地为组织的发展做出贡献。

（四）评估时应该注意的问题

1.评估的业绩应该是自上次评估以来已完成的工作业绩；

2.负责评估的人员和被评估对象进行谈话，要保证评估谈话的内容对他人保密；

3.谈话时要提出员工特别关注的问题，指出该问题产生的原因，并提出解决的建议和措施；

4.对有发展潜力的员工要考虑其本人希望发展的领域；

5.要和员工讨论有关个人发展或专业发展的话题，激发员工工作动力，促进员工更好地发展。

课后任务训练

制定一个职场礼仪的培训目标，组织开展一次培训。为检测按照既定的目标完成工作的情况，需要对完成的工作进行评估和监督，以查找不足、总结经验，并记录下来。

第四节　时间管理与工作效率

在工作中，要求企业行政人员对时间资源进行合理的分配和使用。怎样在有限的时间，得到最大的工作效益？

一、时间资源是有限的

（一）时间的四项独特性

1.供给毫无弹性：时间的供给量是固定不变的，在任何情况下不会增加，也不会减少，每天都是24小时，所以无法开源。

2.无法蓄积：时间不像人力、财力、物力和技术那样能被积蓄储藏。不论愿不愿意，人们都必须消费时间，所以也无法节流。

3.无法取代：任何一项活动都有赖于时间的堆砌，这就是说，时间是任何活动所不可缺少的基本资源。因此，时间是无法取代的。

4.无法失而复得：时间无法像失物一样失而复得。它一旦丧失，则会永远丧失。花费了金钱，尚可赚回，但倘若挥霍了时间，任何人都无力挽回。

（二）打扰是第一时间大盗

日本专业的统计数据显示：人们一般每8分钟会受到1次打扰，每小时大约7次，或者说每天50～60次。平均每次打扰大约是5分钟，总共每天大约4小时，也就是约50%的工作时间（按每日工作8小时计），其中80%（约3小时）的打扰是没有意义或者极少价值的。同时人被打扰后重拾起原来的思路平均需要3分钟，总共每天大约就是2.5小时。根据以上的统计数据，可以发现，每天因打扰而产生的时间损失约为5.5小时，按8小时工作制算,这占了工作时间的 68.75%。

为了解决这个问题,时间管理法则应包括两个方面的内容:

1.保持自己的韵律。例如,对于无意义的打扰电话要学会礼貌地挂断,要多用干扰性不强的沟通方式(如 E-mail),要适当地与上司沟通,减少来自上司的打扰等。

2.要与别人的韵律相协调。例如,不要唐突地拜访对方,了解对方的行为习惯等。

(三)"时间管理"所探索的是如何减少时间浪费,以便有效地完成既定目标

由于时间所具备的四个独特性,所以时间管理的对象不是"时间",是指面对时间而进行的"自管理者的管理"。

人的一生工作了多长时间

1.所谓"时间的浪费",是指对目标毫无贡献的时间消耗。

2.所谓"自管理者的管理",是指必须抛弃陋习,引进新的工作方式和生活习惯,包括要订立目标、妥善计划、分配时间、权衡轻重和权力下放,加上自我约束、持之以恒才能提高效率,事半功倍。

(四)个人时间表格分析

由于时间所具有的独特性,时间在各种资源中往往容易被我们忽略。参照表 5-1、表 5-2,对比一下自己的时间,做出分析。

表 5-1　　个人的时间表(假设 60 岁退休)

阶　段	花费时间	年龄段	事　项
第一阶段	6 年	0~6 岁	学龄前
第二阶段	12 年	6~18 岁	小学、初中、高中
第三阶段	3~7 年	18~25 岁	大学
第四阶段	30~35 年	25~60 岁	职业生涯
第五阶段	35~40 年以上	60~100 岁以上	晚年

每天我们有 24 小时,每小时由 60 分钟组成,每分钟由 60 秒组成,总计就是 8.64 万秒。拥有这样的一笔财富,在职业生涯中,我们还有多少时间呢? 表 5-2 列出了表 5-1 中人生第四阶段中,职业生涯 30 年的概算时间分配。

表 5-2　　职业生涯 30 年

序　号	项　目	每天(小时)	累　计
1	睡觉	8	10 年
2	工作	8	10 年
3	业余生活	8	10 年

二、用技巧、技术和工具帮助人们实现目标

时间管理并不是要把所有事情做完,而是更有效地运用时间。时间管理除了要决定你该做什么事情之外,另一个很重要的目的是决定什么事情不应该做。时间管理不是完全的掌控,而是降低变动性。时间管理最重要的功能是通过事先的规划,形成一种提醒与指引。

(一)时间管理的目标

时间管理理论是个人管理理论的一部分,即如何更有效地安排自己的工作计划,掌握

重点,合理有效地利用工作时间。简而言之,时间管理的目标是掌握工作的重点,其本质是管理个人,是自我的一种管理;方法是通过良好的计划和授权来完成这些工作。

(二)时间管理的内容

管理者的时间管理并非是对时间这一资源进行管理,而是对管理者自身进行管理,通过提高管理者的时间使用效率,减少浪费,从而达到提高工作效率的目标。对管理者自身进行管理主要包括四个方面的内容。

1.掌握工作的关键

(1)保证管理者能专注于处理重要的事情。不同层次的管理者尽管工作任务和工作责任不尽相同,但管理活动却是一致的,可简单归结为三个"掌握",即掌握关键工作、掌握关键人物、掌握关键活动。

目标能否实现的重点不在于每个环节、每个步骤,而在于制约性因素。制约性因素往往体现在关键工作、关键人物和关键活动上,抓住这三个关键,管理者也就解决了制约性因素。

(2)保证管理者的大部分时间花在重要而不紧急的事情上。管理者无论职位、社会地位、学术水平高低,都是普通劳动者,不可能是全能的,也不需要面面俱到。因此,只要掌握了关键就抓住了时间管理的要诀。具体地说,出现重要而且紧急的事情时,管理者应首先进行处理,但要避免成为工作常规,应保证管理者的大部分时间花在重要而不紧急的事情上。

管理者专注于处理重要的事情说明抓住了影响整个部门效率的工作全局,主要精力放在不紧急但重要的事情上则意味着未雨绸缪,防患于未然。

2.简化工作程序

工作流程越简化,越不容易出问题,执行部门及人员在工作过程中越加细致,执行效果越好。同时,简化工作程序有利于解决工作中出现的"文山会海"现象,不该发的文不发,不该开的会不开,提高行文和会议效率,可以降低管理成本。就开会而言,会前必须明确会议的目的,是分享信息、辩论还是决策;决策性的会议材料应该在会前几天分发给参会者,让参会者能尽早熟悉会议内容并有足够的考虑时间,以提高决策的质量和速度,避免会议流于形式,避免将会议时间浪费在泛泛而谈上却做不出任何科学决策。

3.合理安排工作时间

(1)排出优先次序。应该做好每天、每周、每月以及每年的工作计划,列出每一时间单位内应该完成的工作,排出优先次序,突出重点,确认完成时间,并适当安排"不被干扰"的时间。

(2)留出专用时间。管理者常常需要整块的时间去思考一些重要决策或完成重要的任务,在进行这些任务的过程中,不能被外界打断,否则重新进入深度思考与完全工作状态往往需要很长的时间。

管理者集中时间不受干扰地处理一些重大事项而把其他事情都推到一边,可能会给本部门甚至整个单位带来一些意想不到的麻烦,但如果能有足够的时间,不受任何人任何事干扰地思考或者从事对整个部门甚至整个企业至关重要的工作,那么这些可能的麻烦将是微不足道的。

4.合理授权

任何一位管理者都不可能独自完成本部门的所有工作,也不可能独自对所有的事情做出科学决策,因此将一些事情指派或授权给别人,让其他人对工作进行分担,是提高时间使用效率的有效方式之一。

(1)列出授权事项。列出工作中所有可以授权的事项,并授权于适当的人来决策和执行,会提高整个单位的办事效率。

(2)授权充分。管理者的授权必须充分,同时必须重视监督和检验,保证被授权者的行为符合单位的整体利益。

(3)避免出现把别人当成自己多做事的资源的倾向。在授权过程中,管理者应避免出现把别人当成自己提高效率多做事的资源或者障碍、干扰者的倾向,否则可能会出现控制他人的欲望,让被授权人按照要求做事,或者让"他们"不要妨碍"我们"做事,从而使授权行为适得其反。

(4)限时办事制。在授权中必须要克服"办事拖延"的陋习,推行"限时办事制"。办事拖延是浪费时间的重要原因之一,在实际工作中,工作任务的完成时间往往都会超出预期。因此,严格规定每一件事情的完成期限,并要求被授权者在限定时间内报告处理结果,授权效果会更为有效。

(三)"坐标法"在时间管理中的运用

一个人在同一时间处理两个以上的任务是件极为困难的事情,一直保持高效更是难上加难,因此管理者应把时间花在重要的、必须做的任务上,而不是那些并非必须要做的事情上。

1.建立一个时间管理坐标体系

如果以"轻—重"为纵坐标,"缓—急"为横坐标,我们可以建立一个时间管理坐标体系(图5-1)。把各项事务放入这个坐标体系,大致可以分为四个类

图5-1 时间管理坐标体系

别:重要且紧急的事务、重要但不紧急的事务、不重要且不紧急的事务、不重要但紧急的事务,为了更清楚,列表说明,如表5-3所示。

表 5-3		轻重缓急的事务类别
类 别	事务特征	相关事宜
第一象限	重要且紧急	处理危机、完成有期限压力的工作等
第二象限	重要但不紧急	防患于未然的改善、建立人际关系网络、发展新机会、长期工作规划、有效的休闲
第三象限	不重要且不紧急	阅读令人上瘾的无聊小说、收看毫无价值的电视节目等
第四象限	不重要但紧急	不速之客、某些电话、会议、信件

2.时间管理坐标体系的四个象限的处理

时间管理的出发点,在于学会处理事情的优先次序,先考虑事情的"轻重",再考虑事

情的"缓急"。

第一象限是重要且紧急的事务。诸如应付难缠的客户、准时完成工作、住院开刀等。

第二象限是重要但不紧急的事务。例如,长期的规划、问题的发掘与预防、参加培训、向上级提出问题处理建议等。

第三象限属于不重要且不紧急的事务。既然不重要也不紧急,那就不值得花时间在这个象限。

第四象限是不重要但紧急的事务。表面看似第一象限,因为迫切的呼声会让我们产生"这件事很重要"的错觉——实际上就算重要也是对别人而言。电话、会议、突来访客都属于这一类。我们花很多时间在这个里面打转,自以为是在第一象限,其实只是在第四象限徘徊。

现在我们不妨回顾一下上周的生活与工作,你在哪个象限花的时间最多?请注意,在划分第一和第四象限时要特别小心,紧急的事很容易被误认为重要的事。其实二者的区别就在于这件事是否有助于完成某种重要的目标,如果答案是否定的,便应归入第四象限。

3.做重要但不紧急的事

要学会把时间花在第二象限,做重要但不紧急的事。这样才会减少重要的事进入第一象限,变得紧急。轻重缓急的事务的处理方法如表5-4所示。

表5-4　　　　　　　　　　　轻重缓急的事务的处理方法

Ⅱ.重要但不紧急的事务(制订工作计划)	Ⅰ.重要且紧急的事务(马上执行)
Ⅲ.不重要且不紧急的事务(对其说不)	Ⅳ.不重要但紧急的事务(交由下属解决)

只是珍惜时间是不够的,因为它始终会溜走,人们无法回到昨天,也不能穿越过去,时光的流逝是没有办法阻止的,只有正确、高效地管理好时间,才是真正地珍惜时间。

三、如何有效地管理好个人的时间

时间管理是个人财富之源,时间就是金钱,做好时间管理不仅意味着丰厚的经济利益,还能使自己的业绩突飞猛进。

(一)时间管理方法的演变过程

1.最早的时间管理是利用便条、备忘录和记事本等记下工作的重点。

2.第二代的时间管理方法更注重计划性,人们利用安排表、效率手册以及商务通等电子手段来安排工作事项。

3.时间管理的第三个阶段,人们设立近期、中期和长期的工作目标,根据不同的目标来分配各自的工作重点,安排工作时间。

4.时间管理理论的时代。前几代的时间管理方法注重完成工作的时间和工作量,而时间管理理论则更注重个人的管理,注重效能,关注完成的工作是否具有有用性。时间的帕金森定理表明工作会自动地膨胀,占满所有可用的时间;80/20原则表明应该把最佳的时间用在最重要的工作上,所谓"好钢用在刀刃上"。

(二)抓住重点,远离琐碎

保持焦点,一次只做一件事情,一个时期只有一个重点。要学会抓住重点,远离琐碎。在实际生活中,浪费时间的情形主要有:办事拖拉、打牌和打游戏、连续看小说、电话聊天、长时间玩微信、上 QQ、经常性喝酒聚餐、闲谈聊天、犹豫不前、没目标、不考虑轻重缓急、凭记忆办事等。要更好地适应以后工作的压力和外部的竞争状况，学会有效地管理时间十分重要。在管理个人时间的过程中应注意如下几点：

1. 良好的习惯是一种个人竞争力

(1)对工作事先做计划。每天、每周给自己制订工作计划和目标，进行系统记录，一般是当时做记录，不得已的情况下可事后回忆补记，尽量做到事前控制。

(2)应在手机上记录待办事项或准备一个待办事项清单、时间记录本或效率手册，以备分析检查或查阅待办事项。

(3)在台历或记事本上，标注当天或预定的工作计划，以备遗忘，也可在手机、电脑或电子记事本上设置发声装置以便及时提醒。

(4)设身处地考虑自己是否浪费了别人的时间，或对别人有无帮助，如情况消极应及时纠正。

(5)如果一项工作别人做得更好或更适合去做，则应及时转交他人。

(6)根据个人生活规律，选择每天精力最充沛、思想最集中的时间，去处理最重要的事情，如处理团队内部矛盾，做简报等。这会达到事半功倍的效果。

(7)克服"办事拖延"的陋习，推行"限时办事制"，规定在限定时间内（如 4 小时、8 小时、当天）将工作办完。

(8)将一些不太重要的事集中起来办或联办。

(9)现在就做。许多人习惯于"等待好情绪"，即花费很多时间以"进入状态"，却不知状态是干出来而非等出来的，最佳时机是需要把握的。请记住，栽一棵树的最好时间是 20 年前，第二个最好的时间是现在，手中的鸟比林中的鸟更有效。

(10)学会说"不"。计划赶不上变化是经常遇到的情况，确实有很多时候自己原本已安排好了计划，但是经常会临时出现一些变化。要学会限制时间，不仅是给自己，也是给别人。不要被无聊的人和无关重要的事缠住，也不要在不必要的地方逗留太久，不要将整块的时间拆散。一个人只有学会对"干扰"的人和事说"不"，才会得到真正的自由。

(11)尽量避开高峰。注意掌握时间的规律性，如避免在高峰期乘车、购物、进餐，可以节省许多时间。

2. 时间价值观念

避免"一分钱智慧，几小时愚蠢"的事例，如为省两元钱而排半小时队，为省一元钱而步行三站地等，都是极不划算的。对待时间，要像对待经营一样，时刻要有一个"成本和价值"的观念，要注重时间的机会成本，使时间产生的价值最大化。

3. 积极休闲

不同的休闲会带来不同的结果。积极的休闲有利于身心的放松、精神的陶冶和人际的交流，有利于提高办事效率；而且随着经济和生活水平的发展，一些休闲性的活动也能放松性地解决问题，如通过打高尔夫、网球等共同爱好结识不同的朋友也能提高办事效率。

4. 集腋成裘

生活中有许多零碎的时间不为人注意，其实这些时间虽短，但却可以充分利用起来做一些事情。例如,等车的时间可以用来思考下一步的工作,浏览报纸;在疲劳之前休息片刻,既避免了因过度疲劳导致的超时休息,又可使自己始终保持较好的"竞技状态",从而大大提高工作效率。

5.搁置的哲学

不要固执于解决不了的问题,可以把问题记下来,让潜意识和时间去解决它们。这就有点像踢足球,左路打不开,就试试右路,总之,尽量不要"钻牛角尖"。不要开展无谓的争论,不仅影响情绪和人际关系,还会浪费大量时间,到头来还解决不了什么问题。

6.考虑不确定性

在时间管理的过程中,还需应付意外的不确定性事件,因为计划没有变化快,需为意外事件预留时间。有三个预防此类事件发生的方法:

(1)为每个计划都留有备用时间。

(2)努力使自己在不留余地又饱受干扰的情况下,完成预计的工作。这并非不可能,事实上,工作快的人通常比慢吞吞的人做事精确些。

(3)另准备一套应变计划。

工作是无限的,时间却是有限的。时间是最宝贵的财富。没有时间,计划再好,目标再高,能力再强,也是空的。要充分合理地利用每个可利用的时间,压缩时间的流程,使时间价值最大化。

四、时间就是金钱

"时间就是金钱,效率就是生命"的观念早已深入人心,而对企业管理者来说,做好时间管理、提高管理效率不仅意味着提高内部经济利益,还能加强企业外部竞争实力。

(一)设置专用时间

把上班后的一个小时,定为专用时间,在这段时间里,必须将昨天下班后到今天上班前接到的信函、传真、E-mail等全部回复,用电脑打好并发出,或者用电话回复。专用时间言外之意是"谢绝会客"。在激烈的商战中,应以"马上解决"作为工作的座右铭。在能力卓越的人的办公桌上,看不见"未决文件"。

(二)集中于最重要的80%的任务

企业80%的收益来自20%的客户。美国企业家威廉·穆尔在为格利登公司销售油漆时,头一个月仅挣了160美元。此后,他仔细研究了犹太人经商的"二八定律",分析了自己的销售图表,发现他80%的收益的确来自20%的客户,但是他过去却对所有的客户花费了同样的时间——这就是他过去失败的主要原因。于是,他要求把他最不活跃的36个客户重新分派给其他销售员,而自己则把精力集中到最有希望的客户上。不久,他一个月就赚到了1000美元。穆尔学会了犹太人经商的"二八定律",连续九年从不放弃这一法则,这使他最终成为凯利-穆尔油漆公司的主席。

(三)限制电话、网络

电话虽然在管理工作中越来越显示它重要作用,但作为双刃剑,它又是浪费管理者时间的一个主要原因,因为电话能中断手里的工作和思路,搞不好就会出现"煲电话粥"现象。用一个小时集中精力去办事,要比花两个小时而被打断10分钟、20分钟的效率还要高。那么防止电话干扰有哪些办法呢?

1.分析一下打给你的电话,确定采取什么办法减少那些根本没有必要的电话;

2.使用适当的回话办法;

3.用诚恳的语气接听电话,避免闲谈;

4.让别人知道什么时间可以打电话找你。

(四)学会授权

授权是指管理者根据职能原理,授予下属一定的权力,委托其在一定权限内自主地处理工作,主动完成任务,从而把自己从事务堆中解脱出来,集中精力考虑更重大的事情,解决更紧要的问题。在授权时,要贯彻以下几项原则:

1.视能授权原则,切不可授权给无能者和只知盲从的"老实人";

2.用人不疑原则,领导者应做到用人不疑,疑人不用;

3.例行规范原则,领导工作可分为例行性、规范性的工作和例外、非规范性的工作,授权对象主要是面广和量大的前者;

4.逐级授权原则,越级授权,必然会打乱正常工作秩序,不但不能节约时间,还会为此产生内耗,空耗时间。

(五)减少会议时间

要做到可开可不开的会不开,能开短会的不开长会,能开小会的不开大会,能合并开的不单独开,能站着开的不坐着开。为了节省会议时间,应采取的措施和有效办法是:

1.会前做好准备,不开无目的、无意义或议题不明确的"糊涂会";

2.联系实际,解决问题,不开传声筒式的"本本会";

3.权衡轻重缓急,抓住重点,不开"扯皮会";

4.发挥民主,集思广益,不开家长式的"包办会";

5.讲究实效,不开一"报告"、二"补充"、三"强调"、四"表态"、五"总结"式的"八股会";

6.不开"七时开会、八时到、九时领导做报告"的"迟到会";

7.不开与议题无关人员的"陪坐会";

8.不开名为开会,实为游山玩水的"旅游会"。

课后任务训练

为自己建一个时间管理坐标体系,分析事务的轻重缓急,为这些事务排序,与团队成员一起讨论是否正确,并加以改进。

一、任务模块

你受雇于一家外贸公司,是订单科科长,科里有4个员工。一个月来,每天收到大量的订单,订单内容是预订本公司生产的产品。经理要求你必须在规定的时间内把这些订单处理好,和同事一起来完成这项工作。

要求:

(一)由 5 名学生组成一个团队。

(二)详细记录在规定的时间内,1 名学生完成工作的情况和 5 名学生合作完成工作的情况。

(三)进行情景模拟:现场模拟订单工作完成情况。

二、目的和要求

(一)目的:培训、检查维护和改进团队建设的职业能力。

(二)要求:掌握与以下职业能力相关的知识和操作要领:

1.建立和维护与同事的良好关系,有效地与他人协作完成团队工作。

2.遵守对同事的许诺,执行同事的委托,否则要在恰当时机向其解释原因。

3.为提高团队效率和保证团队工作的完成,向同事提供所需的信息和其他支持。

4.在制订计划和分配工作时,考虑团队成员的能力,并符合他们的发展需要。

5.当同事不能按时完成工作时,在征得对方同意的情况下,向对方提供多方帮助。

6.发现与工作质量有关的问题时,能及时提出并与相关人员讨论,维护团队信誉和效益。

7.能够做到向团队成员提供的反馈信息和建议是清晰的、建设性的和不公开的。

8.选择合适的时间、地点和方法与同事交流、反馈和实施帮助,以促进团队的凝聚力和发展。

9.善于识别工作关系中出现的一些问题和分歧,并从大局出发主动与对方沟通解决。

10.在与同事的关系出现矛盾并超出自己解决的范围时,按照单位的程序请求上级帮助解决。

三、模拟现场设计

(一)人员:学生 5 人一组。

(二)场地:办公室 1 间。

(三)设备及设施:多份订单、工具书、办公桌椅、笔、各种办公用品。

(四)模拟订单科改进工作流程的步骤

1.早晨刚上班,订单科一个屋角堆着四堆没有处理的订单。这是本企业生产的四种产品的订单,在墙角堆了大小不同的四堆。四名负责订单处理的员工 A、B、C、D 都坐在计算机旁,往计算机里录入订单信息。

2.经过 1 小时 30 分钟,员工 A 已经录完信息,一份份的发货单被打印出来,装订好。他的那堆订单只剩下信皮,订单已被装订成册,装入文件柜。他开始打电话给车间,要求把客户订货的产品包装好,送到订单科,准备发货。

3.又过了 30 分钟,员工 D 也已完成上述工作,开始打电话向车间调货。而 A 已经在和快递公司的人员办理发货手续。员工 B、C 的订单还堆得如同小山,尽管他们忙得满头大汗,看来也无法完成全部订单的处理。3 小时后,B、C 都停止了订单数据录入,开始打单,因为他们必须在 12 点前把上午的一批货物交给快递公司发出去。

4.B、C两人手忙脚乱地在查数货物包裹、准备与快递员办理交接手续,A、D两人在一边闲聊,时而哈哈大笑。B、C两人一脸的不高兴,互相看了一眼,又低头忙碌。过了一会儿,又传来一阵大笑声,C立即红了脸,对着A、D喊道:"干什么,还让不让干活了,不能肃静点吗?"D立即站起来,想与C争吵,被A拉住。

提示:订单科的分工是一个员工担任一种产品的订单处理,A、D负责的产品订单少,且录入技术熟练,工作很轻松。B负责的产品订单多,所以积压很多。C则是因为年纪稍大,录入操作不熟练,录入速度较慢,影响工作进程。因为忙闲不均,已经使他们之间出现矛盾。

5.订单科科长组织开会,讨论查找造成订单积压的原因。经过热烈讨论,一致认为造成订单积压的原因是赶上"11月11日网购风潮",来自网络平台的订货大增。但这只是引发问题的诱因,真正的原因:一是团队中的工作程序存在重大缺陷,每个人只负责一种商品,单打独斗,不能形成合力;二是工作任务分配不均匀,因为产品不同订货量也不同,因此造成有的人承担的工作量过大,有的人承担的工作量偏少,苦乐不均;三是没能按每一个人的特点分配工作,例如,C的年龄较大,计算机录入技术不熟练,但他工作经验丰富,善于对外交往,与网络购物平台、快递公司都有良好的关系。而B来自生产一线,熟悉产品特性,与车间保持有良好关系,这对于从车间调货、提高产品和包装质量、退换货等都有优势。

6.订单科科长提出改进方案:(1)重新制定目标,把过去的一周一定目标改为一天一定目标,把过去的周会改成班前会,每天开工前都召开一个班前会,确定一天的目标;(2)调整工作程序:①把整个订单处理分成:打单、分类装订、调货、发货四个步骤,实行流水作业。②根据员工的特点重新分配工作,由善于操作计算机录入的A、D担任打单;由与车间保持良好关系的B担任订单分类装订和向车间调货;由善于交际的C担任发货;(3)发扬团队精神,在可能的情况下尽量帮助团队伙伴完成任务。

7.班前会,订单科科长简单总结前一天工作说:"由于流水作业、分工合理,提高了效率,加快了进度,圆满完成了昨天的目标。"在提出新一天目标后,科长问:"你们有什么事,需要我解决?"C说:"今天有一批急件,必须在下午4点30分前发出,一是这批货必须在下午4点前调到我们科,打单和调货都得保证这个时间;二是30分钟内,我一个人很难处理完这么多的发货。"A、D都说:"我们中午少休息半小时,把出单时间从每天的下午4点提前到下午3点半。处理完我们的业务后,都去帮助C发货。"五个人把五只手摞在一起,一起喊出口号:"团结一心,完成目标!"

8.工作开始。A、D开始录入订单数据,C在整理欲发货的包裹,B给车间打了一个电话后,走到A、D旁边说:"把订单给我一些,半小时之内车间无货调动,我可以先做半小时的录入。"

9.B接到车间打来电话,放下电话对C说:"车间那面有点急事,我必须过去处理一下,我这面的工作请你帮我照顾一下。"C说:"没问题,你去吧。"C立即放下自己手里的活,走到B的工位上,先处理B打好的订单。B还没有走出门,被C喊回来,C递给B一把钥匙,说:"骑我的电动车去,快去快回。"A在一旁说:"平素你的电动车别人摸一下都不让,今天怎么肯让B骑呀?"C说:"这不都是为了我们团队实现目标吗!"

10.中午休息,C买来一兜水果给 A、B、D 吃,并向 A、D 道歉:"那天我对你们发火,对不起呀!"。A、B、D 一边吃着苹果,一边开玩笑说:"要是你一发火我们就有苹果吃,最好你天天对我们发火。"

11. A、D 在下午 4 点关掉计算机,过来帮助 C 处理发货的急件。C 一个劲地笑着说:"谢谢! 谢谢! 你们不帮忙,真会影响按时发货。"

四、完成任务后每个人需要提交的工作成果

(一)形成一份订单科工作程序改变前后的对比分析报告。

提示一:分析两种不同程序的优点和缺点,说明实现团队管理的优越性。

提示二:分析改变工作程序前后业绩变化,说明实现团队管理的优越性。

提示三:分析改变工作程序前后职业技能发挥的变化,说明实现团队管理的优越性。

提示四:分析改变工作程序前后工作态度发生的变化,说明实现团队管理的优越性。

(二)形成一份本课程开课以来,在实践课堂内外如何与同事(同学)共同工作(学习)中体现团队精神的简短的文字汇报,包括对相关事件的描述和处理。

提示一:这项成果是 1 份"自我评估报告",总结分析本课程开课以来与同事(同学)合作共事的情况。

提示二:报告应以平时的记录为依据,即每隔一段时间做一次笔记,记录自己为了帮助和支持同事(同学)所做的事情,然后做个统计,总结自己做了什么,以及有效工作的方法。

提示三:报告的内容应覆盖实践课堂目的和要求的十点职业能力。

提示四:报告的自我评价应有实例佐证,实例要具体翔实,并应进行情境描述,说明时间、地点、人物、事件和经过等。

第六章　行政办公室职场礼仪和来访接待

职场经验

阴阳怪气的电话

米尼公司计划于下月赴 S 公司考察项目，刘明就此事向 S 公司领导联络，于是，他拨通了 S 公司办公室的电话。

可是，电话响了足足有半分多钟的时间，不见有人接听。刘明正纳闷着，突然电话那端传来一个不耐烦的女高音："什么事啊?"刘明一愣，以为自己拨错了电话："请问是 S 公司综合办公室吗?""废话，你不知道自己往哪打电话啊?""哦，您好! 我是米尼公司的，请问马主任在吗?""你是谁啊?"对方没好气地盘问。刘明心里直犯嘀咕："我叫刘明，是米尼公司办公室行政助理。"

"刘明? 你跟我们马主任什么关系?"

"关系?"刘明更是丈二和尚摸不着头脑。

"我和马主任没有私人关系,我只想请示一下我们公司到贵公司考察项目的事。"

"考察项目?马主任不在,你改天再来电话吧!"

没等刘明再说什么,对方就"啪"地挂断了电话。

刘明感觉像是被人戏弄了一番,拿着电话半天没回过神来。

职场忠告

尊重对方是最基本的礼仪要求。

第一节 职场礼仪标准

一、职场礼仪的含义

礼仪是人们在长期的交往活动中,逐渐形成的用来指导和约束人们交往行为的规范,是协调社会成员相互交往关系的行为准则。职场礼仪就是人们在职业场所中应当遵循的一系列礼仪标准。

职场礼仪标准

二、几种常见的职场礼仪

(一)称呼礼仪

1.职场中常用的称呼

(1)姓(或姓名)+职务。如:张厂长、李经理、周总裁等。(2)姓(或姓名)+职称。如:章工程师、林技术员、邹会计师等。(3)姓(或姓名)+学衔。如杨博士等。(4)姓(或姓名)+行业。如:马老师、唐医生、詹会计等。

2.称呼禁忌

(1)使用错误的称呼。(2)使用过时的称呼。(3)用绰号作为称呼。

(二)介绍礼仪

1.自我介绍

(1)自我介绍的时机。你想了解对方情况时以及你想让别人了解你的情况时可进行自我介绍。(2)自我介绍应注意的问题:要注意介绍时的顺序;控制自我介绍的时间;自我介绍内容的准备。

2.为他人做介绍

为他人做介绍要注意介绍的顺序,应按照如下顺序介绍:

(1)晚辈和长辈,先介绍晚辈。(2)上级和下级,先介绍下级。(3)主人和客人,先介绍主人。

(三)握手礼仪

1.握手的顺序

(1)长辈和晚辈握手,长辈先伸手。(2)上级和下级握手,上级先伸手。(3)男士和女士握手,女士先伸手。

2.如果需要和多人握手,要讲究先后顺序:先年长者,后年幼者;先长辈,再晚辈;先老师,后学生;先女士,后男士;先已婚,后未婚;先上级,后下级。

3.如果人数较多,可以只和相近的几个人握手,向其他人点头示意即可。

4.握手时应注意的问题:

(1)不要用左手相握。(2)不要在握手时戴手套、墨镜和帽子。(3)不要在握手时另外一只手插在衣袋里。(4)不要在握手时仅仅握住对方的手指尖。(5)与异性握手时不要用双手。

(四)名片礼仪

在使用名片时,应注意以下礼仪:

1.如何递送名片

(1)提前准备。(2)地位低的人把名片递给地位高的人。

2.如何接受名片

(1)起身迎接,表示谢意。(2)要回敬对方。(3)要仔细看过名片后再收藏。

3.名片使用中需要注意的问题

(1)名片不要随意涂改。(2)应该在会议或活动之后交换名片。(3)不要在陌生人中发自己的名片。(4)如果为了联系业务在不认识的人中发名片,要在刚见面或告别时发送。

(五)站姿、坐姿、走姿礼仪

1.正确的站姿:头正,肩平,臂垂,躯挺,腿并,身体重心主要支持在脚掌、脚弓上。

2.正确的坐姿:双手可以平放在双膝上;双手可以叠放,放在一条腿的中前部。

3.正确的走姿:头正,肩平,躯挺,步幅适度,步速平稳。

(六)乘电梯礼仪

1.电梯没有其他人的情况:

(1)在客人之前进入电梯,按住"开"的按钮,然后请客人进入电梯。(2)如果到达指定位置,按住"开"的按钮,然后请客人先出电梯。

2.电梯内有人时,无论是上还是下,都应该请客人在前。

3.在电梯内,应注意:先上电梯的人应往后面站,以免妨碍他人上电梯。电梯内不可大声喧哗。电梯内有很多人时,后进入电梯的人应面向电梯门站立。

(七)开门礼仪

给客人开门时,应注意以下礼仪:

1.向外开门时应:先敲门,打开门后握住门把手,站在门旁,对客人说"请进"并施礼。进入房间后,用右手将门轻轻关上。请客人入座,安静退出。

2.向内开门时应:敲门后,自己先进入房间。侧身,握住门把手,对客人说"请进"并施礼。轻轻关上门后,请客人入座,安静退出。

(八)引路礼仪

1.在走廊引路时:应走在客人左前方2~3步处。引路人应走在左侧,客人应走在正中央。要与客人的步伐保持一致,不能太快。引路时要注意客人,适当做一些介绍。

2.在楼梯间为客人引路时,应该让客人走在正前方(右侧),引路人走在左侧。

3.途中要注意引导、提醒客人,遇到拐弯或有楼梯台阶时,要注意使用手势,并提醒客人"这边请"或"注意楼梯"等。

(九)会议礼仪

1.参加会议时,应提前3～5分钟进入会场。会议结束时,按次序出场。

2.主动把手机设置为关机或者是静音状态。

3.座次要求:(1)如果是部门的小会议,通常以面对正门的位置为主席之位,其他参会者可在其两侧就座。(2)如果是大型会议,中间的位次最高,主持人和其他与会人员按职务高低就座两侧。

4.开会时,不可左顾右盼或交头接耳,不可伸懒腰,要认真做好会议记录。

课后任务训练

熟练掌握职场礼仪,与同学互相模拟练习,并提交练习记录(照片、视频)。

第二节　办公室职场礼仪修养

办公室是一个处理公司业务的场所,办公室的礼仪不仅是对同事的尊重和对公司文化的认同,更重要的是每个人为人处世、礼貌待人的最直接表现。办公室职场礼仪涵盖的范围很广泛,诸如电话、接待、会议、公关、沟通等都有各式各样的礼仪。

一、电话礼仪

(一)接听电话的礼仪

1.接听电话要做到"响不过三"。也就是说,当听到电话铃声响起时,就应该把注意力放在准备接电话上。有的员工明明知道电话在响,但仍然和同事交谈,导致电话铃声不断,这是在接电话时非常忌讳的事情。

2.接起电话后应该主动"自报家门"。当你接起电话后,应该主动进行自我介绍。

3.接到打错的电话,首先应该确认对方要找的单位和人员,如果单位和人员确实不对,你应该询问对方要打的是什么号码,然后,把你的电话号码告诉对方。切忌接到错误电话时,和对方说:"你打错了。"然后就挂断电话,这是非常不礼貌的行为。

4.如果打来的电话是找自己的,那么,应该按照正常的交谈礼仪进行通话,耐心地倾听对方的谈话内容,不要随意打断。在倾听时,还应该不停地回应对方的谈话,表明你在认真倾听对方的讲话。凡与工作有关的通话,都需要做好通话记录,及时上报给需要转告的人员。

5.通话结束一般由发话人来决定,如果对方还没讲完,自己便挂断电话是很不礼貌的。如果你手里的工作确实很忙,需要马上去做,而对方谈话的兴致又很浓,这时,你要委婉地告诉对方:"真想和你多谈谈,可现在我这边有急事需要处理,请原谅,明天我打电话给你好吗?"

(二)拨打电话的礼仪

1.在主动拨打电话之前,需要有所准备,把要谈话的内容在头脑中过一遍,或者列一个提纲,这样,在打电话时能够提高谈话效率,避免遗漏交流的内容。

2.选择合适的通话时间。一般情况下,通话时间的选择要遵循"不在早上 8 点之前、晚上 10 点以后、三餐之间给人打电话"的原则。如果对方有午睡的习惯,要切记午休时间不要打电话。

3.要查清对方的号码,做到正确拨号。如果拨错了号码,要向对方表示歉意,不要一听打错了,就放下电话。同时,电话拨通,要等电话铃响七声之后,如果没有人接再挂断。否则是不礼貌的。

(三)应注意的问题

在工作中,除了要做到上述接听电话和拨打电话的礼仪外,还应该注意以下几方面的问题:

1.左手持听筒,右手拿笔

在日常生活和工作中,大多数人都习惯用右手接电话,当需要记录一些电话内容的时候,一般会把电话夹在肩膀上,电话很容易夹不住而掉下来,发出刺耳的声音,这会给对方造成不适。因此,为了消除这种现象,在接电话的时候,要左手拿话筒,右手执笔做记录,以轻松完成与对方的交谈和记录。

2.注意声音和表情

接电话能够反映出一个人的基本素养。因此,要注意接电话时运用礼貌用语,注意声音的感觉,不要过大、过于粗糙,要委婉细腻,让对方感觉很好听。同时,接电话时不要把自己的情绪带进去,当然,这里指的是不好的情绪,以免对交谈造成不良的影响。

3.重复来电要点

电话接听完之后,要重复对方的谈话要点,在对方确认没有问题的情况下,再挂断电话,这样可以避免造成工作中的失误,提高工作效率。

4.最后道谢

最后道谢也是基本的接电话的礼仪,不要以为见不着对方觉得无所谓,要记住只有尊重对方,才能增进双方的感情,增加双方的密切往来。

二、环境礼仪

1.不在公共办公区吸烟、扎堆聊天、大声喧哗;节约水电;禁止在办公家具和公共设施上乱写、乱画、乱贴;保持卫生间清洁;在指定区域内停放车辆等。

2.饮水时,如不是接待来宾,应使用个人的水杯,减少一次性水杯的浪费。不得擅自带外来人员进入办公区,会谈和接待安排在洽谈区域。最后离开办公区的人员应关电灯、门窗及室内总闸。个人办公区要保持办公桌位清洁,非办公用品不外露,桌面码放整齐。当有事离开自己的办公座位时,应将座椅推回办公桌内。

3.下班离开办公室前,应该关闭所用机器的电源,将台面的物品归位,锁好贵重物品和重要文件。

三、语言礼仪

在办公室里与同事们交往离不开语言。俗话说"一句话说得让人跳,一句话说得让人笑",同样的目的,但表达方式不同,造成的后果也大不一样。在办公室说话要注意的事项有:

1.不要跟在别人身后人云亦云,要学会发出自己的声音,有自己的头脑。不管你在公司的职位如何,你都应该发出自己声音,敢于说出自己的想法。但要注意表达方式,不要固执己见。

2.不要在办公室里当众炫耀自己,不要做骄傲的孔雀。你的专业技术很过硬,你是办公室里的红人,老板非常赏识你,这些也不能成为自己炫耀的资本。那是不尊重别人的表现,是不礼貌的行为。切记骄傲使人落后,谦虚使人进步。

3.不要把办公室当作诉说心事的地方,人们身边总有这样一些人,他们特别爱侃,性子又特别直,喜欢和别人倾吐苦水。虽然这样的交谈能够很快拉近人与人之间的距离,使你们之间很快变得友善、亲切起来,但心理学家调查研究后发现,事实上只有1%的人能够严守秘密。所以,当你的生活出现个人危机,如失恋、婚变之类,最好不要在办公室里随便找人倾诉;当你的工作出现危机,如工作上不顺利,对老板、同事有意见有看法,你更不应该在办公室里向人发泄怨气,这样只能加剧干群或同事之间的矛盾。正确的方法应该是选择恰当的时间、地点与领导或同事进行坦诚的交流,取得相互的理解和信任。

四、同事相处礼仪

1.真诚合作。同事之间属于互帮互助的关系,俗话说"一个好汉三个帮",只有真诚合作才能共同进步。

2.同甘共苦。同事有困难,通常首先会选择亲朋帮助,但作为同事,应主动询问,对力所能及的事应尽力帮忙,这样会增进双方之间的感情,使关系更加融洽。

3.公平竞争。同事之间竞争是正常的,有助于同事成长,但是切记要公平竞争,不能在背后耍心眼,做损人利己的事情。

4.宽以待人。同事之间经常相处,一时的失误在所难免。如果出现失误,应主动向对方道歉,征得对方的谅解;对对方的失误给自己带来的不便,要宽容谅解,不可小肚鸡肠,耿耿于怀。

课后任务训练

小组合作,训练电话礼仪,完成一份电话记录(提交照片、视频)。

第三节 办公室职场服饰礼仪

办公室礼仪当中,衣着占据了相当重要的地位。通过穿衣风格,基本可以看出一个人的内涵、品位、修养和做人的态度。

注意自己的仪表是应该展示的办公室礼貌。仪表与仪容不同,前者是指服装上的打扮,后者是指脸上的清洁与装扮。对于服装,有的企业会统一规定穿着制服。如果没有规定,自行着装的员工都要以办公室为正式公开场所为原则。

一、男士的基本服饰

男士的基本服饰中,西装是比较常见的,也是不同场合都比较适宜的服装。

1. 颜色

(1)西装颜色的选择较适合的是深蓝色或深灰色;(2)衬衣颜色的选择较适合的是白色、浅蓝色或浅灰色;(3)鞋袜颜色的选择较适合的是深蓝色或黑色。

2. 款式

(1)欧式:上衣呈倒梯形,纽扣较低,衣领较宽;(2)美式:宽松舒适。

3. 领带

(1)斜纹领带:果断权威,稳重理性,适合于谈判、主持会议的场合;(2)圆点、方格领带:按部就班,适合初次见面和见长辈时使用;(3)不规则图案的领带:活泼、有个性,适合酒会、宴会和约会。

男士的服装虽然不一定要穿西服或者正装,但是,服装会说明你对事情的看法以及对于周围环境尊重的程度。所以男士的穿着也必须符合一定的规范。许多公司在明文规定服装的禁忌之外,对于个人卫生也有要求。如男士必须留短发、剃胡须,指甲不得留长,不能有体味,要保持个人卫生。

二、女士的基本服饰

女士的穿着打扮应该灵活有弹性,学会在适当的时候穿适合的衣服;搭配衣服、鞋子、发型、首饰、化妆,使之完美和谐,这才是美丽的关键。下面是一些职业女性的穿衣要领。

1. 整洁平整

服装并非一定要高档华贵,但须保持清洁,并熨烫平整,穿起来大方得体,显得精神焕发。

2. 色彩技巧

不同色彩会给人不同的感受,如深色或冷色调的服装会让人产生视觉上的收缩感,显得庄重严肃;而浅色或暖色调的服装会有扩张感,使人显得轻松活泼。因此,可以根据不同需要进行选择和搭配。

3.配套齐全

除了主体衣服之外,鞋袜、手套等的搭配也要多加考究。如袜子以透明近似肤色或与服装颜色协调为好,带有大花纹的袜子不登大雅之堂。

4.饰物点缀

巧妙地佩戴饰品能够起到画龙点睛的作用,给女士们增添色彩。但是佩戴的饰品不宜过多,否则会分散对方的注意力。佩戴饰品时,应尽量选择同一色系。佩戴首饰最关键的,就是要与你的整体服饰搭配统一起来。

女士穿着过于暴露的衣服是不礼貌的。西方礼仪认为,一个女士必须做到在办公室里三不露:肩膀不露,膝盖不露,脚趾不露。东方人虽然没有这样的规矩,但是通常在办公室里太过休闲的打扮,会使人认为你不够专业,同时也显得不够庄重。

女性必须化淡妆,不得有过多配饰,也不可在人前脱去外衣等。

不同的工作性质,不同的单位,要求不同风格的衣着打扮,因此要顺应其主流,融合在其文化背景中,最好根据工作性质和特点选择服饰。

三、办公室服饰礼仪应注意的问题

1.个体性

(1)着装要根据自身的特点,做到"量体裁衣",最好是做到适合自己,而且还可以扬长避短;(2)着装要在保持自己独特风格的情况下再创造风格,要创造与众不同的自己。

2.整体性

(1)着装要求坚持整体性,要恪守服装本身约定俗成的搭配。例如,穿西装时,应配皮鞋,而不能穿布鞋、凉鞋、运动鞋。(2)要使服装各个部分相互适应,局部服从整体,力求展现着装的整体之美,全局之美。若是着装的各个部分之间搭配不当,根本显示不出整体性来,那么整体的着装便毫无意义。

3.整洁性

(1)着装要熨烫好,折好放好,要时刻保持整齐;(2)着装应当完好,不要又残又破,乱打补丁;(3)着装千万别又脏又臭以至令人生厌,要保持干净;(4)衣服要勤于换洗,讲究卫生,衣服上不要有污渍、油迹、汗味和体味。

4.文明性

(1)穿着要文明大方,符合社会的道德传统和常规做法。(2)在正式场合,不能穿袒胸露背、暴露大腿、脚部和腋窝的服装,也不要在大庭广众之前打赤膊,更不能穿过于透明的服装,有失检点。(3)正式场合也不能穿过短的服装,像短裤、小背心、超短裙等不要穿,因为它们不仅行动不便,也很失礼。(4)不要穿过紧的衣服。

5.技巧性

不同的服装,有不同的搭配和约定俗成的穿法。因此我们应该掌握一些着装的技巧。例如,穿单排扣西装上衣时,两粒纽扣的要系上面一粒,三粒纽扣的要系中间一粒或是上面两粒;女士穿裙子时,所穿丝袜的袜口应被裙子下摆遮掩,而不宜露于裙摆之外;穿西装不打领带时,内穿的衬衣应当不系领口;等等。着装的技巧性主要要求在着装时依照其穿法而行,要学会穿法,遵守穿法。

课后任务训练

为自己设计一套职场服饰。

第四节　职场宴会礼仪

职场宴会比一般的家宴和朋友聚餐,多了些郑重、隆重的意味,是社交活动中常见的招待形式之一,为了保证职场宴会顺利进行,必须了解职场宴会的基本礼仪。

一、宴前准备

1.通知和回复

(1)宴请者应在宴会的前半个月或一个星期发出请柬。(2)收到请柬的人不论是否参加宴会,都应先通知主人,以便主人安排,这是对主人邀请的礼貌回复。

2.注意着装和准时赴宴

(1)赴宴时着装应大方得体,男士应穿西服打领带,女士应着套装。若是十分隆重的大场合,女士可以穿传统的旗袍并化淡妆。有一点应该强调,女士参加宴会,不宜穿裤子,也不宜穿短裙,以过膝的裙子为好。(2)赴宴时间,要注意准时。不可以迟到,如果过早地到达要同客人点头示意或相互问候,不管是认识的还是不认识的都要一视同仁。

二、座次

1.尊位

(1)总的来讲,座次是"尚左尊东""面朝大门为尊"。若是圆桌,则正对大门的为主客,主客左右手边的位置,以离主客的距离来看,越靠近主客位置越尊,相同距离则左侧尊于右侧。若为八仙桌,如果有正对大门的座位,则正对大门一侧的右位为主客。如果不正对大门,则面东的一侧右席为首席。(2)如果为大宴,桌与桌间的排列讲究首席居前居中,左边依次2、4、6席,右边为3、5、7席,根据主客身份、地位、亲疏分坐。

2.入座

(1)如果你是主人,应该提前到达,然后在靠门位置等待,并为来宾引座。如果你是被邀请者,那么就应该听从东道主安排入座。(2)就座时,切勿拖拉座椅,而应轻轻挪动,以免地板发出声响。(3)入座后,脚不宜伸向两边,以免碰到邻座。不要将臂肘放在桌上,也不要用手托腮或两手交叉在脑后。这时可与同桌者交谈,但不宜谈论过于敏感的问题,可让话题围绕此次宴请进行。

三、点菜礼仪

1.主人

如果时间允许,应该等大多数客人到齐之后,将菜单给客人传阅,并请他们来点菜。

当然,作为公务宴请,会担心预算的问题,因此,要控制预算,最重要的是要多做饭前功课,选择合适档次的请客地点是比较重要的,这样客人也能领会你的想法。一般来说,如果是你来买单,客人也不太好意思点菜,都会让你来做主。如果你的上级也在酒席上,千万不要因为尊重他,或是认为他应酬经验丰富,酒席吃得多,而让他来点菜,除非是他主动要求。否则,他会觉得不够体面。

2.客人

如果你是赴宴者,你不该在点菜时太过主动,而是要让主人来点菜。如果对方盛情要求,你可以点一个不太贵又不是大家忌口的菜。记得征询一下桌上人的意见,特别是问一下"有没有哪些是不吃的"或是"比较喜欢吃什么",让大家感觉被照顾到了。点菜后,可以请示"我点了菜,不知道是否合几位的口味""要不要再来点其他的什么",等等。

四、用餐礼仪

1.餐中礼仪

(1)用餐前不要用餐巾纸擦拭餐具,那样做表明你认为此处餐具不干净。(2)客人入席后,不要立即动手取食。而应待主人打招呼,由主人举杯示意开始时,客人才能开始;客人不能抢在主人前面。(3)夹菜要文明,应等菜肴转到自己面前时,再动筷子;不要抢在邻座前面,一次夹菜也不宜过多。要细嚼慢咽,这不仅有利于消化,也是餐桌上的礼仪要求。绝不能大块往嘴里塞,狼吞虎咽,这样会给人留下贪婪的印象。(4)不要挑食,不要只盯住自己喜欢的菜吃,或者急忙把喜欢的菜堆在自己的盘子里。(5)用餐的动作要文雅,夹菜时不要碰到邻座,不要把盘里的菜拨到桌上,不要把汤碰翻。(6)不要发出不必要的声音,如喝汤时"咕噜咕噜",吃菜时嘴里"叭叭"作响,这都是粗俗的表现。(7)不要一边吃东西,一边和人聊天。(8)嘴里的骨头和鱼刺不要吐在桌子上,可用餐巾掩口,用筷子取出来放在碟子里。(9)掉在桌子上的菜,不要再吃。(10)进餐过程中不要玩弄碗筷,或用筷子指向别人。(11)不要用手去嘴里乱抠。用牙签剔牙时,应用手或餐巾掩住嘴。不要让餐具发出任何声响。

2.敬酒礼仪

(1)领导相互敬酒完毕才轮到自己敬酒。敬酒一定要站起来,双手举杯。(2)可以多人敬一人,绝不可一人敬多人,除非你是领导。(3)碰杯、敬酒时,要有说辞。(4)端起酒杯,右手握杯,左手垫杯底,记着自己的杯子应低于别人。自己如果是领导,不要放太低,适当即可。(5)自己敬别人,如果碰杯,说一句"我干了,你随意"方显大度。(6)自己敬别人,如果不碰杯,自己喝多少可视情况而定。

3.倒茶

(1)茶具要清洁。客人进屋后,先让坐,后备茶。在冲茶、倒茶之前最好用开水烫一下茶壶、茶杯。这样既讲究卫生,又显得彬彬有礼。(2)茶水要适量。先说茶叶,一般要适当。茶叶不宜过多,也不宜太少。茶叶过多,茶味过浓;茶叶太少,冲出的茶没什么味道。倒茶,无论是大杯小杯,都不宜倒得太满,当然,也不宜倒得太少。(3)端茶要得法。通常是用一只手抓住杯耳,另一只手托住杯底,把茶端给客人。

五、中途离席

1. 一般酒会和茶会的时间很长,大都在两小时以上。要中途离开时,不必和谈话圈里的每一个人一一告别,只要悄悄地和身边的两三个人打个招呼,然后离去便可。

2. 中途离开酒会现场,一定要向邀请你来的主人说明、致歉,和主人打过招呼,应该马上就走,不要拉着主人在大门口聊个没完。

3. 有些人参加酒会、茶会,当中途准备离去时,会一一问他所认识的每一个人要不要一块走。结果本来热热闹闹的场面,被他这么一鼓动,一下子便提前散场了。这种闹场的事,最难被宴会主人谅解,注意不要犯下这种错误。

课后任务训练

米尼公司宴请来访的 A 公司总经理 1 人,部门经理 3 人,行政助理 1 人,司机 1 人,你作为米尼公司的行政助理,负责安排这次宴请的座次。

第五节　来访接待

来访者接待工作,是企业行政管理中的一项重要工作,接待工作水平高低能够直接反映一个企业的整体形象,能够展示企业行政管理人员的素质和能力,同时对于推动企业与合作伙伴建立良好关系具有十分重要的作用。企业行政管理人员在接待来访者的工作中,必须做到热情周到、耐心细致、规范有序,使客人满意。

一、做好接待准备

接待前做好充分的准备是保证接待工作质量的前提。其中包括:

(一)了解来访者意图

通常会接到上级部门通知或对方的电话得到有人来访的信息,企业行政管理人员应主动与来访者所在单位或来访者本人取得联系,了解清楚上级或合作伙伴单位来访的人数、职务、民族、性别、日程安排等。必须事先了解和掌握来访的主要目的、有什么要求、活动的内容等,以便安排接送、陪同、会务等各项工作。

(二)制订接待工作计划和接待流程

凡是上级来企业检查工作或重要合作伙伴来访,都要制订详细的接待工作计划和接待流程。接待工作计划的主要内容:

1. 来访者的信息:单位、姓名、性别、民族、职务等;

2. 来访目的:如检查工作、合作洽谈、参观访问等;

3. 来访时间:访问开始时间,结束时间,也包括来访者到达时间和离开时间。

4. 来访活动内容:包括工作、会议、洽谈、参观、学习和业余活动内容。

5.接待类型:有的企业把接待分为贵宾接待、合作伙伴接待、业务接待和普通接待四种类型。一般把上级机关和外宾作为贵宾接待,把原材料供应商和产品代理商的主要领导作为合作伙伴接待,把合作企业的业务部门来访作为业务接待,把其他人员来访作为普通接待。

6.接待人员:包括参与接待的领导和各个环节的负责人,例如机场接机和送机(车站接车和送车、码头接船和送船)人员、文件资料准备人员、食宿安排人员、会场布置人员、参观讲解人员、旅游陪同人员、娱乐安排人员、录像照相人员、车辆调派人员、物资准备人员、安全保卫人员、环境卫生负责人员等。明确所有人的责任和要求。

7.接待工作日程安排:日程安排越细越好,准确标明每项活动的起始时间和每项活动的陪同和服务人员,包括召开会议、参观访问、举行仪式、就餐和娱乐时间等。

8.物资准备:接待中所需的车辆、设备、用品,包括会议中的音响设备、会场摆放的鲜花、接待室使用的水果、饮品和糕点等。如果需要礼品,有可能需要专门的加工制作。

9.预算:编制预算,使每项活动的消耗和物资选购都有标准,既可保证接待质量,又可控制开支,预防浪费。

(三)做好具体的准备工作

接待计划,必须报请企业领导批准,并按照领导要求进一步完善。接下来,就进入了具体准备阶段:

1.迅速召集有关人员对接待工作进行详细安排,让每个参与人员都明确自己的职责和任务。

2.对接待活动中所需文件的撰写、打印进行督促办理。这些材料可能是对上级领导的汇报材料,可能是与合作伙伴的会谈材料,也可能是企业的介绍宣传材料,必须在来访者到来之前整理出来,同时对接待中所需的水果、饮品、糕点等进行准备,向客人赠送的礼品也要提早准备。

3.通知餐饮部门做好桌次的安排、饭菜的准备工作。各项细节都必须考虑到、安排到,确保万无一失。

4.对相关的接待人员进行培训。例如餐桌服务人员、会场服务人员、接机、接站人员,都应该进行培训,让他们掌握服务中的礼节礼仪。

接待工作比较繁杂,每一个环节都直接或间接地影响单位的整体形象,接待人员一定要细心、小心,不能粗心大意、宁可备而不用,不可用而不备,否则就会在变化了的情况面前束手无策,易出漏洞。

二、做好接待服务

在具体接待工作中,要安排好迎接、会务、餐饮、送行和临时到访客人的接待等工作,并注意搞好协调配合,使各个环节衔接妥当。

(一)做好迎接

1.如果是迎接上级领导或合作单位领导,作为负责接待工作的企业行政管理人员,在上级领导或合作单位领导出发前,应与其随行人员保持联系,以便得知领导出发的准确时间,以防来访的领导因特殊原因提前或推迟出发时间。

2.如果通过联系确定领导已出发,应立即通知本单位负责接待的领导,以便让本单位领导做好接待准备。

3.如果需要到机场、车站、码头迎接来访的领导,负责迎接人员应该做到:

(1)提前10~15分钟到达出口等候。

(2)如果迎接人员与来访客人不认识,应制作一个迎宾牌举在头顶或胸前,让来访客人一眼就认出你是来迎接他的接待人员。

(3)在接到客人后,除了热情握手、表示欢迎来访外,要介绍自己的姓名和职务,说明自己是受企业领导的委派,代表企业领导来迎接客人的。在引导客人走向单位迎接客人的车辆时,要向客人的旅途劳顿表示问候。

(4)迎接人员要为客人打开后座车门,请客人坐进后座,并用手护住车门上沿,防止车门撞到客人头部。在客人就座后,再坐进驾驶员身边的座位上,并向客人介绍驾驶员的姓名,驾驶员也应向客人表示欢迎。

(5)开车前,迎接人员应向客人征求意见,问询客人是否可以开车,在客人同意后再指示驾驶员开车。

(6)在迎接客人前往宾馆或单位的途中,迎接人员应向客人介绍本企业的接待计划安排,特别要介绍下榻宾馆和就餐安排、工作日程和业余活动等具体情况,向客人征求意见。如客人有不同意见,要立即与有关方面进行沟通,适时地进行调整。

4.如果来访客人先到达下榻的宾馆,本企业领导应该到宾馆大厅等候迎接。如果来访的客人直接到达企业办公地点,本企业领导应该到办公楼下门外迎接。

5.迎接领导时还要注意自身行走的位置、问候握手时的动作、介绍领导的顺序及会议座次的安排等各种礼节礼仪。

(二)注意接待中的细节

企业行政管理人员,要关注和做好接待过程中的每一个细节,避免漏洞。例如,服务人员倒水要定点定时,每隔15~30分钟倒水一次。作为接待负责人在会务期间,如发现哪位领导杯中水已喝完,要及时通知服务人员来倒水。

(三)安排好餐饮

要提前向来访者征求意见,及早安排。作为接待负责人要与来访领导的随身人员进行沟通,了解他们一行中有无少数民族或其他饮食偏好等注意事项,在安排餐饮时,要根据来访者的饮食习惯进行妥善处置,使来访人员感觉考虑得周到、服务得到位。

(四)注意送行时的礼节

来访活动、议程完成以后,应安排好送行。要提前通知送行的司机到指定地点等候。来访领导上车前,本企业领导和负责接待的企业行政管理人员要与来访领导握手告别,来访领导上车后,本企业领导要挥手告别,祝来访领导一路顺风。还要注意在来访人员乘坐的车辆启动后,不要马上离开,要不断挥手送别,一直等到来访人员乘坐的车辆驶出一定距离后(如驶出大门了、拐弯了、看不太清了),再离开。

三、临时到访客人的接待服务

在企业行政管理的实际工作中,有相当多的来访者事先没有预约,突然来访,对于这部分客人我们称作临时到访客人。对于临时到访客人,第一位接待的行政管理人员(例如办公楼大厅前台工作人员),要更加注意保持本人和本人的工作区域的良好形象,礼貌和友好的迎接来访者,避免不必要的延误。其具体要求是:

(一)友好接待

1.精心布置和保持办公和接待大厅的良好环境,例如要有高品位的装修、鲜花、绿色植物、企业标识、代表色、宗旨、口号和发展目标等。

2.使用礼貌性语言,真心诚意地关心和帮助来访者,热情地欢迎来访者,友善地请来访者坐到座位上,并亲自奉上茶水。

3.用友好亲切的语言,了解来访者的所在单位、姓名、职务、来访的目的、欲想访问的部门和人员等信息。迅速地与来访者欲访问的人进行联络,并明确地向他们提供来访者的信息,再根据来访者欲访问人的意见向来访者说明下一步安排和相关情况。

4.确保来访者在等待中感到舒适,例如,向他们提供座椅和饮料、刊物、报纸,或向他们介绍企业情况及他们感兴趣的事项。

5.引导来访者到单位被允许访问之处。这包括,在来访者欲访问人的允许下,请欲访问单位派人来接,本人将来访人送到欲访问单位,指导来访者自己前去欲访问单位。来访者如果要求参观企业,应该愉快地指引来访者访问和参观企业对外不保密的单位、地点和项目。如果来访者要求访问企业的对外保密项目,应该婉言谢绝。

(二)耐心服务

1.企业行政管理人员应该积极地向来访者提供企业的公开信息。在无法回答问题时,应将来访者介绍给能够回答提问的人员,力求让来访者感到满意。

2.要端正接待临时来访者的态度。临时来访者成分复杂,地位低微,脾气秉性各异,提出的问题也会千变万化。企业行政管理人员在处理临时来访者的问题时更要认真并有耐心。切不可看不起临时来访者,敷衍了事;更不能缺少耐性,草率从事。一定要认真地听取来访者的倾诉,理解他们的诉求,尽最大努力帮助他们解决问题,耐心地排解他们心中的怨气,解除他们的思想包袱。

(三)登记

对来访者情况要做登记(表 6-1),并向来宾提供来宾卡(图 6-1),注意在来访者离开时将卡收回。

表 6-1　　　　　　　　　　来访登记表

年　　月　　日

来访者姓名		性别		职务		单位	
来访时间		离开时间			联系电话		
来访目的							
接待记录					记录人:		(签字)

四、做好接待评估和总结

整个接待活动结束后,接待人员要对本次活动进行认真全面的评价和总结,看看哪些方面是领导满意的,哪些方面还存在一些问题或不足,好的方面要继续发扬,不足之处注意弥补改进。要通过总结不断提高接待质量和效率,使今后的接待工作分工明确,层次清楚,既让客人满意,又能降低接待成本。

米尼企业培训中心
来宾卡
来宾姓名:
发出时间:
收回时间:

图6-1 来宾卡

课后任务训练

米尼公司将在自己餐厅接待一批重要客人,他们都是米尼公司战略合作伙伴,计划四桌,每桌8人。为了提供能够代表米尼公司企业形象的优良服务,总务处选拔了4名服务员为宴会提供席间服务。你作为行政助理,你的上级指派你对这4人进行一次培训,然后写一份培训总结。每5人一组,1人担当行政助理,4人担当服务员,轮流进行培训。

实践课堂

一、任务模块

沈阳米尼公司接到北京总公司的电话,将由一名副总裁带队组成检查组,三天后来沈阳米尼公司检查防火情况。时间两天,第一天上午检查现场防火设施,下午检查防火机构和防火制度。第二天上午召开10人参加的座谈会,重点了解职工对防火知识的了解情况、职工参加防火预案演练的体会和是否会使用防火器材等情况,下午召开总结会,通报检查情况。

下面是总公司传真来的检查组抵沈情况表

姓名	职务	抵沈时间	联系电话
李雨林	副总裁	18日11:35,飞机681次	1338972×××××
梅诗语	总工程师	18日16:25,动车D3次	1384605×××××
邵虹笙	青岛总裁	18日15:20,飞机3856次	1398989×××××
海浪潮	天津总裁	18日17:00,动车D11次	1305566×××××

安排接送,具体事宜与本人联系。

沈阳米尼公司总经理要求:

(一)尽量与本人取得联系,详细了解情况和具体要求;

(二)安排接待计划和接待流程图,报经总经理审查批准后,认真执行。

二、目的和要求

(一)目的:培训和检验接待来访者的职业能力。

（二）要求：掌握与以下职业能力相关的知识和操作要领：

1.了解和掌握来访者的身份、来访意图和相关信息，并根据这些信息制订接待计划和接待流程。

2.完成接待工作的各项准备工作。

3.指导和培训接待服务人员严格遵守礼节礼仪，为来访者提供良好的服务。

4.保证本人和本人的工作区显示企业良好的形象。包括办公环境符合健康、安全、保密要求，布置带有企业标识、发展目标、业绩展示的装修。

5.按照礼节、礼仪的规定，礼貌和友好地迎接来访者，避免不必要的延误。

6.迅速地与被访问人联络并明确地向他们提供来访者的信息，再根据他们对接待工作的意见向来访者说明和解释。

7.确保来访者在等待中感到舒适，向他们提供座椅、饮料和读物等。

8.向来访者提供自己力所能及的，并且允许提供的任何信息，在无法回答问题时应将来访者介绍给其他适当人员。

9.认真耐心地处理来访者的问题。

10.对来访者情况做登记，向来访者提供来宾卡，并在来访者离开时将卡收回。

三、模拟现场设计

（一）人员：每5～7个学生为一个小组，分别扮演接待者、来访者、总经理。

（二）场地：办公室兼接待室1间。

（三）设备及设施：办公桌椅、电话、登记册、笔、来宾卡、沙发、茶具、茶几、饮水机、企业简介、各种办公用品。

（四）被访者办公室（要有电话）。

（五）模拟制订来访接待计划和临时到访接待步骤

1.模拟制订来访接待计划步骤

①向来访者或任务交代者进一步了解来访的详细信息。

②起草来访接待计划和接待工作流程图。

③向同事、上级和内部专家征求对来访接待计划和接待流程图的修改意见。

④修改来访接待计划和接待工作流程图。

⑤报请领导批准来访接待计划和接待工作流程图。

⑥组织和监控来访接待计划和接待工作流程图的实施。

2.模拟临时到访接待步骤

①行政助理正在大厅中检查迎接检查组的准备情况，突然来了两位拜访者。行政助理走上前去迎接。

②行政助理礼貌地问候："你们好，欢迎前来访问！"来访者主动说是某网络购物平台（网购平台）的代表，并递上名片。

③行政助理有礼貌地问询："请问来我公司有何指教？"他们说希望见到总经理，商谈代理米尼公司产品销售事宜。

④行政助理打电话与总经理联系，总经理正在外地，责成销售部经理与其商谈。

⑤行政助理与销售经理联系，销售经理正在仓库检查工作，需要半个小时才能赶回来。

⑥行政助理与来访者沟通，他们表示可以等。

⑦行政助理立即将他们让到沙发上，给他们奉上茶水，并拿来报纸、杂志，请他们在这里等待。

⑧10分钟后，网购平台代表要求参观沈阳米尼公司新产品研发部，按公司规定新产品研发不能对外公开，属于保密项目，行政助理向他们做了解释，请他们谅解。

⑨网购平台的代表正在翻看行政助理送来的公司简介，突然犯了烟瘾，下意识的从兜里掏出香烟和打火机，烟卷已经叼在嘴里，拿起打火机就要点烟。这里严禁吸烟，行政助理故意咳嗽一声，并用眼睛看着墙上几个醒目的大字"禁止吸烟"，网购平台的代表被行政助理的咳嗽声惊扰，抬头看行政助理，正好看见墙上"禁止吸烟"四个大字，不好意思地将烟放回烟盒里。

⑩行政助理走到网购平台的代表身边，微笑着说："对不起，我突然忍不住咳嗽，打扰了你们吧。"然后接着说："两位要不要吸烟，我们有专供客人用的吸烟室。要吸烟，请跟我来！"

⑪行政助理见到网购平台代表从吸烟室回到大厅，就走过来主动与其攀谈。

⑫网购平台代表提出订单处理的技术问题，行政助理不了解这些情况，立即打电话给订单科科长，请他们派人来向客人解释。订单科科长提出正忙，流水作业，走一人就全部停工，无法来人。行政助理问订单科科长，是否可以让客人过去，看看他们的工作，并当面听取客人的问询。订单科科长说可以。

⑬行政助理与网购平台的代表沟通，取得他们的同意，并陪同他们一起来到订单科。

⑭行政助理接到销售部经理电话，说他已经回到机关，让他把客人送到他的办公室。

⑮行政助理立刻与网购平台的代表沟通，征得他们的同意，陪同他们来到销售经理办公室。

⑯网购平台的代表离开，行政助理送至门口。

提示：要求团队成员分别模拟的角色有行政助理、网络购物平台的代表、总经理、销售部经理、订单科科长。

四、完成任务后每个人需要提交的工作成果

（一）接待来访者工作记录

提示一：这份成果是一份接待工作现场实录。

提示二：这份成果，重点是提供接待网购平台代表的来访记录。

提示三：这份成果，内容应包括：

1.来访者的信息：姓名、性别、年龄，工作单位、职务或职称、单位住址或家庭住址，联系电话、电子邮件地址。

2.来访时间，到达时间，离开时间。

3.来访的目的：检查、合作、谈判、签约、投诉等。

4.访问对象：什么单位，什么人。

5.发生了什么问题，都是如何解决的。

6.总结分析：收获，经验，教训。

（二）接待防火检查组工作安排文件。包括接待计划草案，征求修改意见记录、修改后接待计划、接待工作流程图、来宾卡等。

第七章　企业信息源与加工

学习目标

一、知识

(一) 熟悉信息的基本概念

(二) 熟悉企业信息的分类

(三) 掌握信息的加工制作方法

二、技能

(一) 利用计算机打印文件

(二) 利用计算机制备带有表格、图形的文件

(三) 利用计算机制备带有流程图的文件

(四) 利用计算机制作幻灯片

职场经验

关于我名字的尴尬其实从第一天上班就开始了。我的部门经理是南方人,一叫我的名字就别扭,明明是"冉晓峰",他一念就成了"严晓峰",他还带着我到各相关部门拜会。碍于情面,我没有当面纠正,结果我就在一片"小严"的招呼声中,开始了我的职业生涯。

接着尴尬的事就接踵而来。先是人力资源部问我档案上是不是填错了或是有什么曾用名没有,然后是行政部在做通讯录的时候,把我的名字写成了"严小风",再后来是我们的总机接线员告诉打电话找我的人"对不起,我们公司只有一个严小风,没有冉晓峰",甚至前台把我的信件写上"查无此人"给退了回去!很喜剧,但这是现实。

我开始强力纠错,谁知如此之难。第一印象似乎很难改变,我解释了一两个月才见成效。最可气的是前台服务员,我告诉她我就是"冉晓峰",她居然白眼一翻,说:"早干吗去了,早说呀!"

假如时光可以倒流,我一定会立即纠正部门经理的口误,面带笑容,态度诚恳,想来经理也不会因此不快。其实前台服务员说的话也没错,要是在第一次出现差错时就及时为自己正名,就不会有后面尴尬的经历!

职场忠告

当第一次告诉别人名字的时候,一定要准确,如果你把自己当作一个品牌去经营,你的名字就是一个独一无二的LOGO。要让别人知道你就是"×××"。试想,连你的标识在别人的印象里都是模糊的,你怎么可能吸引注意力?你的品牌价值也就被大大削减了。

第一次见面,其实对方也想认识你,在别人有这个需求的时候要清楚地告诉他你是谁,并且帮助别人记住你的名字。

要让别人知道你完整的名字,而不光是一个姓。

第一节　企业信息源

企业信息源

一、企业信息源的概念

企业信息源是企业在生产及管理过程中所涉及的一切文件、资料、图表和数据等信息的总称。它涉及企业生产和经营活动过程中所产生、获取、处理、存储、传输和使用的一切信息资源,贯穿于企业管理的全过程。

企业信息源可分为企业内部信息源和企业外部信息源两部分。企业内部信息源主要是企业自己搜集、整理的各种记录、档案材料。企业外部信息源包括的范围极广,主要是国内外有关的公共机构、相关企业网站、网上数据库等。图书馆也是企业信息源的重要组成部分。

企业的档案室是一个很大的信息源,它保存所有对国家、社会和企业有保存价值的文件材料等信息内容。通过纸质文件、图纸、照片、录音、录像、磁盘等载体存储,向企业内外接受者提供信息服务。

企业档案室一般在每年的三月之后开始对上一年的档案资料进行收集、整理、鉴定、立卷、归档。因此,最鲜活、最有价值的企业信息大多保存在各个部门,也就是生产、科研、经营、销售的第一线。有些档案资料(如财务报表、票据、账册)要两年以后才能归集到档案室保存,有些档案资料(如人事档案)则是长期保管在职能部门的。准确地识别企业信息源,是及时有效地收集企业信息的基本条件。

二、企业信息载体

信息本身不是实体，只是消息、情报、指令、数据和信号中所包含的内容，必须借助书写、计算以及现代的声、光、电技术，将无形的信息传输和加工制作到纸张、胶卷、胶片、磁带、磁盘等有形的载体上。

企业信息载体包括文本信息、图表信息、影像信息、电子信息和实物信息。

1.文本信息。包括纸质和电子文书，主要有公文、计划、总结、讲话稿、分析报告、说明书、招投标书、合同、协议书、委托书、书信、会议记录、新闻稿等。

2.图表信息。包括财务报表、统计报表、税务报表；图纸、图形、标识、组织结构图、流程图、统计图、地图等。

3.影像信息。包括录像磁带、录音磁带、照片、电影胶片、照相底片等。

4.电子信息。包括计算机硬盘、软盘、磁带、磁盘、光盘等。

5.实物信息。包括展会、展厅等。

三、企业信息主要内容

企业信息主要内容包括党群管理、行政管理、经营管理、生产技术管理、产品或业务开发、科学技术研究、基本建设和技术改造、设备仪器管理、会计、职工个人管理等各个方面。如表7-1所示。

表7-1　　　　　　　　　　　企业信息分类表

项　目	该项目工作所形成材料的内容
（一）党群管理	1.党务综合性工作、党员代表大会或党组织其他有关会议。2.党组织建设、党员和党员干部管理、党纪监察工作、重要政治活动或事件。3.宣传及思想政治工作、企业文化和精神文明建设、统战工作。4.职工代表大会、工会工作、共青团工作、女工工作。5.专业学会、协会工作，群众团体活动
（二）行政管理	1.企业筹备期的可行性研究、申请、批准，企业章程。2.企业领导班子（包括董事会、股东会、监事会和经理层，下同）构成及变更，企业内部机构及变更。3.企业领导班子活动。4.综合性行政事务，企业事务公开，文秘、机要、保密、信访工作，印鉴的管理。5.法律事务，纪检监察，公证工作。6.审计工作。7.职工人事管理，劳动合同管理，劳动工资和社会保险，职务任免，职称评聘。8.职工教育与培训工作。9.医疗卫生工作。10.后勤福利、住房管理。11.公安保卫，综合治理，防范自然灾害。12.外事工作
（三）经营管理	1.企业改革，经营战略决策。2.计划管理，责任制管理，各种统计报表，企业综合性统计分析。3.资产管理，房地产管理，资本运作，对外投资，股权管理，多种经营管理，产权变动、清产核资。4.属企业所有的知识产权和商业秘密及其管理。5.企业信用管理，形象宣传。6.商务合同正本及与合同有关的补充材料，有关的资信调查等。7.财务管理，资金管理，成本价格管理，会计管理。8.物资采购、保存、供应和流通。9.经营业务管理，服务质量管理。10.境外项目管理。11.招投标项目管理
（四）生产技术管理	1.生产准备、生产组织、调度工作。2.质量管理，质量检测和质量控制工作。3.能源管理。4.企业管理现代化和信息化建设，科技管理。5.生产安全，消防工作，交通管理。6.环境保护、检测与控制。7.计量工作。8.标准化工作。9.档案、图书、情报工作
（五）产品或业务开发	1.工业企业：①产品的市场调研、立项论证、设计。②产品的工艺、工装、试制、加工制造。③产品的检验、包装。④产品的销售与售后服务。⑤产品鉴定、评优。⑥产品质量事故分析及处理。2.非工业企业：①业务项目的研发与形成。②业务项目的经营。③业务项目的保障与监督
（六）科学技术研究	1.科研项目的调研、申报立项。2.科研项目的研究、试验。3.科研项目的总结、鉴定。4.科研项目的报奖、推广应用

（续表）

项　目	该项目工作所形成材料的内容
（七）基本建设和技术改造	1.基建项目和技术改造项目的可行性研究、立项、勘探、测绘、招标、投标、征迁工作，以及建设单位项目管理工作。2.基建项目和技术改造项目的设计。3.基建项目和技术改造项目的施工。4.基建项目和技术改造项目的监理。5.基建项目和技术改造项目的竣工和验收。6.基建项目和技术改造项目的评奖、创优。7.基建项目的使用、维修、改建、扩建。8.事故分析和处理
（八）设备仪器管理	1.购置设备、仪器的立项审批，购置合同。2.设备、仪器的开箱验收或接收。3.设备、仪器的安装调试。4.设备、仪器的使用、维护和改造、报废。5.事故分析和处理
（九）会计	1.会计凭证。2.会计账簿。3.财务报告及报表。4.其他文件材料
（十）职工个人管理	1.职工（包括离退休职工、死亡职工）的履历材料。2.职工的鉴定、考核。3.职工的专业技术职务评聘。4.职工的奖励与处分。5.职工的工资、保险、福利待遇等。6.职工的培训与岗位技能评定等。7.其他记载个人重要社会活动的文件材料

课后任务训练

一、举例说明信息的基本来源。

二、说说企业信息包括哪些类型。

三、讨论一下企业信息载体都有什么。

四、为自己的姓名设计一个介绍语，要求：简单易记。

第二节　使用计算机制作文本

使用计算机
制作文本

使用计算机制作文本，是企业信息加工制作、传输、储存、应用的最基本的方法。

一、使用计算机制作文本的基本要求

企业行政管理人员每天和信息打交道，企业的需要和工作的职责，要求企业行政管理人员使用计算机制作文本。以文字为主体的文本，包括带有表格、图形的文本，是信息留存和传递最常见和最大量的表现形式。Word文字处理应用程序的出现，让企业行政管理人员使用计算机制作文本、表格和图形变得容易和便捷。PowerPoint幻灯片制作应用程序，更让企业产品推销、企业形象塑造和企业领导讲话变得生动而多彩。能够使用计算机制作带有表格、图形、流程图的文件和制作幻灯片成为企业行政管理人员应具备的能力之一。对企业行政管理人员使用计算机制作文本、图表和幻灯片的要求如下：

1.了解意图

企业行政管理人员用计算机制备文件，一般情况下是得到要求制作文件、图表和幻灯片的信息。企业行政管理人员必须认真研究这些信息，清楚地了解需要编制的文件、图表和幻灯片的主要内容、具体要求和使用意图。实际上,注重制作文件、图表和幻灯片的主要内容和意图,就是注重制作文件、图表和幻灯片的主题,只有紧紧地抓住主题,才能做好制作文件、图表和幻灯片的所有工作。

2.开展调查

制作一份文件、图表和幻灯片,需要必备的软硬件条件。例如,输入和编辑文字、插入表格和图形,需要计算机和安装文字处理应用程序,打字需要打印机;根据文件、图表和幻灯片的内容、使用意图和具体要求,需要相关信息资料的支持。这些所需要的相关资料就是所制作文件、图表和幻灯片的基础素材。这些基础素材可能存储在企业的各个部门和基层单位,要准确和有效地掌握这些相关信息资料的来源地,也就是"信息源",还要开展有针对性的调查研究。在获取大量信息资料的基础上进行分析,去伪存真,去粗取精,以提炼出有利于表现和突出主题的有用资料。

3.内容完整

制作的文件内容完整,要真实地反映事物的本质,不能有假象,不能有偏差,不能有缺失。既要符合制作文件、图表和幻灯片的内容要求,也要符合文件涉及事物的实际情况。既包括文件、图表和幻灯片涉及事项的外部表象,也揭示文件涉及事项的内在本质。

4.结构合理

文件选用的种类和格式要符合文件内容的基本要求,如要求上级答复的事项用请示,传达要求下级机关办理和需要有关单位周知或者执行的事项用通知,表彰先进、批评错误、传达重要精神或者情况用通报等。段落划分要恰到好处,文中的大小标题和编码使用合理,段落间的相互衔接紧凑,插入的表格、图形的位置、大小、色彩要与全文相匹配。

5.表达准确

要求语言精练、朴实,表意准确,多用直白的表达方式。遣词造句要符合语法要求,记叙、议论、说明等表达方法要运用合理。根据上级要求、素材内容和适用对象,恰当选择使用文本、图表或文本加图表、幻灯片等不同的表达方式,以最优的方法使信息表达准确、简明、生动。

6.打印装订

打印文件,包括插入图表和制作幻灯片,需要会操作计算机、打印机,需要会使用文字处理功能软件,目前 Word 是最常用的文字处理软件系统。制作幻灯片,需要会使用 PowerPoint。文件的编辑、排版,属于公文的,要遵循国家公文格式标准和国家行政机关公文处理办法;不属于公文的,在用纸、印刷、装订上也要符合文本信息保存、传输、使用的需要。

二、用 Word 制作表格

腾讯文档实现了多人在线编辑功能。在制作文本时,有些表格数据需要用 Excel 来完成,但是有些简单基本的表格只需要用 Word 完成。

下面以微软 Windows 7 家庭版为例,介绍用 Word 制作一个课程表的方法和步骤:

(1)选择菜单栏的"插入"→"表格"→"插入表格",在弹出的"插入表格"窗口中将列数设置为 12,行数设置为 10;

(2)选中第一排前两个和第二排前两个单元格,选择"表格工具"中的"布局"(只要把鼠标点在表格上就会自动弹出"表格工具"栏），然后右键单击"合并单元格"；

（3）选择"表格工具"→"设计"→"绘制表格"，使用绘表"笔"到刚才合并完成的单元格中绘制斜线表头，在"行标题"与"列标题"栏中，分别填上"星期"和"时间"，绘制表格如表7-2所示；

表 7-2　　　　　　　　　　　　　　　　课程表

星期　时间					

（4）如表7-3所示，选中表头下面的四个单元格，然后右击"合并单元格"，接着再选择下面四个单元格，然后再次合并；

表 7-3　　　　　　　　　　　　　　　　课程表

星期　时间					

（5）两两合并表头右边的单元格，如表7-4所示；

表 7-4　　　　　　　　　　　　　　　　课程表

星期　时间					

（6）此时，一个基本的表格结构就出来了，下面我们在 Word 表格中输入文字信息；

（7）信息填写完毕后可对页面布局进行调整，分别选中"上午"或"下午"，单击菜单栏的"页面布局"→"文字方向"，我们这里选择"垂直"即可，如表7-5所示；

表 7-5　　　　　　　　　　　　　　　　课程表

时间＼星期		星期一		星期二		星期三		星期四		星期五	
		科目	教师	科目	教师	科目	教师	科目	教师	科目	教师
上午											
下午											

（8）改变了文字方向后，我们再点击"表格工具"栏的"布局"按钮，在"对齐方式"中选择"居中"或"对齐"，运用"单元格大小"中的"高度"或"宽度"等多种功能对表格进行调整，直到满意为止。如表 7-6 所示。

表 7-6　　　　　　　　　　　　　　　　课程表

时间＼星期		星期一		星期二		星期三		星期四		星期五	
		科目	教师	科目	教师	科目	教师	科目	教师	科目	教师
上午	第一节										
	第二节										
	第三节										
	第四节										
下午	第一节										
	第二节										
	第三节										
	第四节										

三、图表制作

图表是信息的重要载体之一，用图表形式显示数值数据系列，让人更容易理解大量数据以及不同数据系列之间的关系。尤其在统计分析、工作总结、展示展览、演示文稿中大量采用。Microsoft Excel 不再提供图表向导，不过，可以通过在"插入"选项卡上的"图表"组中单击所需图表类型来创建基本图表。若要创建显示所需详细信息的图表，可以随后继续执行以下分步过程的后续步骤。

若要在 Excel 中创建图表，请首先在工作表中输入图表的数值数据。然后，可以通过在"插入"选项卡上的"图表"组中选择要使用的图表类型来将这些数据绘制到图表中。图 7-1 中符号代表的意思是：①工作表数据；②根据工作表数据创建的图表。

	第1季度	第2季度
计划	75	85
实际	84	99

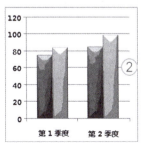

图 7-1　Microsoft Excel 图表

Excel 支持多种类型的图表,可帮助企业行政管理人员使用有意义的方式来显示数据。创建图表或更改现有图表时,可以从各种图表类型(如柱形图或饼图)及其子类型中进行选择,也可以通过在图表中使用多种图表类型来创建组合图。

(一)了解图表的元素

图表中包含许多元素。默认情况下会显示其中一部分元素,而其他元素可以根据需要添加。可以通过将图表元素移到图表中的其他位置、调整图表元素的大小或更改格式来更改图表元素的显示,也可以删除不希望显示的图表元素。

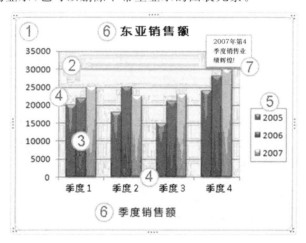

图 7-2　图表元素

图 7-2 中符号所代表的意思是:①图表的图表区。②图表的绘图区。③在图表中绘制的数据系列的数据点。④横(分类)和纵(值)坐标轴,数据沿着横坐标轴和纵坐标轴绘制在图表中。⑤图表的图例。⑥图表以及可以在该图表中使用的坐标轴标题。⑦可以用来标识数据系列中数据点的详细信息的数据标签。

(二)修改基本图表

创建图表后,可以修改图表的任何一个元素。例如,更改坐标轴的显示方式、添加图表标题、移动或隐藏图例,或显示更多图表元素。

若要修改图表,可以执行下列一项或多项操作:

1.更改图表坐标轴的显示可以指定坐标轴的刻度并调整显示的值或分类之间的间隔。为了使图表更易于阅读,可以在坐标轴上添加刻度线,并指定其显示间隔。

2.向图表中添加标题和数据标签是为了帮助阐明图表中显示的信息,可以添加图表标题、坐标轴标题和数据标签。

3.添加图例或数据表可以显示或隐藏图例、更改图例的位置或修改图例项。在一些图表中,还可以显示列有图表中出现的图例项标示和值的数据表。

4.针对每个图表类型应用特殊选项。特殊的折线(如高低点连线和趋势线)、柱线(如涨跌柱线和误差线)、数据标记以及其他选项均可用于不同的图表类型。

(三)应用预定义的图表布局和图表样式获得专业外观

可以快速为图表应用预定义的图表布局和图表样式,而不必手动添加或更改图表元素或设置图表格式。Excel 提供了多种有用的预定义布局和样式。同时,可以手动更改各个图表元素(如图表的图表区、绘图区、数据系列或图例)的布局和格式,以按需要对布局或样式进行微调。

应用预定义的图表布局时,会有一组特定的图表元素(如标题、图例、模拟运算表或数据标签)按特定的排列顺序显示在图表中。可以从为不同图表类型提供的各种布局中进行选择。

当应用预定义的图表样式时,会基于所应用的文档主题为图表设置格式,以便图表与企业的主题颜色、主题字体以及主题效果相匹配。

(四)为图表添加醒目的格式

除了应用预定义的图表样式外,还可以轻松地为各个图表元素(如数据标记、图表区、绘图区,以及标题和标签中的数字和文本)添加醒目外观。可以应用特定的形状样式和艺术字样式,也可以手动设置图表元素的形状和文本的格式。

若要添加格式设置,则可以执行下列一项或多项操作:

1.填充图表元素。可以使用颜色、纹理、图片和渐变填充使特定的图表元素引人注目。

2.更改图表元素的轮廓。可以使用颜色、线条样式和线条粗细来强调图表元素。

3.为图表元素添加特殊效果。可以对图表元素形状应用特殊效果(如阴影、反射、发光、柔化边缘、棱台以及三维旋转),使图表具有精美的外观。

4.设置文本和数字的格式。可以为图表上的标题、标签和文本框中的文本和数字设置格式,就像为工作表上的文本和数字设置格式一样。为了使文本和数字醒目,甚至可以应用艺术字样式。

四、流程图制作(图例见第三章第二节)

流程图可以清楚地展现一些复杂的数据,让我们分析或观看起来更加清楚明了,一般应用于医疗、教学、生产线等方面。一个工厂的生产流程,一个公司的运营模式,都只需要用一张流程图就可以简单地概括出来,所以制作流程图是办公人员必备的专业素质。

(一)流程图的特点

流程图与"列表"不同,"流程图"的布局通常包含一个方向流,并且用来对流程或工作中的步骤或阶段进行图解,例如,完成某项任务的有序步骤、开发某个产品的一般阶段或计划。如果希望显示如何按部就班地完成步骤或阶段来产生某一结果,可以使用"流程"布局。"流程"布局可用来显示垂直步骤、水平步骤或蛇形组合的流程。

(二)基本流程图制作

1.单击"绘图"工具栏上的"自选图形",然后选择"流程图",这里可以看到众多制作流程图时所用到的形状了,大家可以选择自己喜欢的形状。

2.单击要绘制流程图的位置,此时会出现一个虚框。

3.在绘图画布上插入你选择的图形。

4.再重复上述步骤,插入多种不同的图形,如长方形、菱形、椭圆形等。

5.使用 Word 提供的连接符建立连接:连接符看起来像线条,但是它将始终与其附加的形状相连,也就是说,无论你怎样拖动各种形状,只要它们是以连接符相连的,就会始终连在一起。Word 提供了三种线型的连接符:直线、肘形线(带角度)和曲线,选择连接符自选图形后,将鼠标指针移动到对象上时,会在其上显示蓝色连接符位置,这些点表示可以附加连接符的位置。

6.我们首先用带箭头的肘形线连接符或直线连接符将图形连接到一起。

7.如果需要将流程图中某图形挪动,可以拖动这个图形,连接符随着图形的拖动而变化,但始终不会离开矩形。

8.如果发现有一条连接符连接错了地方,需要调整一下,首先要解除连接符的锁定,具体操作方法是:

(1)移动连接符的任一端点,则该端点解除锁定或从对象中分离;

(2)将其锁定到同一对象上的其他连接位置。

9.在图形中添加文字:用鼠标右键单击形状,单击"添加文字"并开始键入,可以使用文档的排版工具对文字进行居中、字体、颜色等属性修改。

需要注意的是,在 Word 中不能向线段或连接符上添加文字,但可以使用文本框在绘图对象附近或上方放置文字。流程图的画布颜色、线条的颜色都可以通过绘图工具栏修改。

课后任务训练

一、用计算机制作柱状图、扇形图、折线图。
二、用计算机制作流程图。
三、用 Word 制作一份表格。

第三节　制作演示文稿

企业不仅要有优质的产品和服务,还要配以良好的广告宣传,才能让自己的产品有更广阔的市场前景。用 PowerPoint 制作演示文稿(幻灯片)和投影胶片是企业行政管理人员必备的职业能力。

一、用计算机制作演示文稿

使用 PowerPoint 制作演示文稿,是制作企业产品宣传广告的基本方法。下面以制作产品幻灯片为例介绍演示文稿的制作。

(一)让徽标出现在所有幻灯片中

(1)启动 PowerPoint 2010 自动创建新演示文稿后,为了让演示文稿具有统一的外观,先通过"设计"选项卡中提供的丰富主题样式,为演示文稿应用一种专业的风格,如选择"奇秀山川主题"。

(2)在幻灯片中添加公司徽标。切换到"视图"选项卡,在"母版视图"选项组中单击"幻灯片母版"按钮。

（3）在"幻灯片母版"视图中，确保选中最顶端的幻灯片母版。

（4）切换到"插入"选项卡，在"图像"选项组中，单击"图片"按钮。

（5）在随即打开的"插入图片"对话框中，导航到存放公司徽标的文件夹中，找到需要的图片文件，并双击它，即可将其快速插入幻灯片母版中。

（6）在幻灯片母版中，用鼠标拖曳，适当调整徽标的大小，并将其放置到合适的位置上，如幻灯片的右下角。

（7）在"幻灯片母版"选项卡的"关闭"选项组中单击"关闭母版视图"按钮，关闭幻灯片母版。

（8）经过上述设置后，不管添加多少幻灯片，每一张幻灯片的右下角处都将出现相同的公司徽标。除非再次进入"幻灯片母版"视图，否则它不会被随意选中、移动、删除等。

（二）图形化显示产品资料

在制作产品幻灯片的过程中，需要使用一些图形、图片来直观展示产品资料，以达到图文并茂的良好效果。

1. 添加 SmartArt 图形

（1）在制作产品演示文稿过程中，需要新添加一张幻灯片，然后切换到"插入"选项卡，在"插图"选项组中单击"SmartArt"按钮。

（2）在随即打开的"选择 SmartArt 图形"对话框中，单击左侧导航窗格中的"图片"选项。

（3）在"图片"布局中，浏览并选择一种合适的图形布局（可在右侧的预览窗格中预览图形效果及应用说明），如选择"图片条纹"。

（4）单击"确定"按钮关闭"选择 SmartArt 图形"对话框后，在当前幻灯片中即可看到已插入的预置 SmartArt 图形。

2. 编辑 SmartArt 图形

（1）因为默认的图形布局中仅有三个预置的形状位置，如果需要增加到六个，可切换到"SmartArt 工具"的"设计上下文"选项卡（确保 SmartArt 图形为选中状态），并在"创建图形"选项组中单击 3 次"添加形状"按钮，即添加三个新形状。

（2）在形状中添加产品照片，单击其中一个形状中的图片图标。

（3）在随即打开的"插入图片"对话框中，导航到存储产品图片资料的文件夹中，双击所需的图片文件，即可将其插入到 SmartArt 图形的相应位置上。

（4）重复执行"步骤（2）～（3）"相似的操作，以在其他形状中插入对应的产品图片。

（5）产品图片插入完毕后，分别单击每一个形状中的"文本"占位符，并输入对应产品的文本介绍（若在一个文本框中输入多行文本，需要使用软回车，即按"Shift"＋"Enter"组合键）。

3. 美化 SmartArt 图形

为了使幻灯片中的 SmartArt 图形具有更好的视觉效果，可以通过"SmartArt 工具"对其外观进行快速美化。

（1）更改颜色。在"SmartArt 工具"的"设计上下文"选项卡的"SmartArt 样式"选项组中单击"更改颜色"按钮，在随即打开的"颜色库"中，可以为其选择一种更漂亮的颜色。

如选择"彩色范围－强调文字颜色 5 至 6"。

（2）应用 SmartArt 样式。在"SmartArt 样式"选项组中单击"其他"按钮，在随即打开的"SmartArt 样式库"中选择一种合适的样式，如选择"优雅"样式。

（3）使用艺术字。选中形状中的某些需要突出显示的文字，然后切换到"格式上下文"选项卡，在"艺术字样式"选项组中，单击"其他"按钮，在随即打开的"艺术字样式库"中，选择一种合适的样式。

（4）至此，一个精美的 SmartArt 图形制作完毕，与普通的图形和文字比较而言，更简洁、更整齐、更具视觉穿透力。

（三）插入产品视频介绍

在产品幻灯片中，通过添加精彩的产品视频片断，可以进一步提高宣传片的感染力，进而达到更好的宣传效果。使用 PowerPoint 2010 制作宣传片，可以轻松地在其中插入并处理视频对象。

1.插入视频

（1）在产品演示文稿中，定位到需要插入视频对象的幻灯片中，然后在"插入"选项卡的"媒体"选项组中，单击"视频"下三角按钮，在随即打开的下拉列表中执行"文件中的视频"命令。

（2）在随即打开的"插入视频文件"对话框中，导航到存储产品视频资料的文件夹中，双击所需的产品介绍视频文件，即可将其插入到当前幻灯片中。

（3）视频文件被插入到幻灯片中后，用鼠标拖曳，适当调整其大小和位置。在视频对象选中状态下，或将鼠标指向它时，在其下方将会显示一个播放控件。借助此控件，可以自由控制视频的播放，以预览视频播放效果。

2.修饰视频

（1）确保选中幻灯片中的视频对象，然后在"视频工具"的"格式上下文"选项卡的"视频样式"选项组中，单击"其他"按钮，在随即打开的"样式库"中选择"映像左透视"效果。

（2）继续在"格式上下文"选项卡的"视频样式"选项组中，单击"视频形状"下三角按钮，在随即打开的"形状库"中单击"圆角矩形"形状。

（3）为视频对象设置一个"封面"。单击视频对象下方的"播放/暂停"按钮播放视频，当视频播放到一个具有代表性的画面时，再次单击"播放/暂停"按钮暂停视频的播放。接着在"调整"选项组中单击"标牌框架"下三角按钮，在随即打开的下拉列表中执行"当前框架"命令，即可将当前的画面设置为视频对象的"封面"。

（四）剪辑视频

PowerPoint 2010 提供了简单易用的视频裁剪工具，只需执行简单的操作，即可快速完成视频裁剪的工作。

（1）在幻灯片中，确保选中视频对象，然后切换到"视频工具"的"播放上下文"选项卡，在"编辑"选项组中单击"剪裁视频"按钮。

（2）在随即打开的"剪裁视频"对话框中，拖拽视频预览区域下方的绿色滑块调整开始时间，拖拽红色滑块调整结束时间，它们之间所截取的部分便是要保留的部分。

（3）最后，单击"确定"按钮关闭"剪裁视频"对话框，此时，在幻灯片中，即可通过视频对象下方的播放控制按钮，快速预览剪裁好的视频片断。

（五）幻灯片切换效果

在播放演示文稿时，增加恰当的幻灯片切换效果可以让整个放映过程体现出一种连贯感，还能让客户更加集中精力观看。

（1）在产品宣传演示文稿中，切换到"转换"选项卡，在"切换到此幻灯片"选项组中单击"其他"按钮，在随即打开的"效果库"中单击"立方体"选项，即可将该切换效果应用到当前幻灯片上。

（2）如若对所选择切换效果的默认设置不太满意，可单击"效果选项"下三角按钮来更改播放效果。如在随即打开的下拉列表中选择"自左侧"选项，从而让幻灯片的切换顺序变为从左侧开始。

（3）继续选择其他幻灯片，执行"步骤（1）～（2）"相似的操作，为它们分别设置其他切换效果。

（六）查看放映效果

（1）在演示文稿中，首先切换到"幻灯片放映"选项卡，然后在"开始放映幻灯片"选项组中，按住"Ctrl"键的同时单击"从当前幻灯片开始"按钮。

（2）此时，演示文稿便开始在桌面的左上角放映。在幻灯片的放映过程中，如若发现某项内容出现错误，或者某个动态效果不理想，则可直接单击演示文稿编辑窗口，并定位到需要修改的内容上，进行必要的修改。

（3）修改完成后，单击放映状态下的幻灯片，即左上角处的幻灯片，即可继续播放演示文稿，以便查看和纠正其他错误。

二、投影胶片制作

使用幻灯投影机介绍企业和产品，是企业的宣传手段之一。然而如何用较低成本制作出高质量的投影胶片呢？下面介绍一套制作幻灯投影胶片的方法：

（1）准备好所需图片、资料。

（2）将资料扫描入计算机，在 Photoshop 中修改至满意为止（如擦去杂点、补上不清晰的线条等），特殊图片也可用软件画出。

（3）通过剪贴板输入至 Word 文件中，排版并写入相应的文字说明。

（4）通过喷墨打印机或激光打印机打印到复印纸上。

（5）用复印机将纸上的内容复印到投影胶片上。

课后任务训练

一、用计算机制作一张"标题"幻灯片。

二、用计算机制作一张"普通"幻灯片。

一、任务模块

学校要求各系调查学生喜欢球类活动的情况,包括全系和各班人数,喜欢篮球、排球、足球、乒乓球的人数,各自占全系和全班人数的比例,写一份调查报告,并制作表格和图形展示各班学生喜欢球类活动的情况。选择1～2项学生最喜欢的球类,组织一次比赛活动,并制订计划和流程图。学校下周一听取各系调查情况和比赛安排的汇报,要求各系制作 PowerPoint 幻灯片进行汇报。

二、目的和要求

(一)目的:培训和检查企业信息加工制作的职业能力。

(二)要求:掌握与以下职业能力相关的知识和操作要领:

1.了解需求者编制文件的主要内容、具体要求和使用意图。

2.准确和有效地通过文件的信息源收集信息,开展调查研究。

3.根据文件的目的选择适当的呈现信息的方法,使信息表达准确、简明、生动。

4.对已选择的信息进行全面、综合地处理,确定编制文件的结构和内容。

5.熟练地通过计算机相关功能准确地输入编辑信息,使编制的文件符合呈现信息的最优方法。

6.在编制文件过程中,确保信息的安全和保密。

7.检查做出的文件,更正和修改,并根据需求者的要求调整。

8.按照需求者意见保存文件、备份文件或打印文件。

三、模拟现场设计

(一)人员。每5～7人组成一个小组,分别模拟行政助理、系主任、班主任等。

(二)模拟办公室。

(三)办公设备及耗材:计算机、打印机(要有刻录功能)、空白光盘。

(四)模拟实施步骤

1.布置任务。系主任召开班主任会议,行政助理参加。系主任说:根据学校的通知精神,我们需要做三项工作:①调查各班学生喜欢球类活动的情况;②选择1～2项学生最喜欢的球类组织比赛,制订比赛计划和流程图;③下周一学校听各系汇报,要求做成 Power-Point 幻灯片进行汇报。系主任要求各班主任尽快完成调查,把调查结果向系里汇报。行政助理要汇总各班情况,写出调查报告,负责制订比赛计划、比赛组织工作流程图和汇报材料,并把汇报材料制作成 PowerPoint 幻灯片。

2.获取数据。

第一种方法:对本系各班做实际调查,获取真实的数据。

第二种方法:对本班做实际调查,然后依据本班的真实数据推断出其他班的模拟数据。

提示:每个人获取的数据,不必完全一样。

3.使用计算机编制调查报告。

①小组应该先讨论一下这份调查报告的写作方法,掌握方法后再分头构思自己的调查报告如何写。

②依据各班和全系喜欢球类的数据,制作电子表格。

③依据电子表格,制作柱状图,展示各班和全系喜欢球类的情况。

④依据全系喜欢各种球类的人数占全系总人数的比例,制作饼状图,展示学生最喜欢的球类。

4.征求对自己制定的调查报告的修改意见。

①征求对报告的格式、结构、布局、遣词造句的修改意见。

②征求对图表、图形制作的修改意见。

③征求对使用计算机处理文档的改进意见。

5.讨论确定比赛项目。

6.讨论制订比赛计划和流程图的内容和方法。

7.分别编制比赛计划和流程图。

8.征求对比赛计划和流程图的修改意见。

9.修改比赛计划和流程图。

10.依据写好的调查报告和比赛计划、流程图,制作 PowerPoint 幻灯片。

11.征求对 PowerPoint 幻灯片的修改意见。

12.修改 PowerPoint 幻灯片。

四、完成任务后每个人需要提交的工作成果

(一)用计算机制作的《学生喜欢球类情况的调查报告》。

(二)用计算机制作的《×球比赛组织实施计划和工作流程图》。

(三)用计算机制作的 PowerPoint 幻灯片。

提示一:这三份成果,必须是用计算机制作的,不是手写的,也不是复印的。

提示二:这三份文件,必须是自己亲手制作的,而不是用别人做好的文档粘贴复制的。

第八章　企业信息管理与安全

学习目标

一、知识
（一）掌握企业信息收集的基本原则
（二）掌握企业信息收集的基本方法
（三）掌握企业信息存储的基本方法
（四）掌握企业信息安全管理的基本方法

二、技能
（一）能够进入企业信息数据库存储和提取信息
（二）能够处理外来和本企业产生的文书
（三）能够办理文书立卷和归档

职场经验

长脚的试卷

　　某企业决定组织员工进行应知应会知识考试，负责此项工作的刘主任不敢怠慢，马上开始出题、拟卷、印刷、保管。个别员工找他透露一点"消息"，他坚持原则，拒绝透露只字片语。然而让刘主任没想到的是，临考前两天费经理把他叫到办公室，竟有8份试卷摆在案头。原来，费经理在单身宿舍检查卫生时，无意中发现了这些试卷。

　　到底是如何泄密的呢？面对公司领导的责问，刘主任大感不解："奇怪了，我使用的涉密电脑没人动过，按照规定也没有接入网络，使用的U盘和印好的试卷也做到了入柜上锁……难道试卷长脚了不成？"

　　追查到的结果出人意料：泄密源头锁定了打印机。

见刘主任一头雾水,费经理就告诉他:"你操作打印机不当导致泄密!"这个说法让他一时无法相信,脑袋摇得像拨浪鼓一般:打印机不会中毒、不会被黑,哪有泄密渠道?

原来,泄密的源头是李助理,他声称试卷是在刘主任的打印机上发现的。费经理的解释让刘主任恍然大悟:那天,自己急着打印一份样卷给领导审阅,在电脑上点击打印后半天也没打印出来,这才发现打印机纸仓内缺纸,于是关闭考卷文档、退出U盘、跑到其他办公室去打印。后来,李助理给打印机加纸后,机器立刻运转起来,一份严格保密的试卷被打印出来……

针对这件事暴露出来的问题,该公司邀请驻地保密专家为员工进行专题辅导。

"刘主任将试卷文本列入打印任务后,打印机因缺纸没有打印,后来又没有在电脑中取消打印,是造成考题泄露的原因。"对此,保密专家指出:"刘主任操作不当是主要原因,但也反映出硬件设备本身存在隐患。"他接着介绍说,这个隐患就是打印机的记忆功能,不法分子可能利用打印机送修的机会,植入扫描棒来窃取资料。保密专家还指出,现在多数打印机、复印机都像电脑一样有硬盘,存储或临时存储所处理的资料,而涉密横幅刻字、图片喷绘等随意到打印场所制作,更容易造成泄密。

职场忠告

防范硬件泄密有一些基本的方法。例如,涉密资料不能通过接入网络的共享打印机来打印,电脑与打印机之间不能选用无线连接方式,硬件维修要清除硬盘数据并送到指定的有保密资质的维修点,保密单位要尽量购买没有硬盘的打印机、复印机、传真机等。

第一节　企业信息收集与传输

企业信息的收集、传输和存储,是信息管理的重要工作,也是信息有效应用的基础。

一、信息收集

信息收集是指通过各种方式获取所需要的信息。信息收集是信息得以利用的第一步。信息收集工作的好坏,直接关系到整个信息管理工作的质量。

(一)信息收集的基本原则

1.准确性原则

信息要真实可靠,这是信息收集工作最基本的要求。因此,信息收集者就必须对收集到的信息反复核实,不断检验,力求把误差减少到最低限度。

2.全面性原则

信息要广泛、全面、完整。只有广泛、全面地搜集信息,才能完整地反映管理活动和企业发展的全貌,为决策的科学性提供保障。因此,要求信息收集者要尽一切努力保证信息的全面和完整。

3.时效性原则

信息要确保时效性。信息只有及时、迅速地提供给它的使用者才能有效地发挥作用。特别是决策对信息的要求是"事前"的消息和情报,而不是"马后炮"。因此,信息收集者要确保及时、迅速地收集和提供信息。

(二)信息收集的基本方法

1.调查法

调查法一般分为普查和抽样调查两大类。普查是调查有限总体中每个个体的有关指标值。抽样调查是按照一定的科学原理和方法,从事物的总体中抽取部分称为样本的个体进行调查,用所得到的调查数据推断总体。抽样调查是较常用的调查方法,也是统计学研究的主要内容。

2.观察法

观察法是通过开会、深入现场、参加生产和经营、实地采样、进行现场观察并准确记录(包括测绘、录音、录像、拍照、笔录等)调研情况。主要包括两个方面:一是对人的行为的观察,二是对客观事物的观察。观察法应用很广泛,常和询问法、搜集实物结合使用,以提高所收集信息的可靠性。

3.实验法

实验法能通过实验过程获取其他手段难以获得的信息或结论。实验者通过主动控制实验条件,包括对参与者类型的恰当限定、对信息产生条件的恰当限定和对信息产生过程的合理设计,可以获得在真实状况下用调查法或观察法无法获得的某些重要的、能客观反映事物运动表征的有效信息,还可以在一定程度上直接观察研究某些参量之间的相互关系,有利于对事物本质的研究。

4.文献检索

文献检索就是从浩繁的文献中检索出所需的信息的过程。文献检索分为手工检索和计算机检索。

手工检索主要是通过信息服务部门建立的文献目录、索引、文摘、参考指南和文献综述等来查找有关的文献信息。

计算机检索,是通过计算机模拟人的手工检索过程,由计算机处理检索者的检索提问,通过"人机对话"而检索出所需要的文献。目前计算机检索包括光盘数据库检索、网络数据库检索和互联网信息检索。

5.网络信息收集

网络信息是指通过计算机网络发布、传递和存储的各种信息。收集网络信息的最终目标是给广大用户提供网络信息资源服务,整个过程包括网络信息搜索、整合、保存和服务四个步骤。

二、信息传输

信息传输是指信息从一端将命令或状态经信道传送到另一端,并被对方所接收的过程,包括传送和接收。传输介质分有线和无线两种,有线为电话线或专用电缆;无线是利用电台、微波及卫星技术等。信息传输过程中不能改变信息,信息本身也并不能被传送或接收,必须有载体,如数据、语言、信号等方式,且传送方和接收方对载体有共同解释。

信息传输包括时间上和空间上的传输。时间上的传输也可以理解为信息的存储,例如,孔子的思想通过书籍流传到了现在,它突破了时间的限制,从古代传送到现代。空间上的传输,即我们通常所说的信息传输,例如,我们用语言面对面交流、用QQ聊天,用手机微信或其他跨平台的通信工具发送语音、图片、视频和文字,用计算机或手机网络发送电子邮件、发送公文等,它突破了空间的限制,从一个终端传送到另一个终端。

企业信息传输使用最多的方法是将信息制作成文本,然后通过纸质的(如公文)、电子的(如电子邮件)、口头的(如演讲稿)形式传输给接收方。

三、进入数据库存储和提取信息

进入数据库存储和提取信息,是企业行政管理人员应具有的职业能力。

(一)进入数据库

无论企业内部数据库,还是企业外部数据库,都有各自的进入方法和要求。一般情况下,数据所有方,都会对数据库进入者进行身份验证,所以,企业行政管理人员应该掌握数据库账号申请和密码设置的程序和要求,只有申请的账号和密码得到批准,才能进入数据库。

(二)存储信息

在数据库中存储信息和制作文本基本一样,需要使用操作软件输入文字、数字、制作表格、绘制图画、插入图片、幻灯片、动画等。

(三)提取信息

在数据库中提取信息,首先要通过各种链接、索引或按钮查找到所需的信息,然后再运用另存、复制、粘贴及其他下载功能进行提取。

四、企业文件收发管理

企业文件收发管理,是企业信息收集和传输的主要渠道。企业文件收发管理包括公文、信件、音像制品、照片、照相底片、电影胶片、实物等。企业文件收发职责,由企业办公室的行政管理人员承担。企业文件收发,包括外来的文件信息和自制加工的文件信息。

企业文件收发管理

(一)发文管理

发文管理是各级企业办公室工作的重要组成部分,是贯彻执行党和国家的方针政策,具体实现企业领导意图和开展工作的重要方式之一。发文管理工作做得如何,直接影响企业的工作作风、工作效率和工作水平。

制发公文的过程包括草拟、审核、签发、复核、用印、登记、分发等程序。这个过程就是对企业信息进行收集、整理、分析、加工制作和传送的过程。

1.草拟公文

草拟公文是企业行政管理人员的重要职责。草拟公文必须符合下列要求:

(1)要认真学习与研究有关的政策法规,准确把握政策界限。

(2)要认真领会企业领导的意图。

(3)要正确使用文种。

(4)引文、结构层次序数、计量单位、数字、紧急程度等一定要规范。

2.公文审核

公文送企业负责人签发前,需经企业办公室审核。负责核稿的人员,必须坚持实事求是、执行政策、精简、高效、精益求精的原则,及时审核,严格把关。审核的重点是:

(1)行文。是否确需行文,行文方式是否恰当;

(2)政策。是否符合党和国家的方针、政策;

(3)格式。是否符合《公文处理办法》和本企业的有关规定,文稿结构是否符合公文写作要求;

(4)文字。表述是否规范,包括字、词、标点、语句和逻辑结构是否准确、合理;计量单位是否符合国家标准;行文、数字、层次、序数、用笔用墨是否规范。

3.公文签发

严格按制度规定的签发权限签发公文,签发人应当明确签署意见,并签署姓名和时间。

4.公文复核、登记

(1)公文复核是为了防止遗漏和疏忽大意,确保成文的质量。

(2)发文登记就是把文件的基本信息在印制前登记下来,以便于查阅利用,如表 8-1 所示。

表 8-1　　　　　　　　企业发文登记簿

编号:

发文日期	发文编号	发文单位	文件标题	机密程度	事由	附件	备考

5.发文的用印

印章是代表企业职权的一种凭证和标志。公文加盖了印章,才能产生相应的效力。

6.发文的分送

分送是指从发文机关到收文机关的运行过程,一般可分为内送和外投两部分。内送是由秘书人员直接分送给机关领导和有关部门;外投是由机要通信人员送出。

投送文件既要快又要确保安全。无论内送外投都要建立投送登记手续,特别是送给领导的文件,更要严格履行登记手续。

(二)收文管理

收文是企业公文处理工作的一项重要内容,也是企业行政管理工作的重要组成部分。收文管理是指对收到当地政府、上级主管部门、合作伙伴等单位发来的公文的管理过程,包括签收、登记、审核、拟办、批办、承办、催办、反馈等。

1.签收、登记

收文登记是文件处理的重要依据,也是企业行政管理人员一项经常性的工作,要严格按照登记项目逐项登记,不得漏项,不得出现重号和跳号现象,如表 8-2 所示。

表 8-2　　　　　　　　　　　收文登记簿

编号：

顺序号	收文日期	来文机关	来文号	文件标题	份数	机密程度	备考

2.审核

审核的重点是：是否应由本机关办理；是否符合行文规则；内容是否符合国家法律、法规及其他有关规定；涉及其他部门或地区职权的事项是否已协商、会签；文种使用、公文格式是否规范。

3.拟办

拟办是指企业行政管理人员对来文应由哪位企业领导审批，哪一部门承办，以及承办过程中可能涉及的事项提出初步处理意见，以供领导批办时参考的工作程序，如表 8-3 所示。

表 8-3　　　　　　　　　　米尼公司文件传阅单

自 编 号		收文日期	
来文单位		来文文号	机密程度
来文标题			
附件			
拟办意见			
领导批示			
领导班子阅签			
办理结果			
办结归档			

4.承办

承办是指企业有关部门或有关人员对应办复的文件根据企业领导的批办意见进行具体办理的工作，是文件处理工作中的关键环节，也是具体解决问题的手段。

5.反馈

承办部门要及时向发文机关反馈办理结果。

课后任务训练

一、制作收文簿和发文簿。

二、收到一个上级的文件，是《人力资源社会保障部、财政部关于 20××年调整退休人员基本养老金的通知》[人社部发(20××)30 号]，请你做收文处理。

三、起草关于国庆节放假的通知，与组员合作完成发出这些文件，并将文件登记到收文簿、发文簿中。

第二节　信息的归档

一、信息归档的作用

企业信息的归档储存是企业信息存储的最重要方式之一，企业档案室是企业最大的信息存储库。企业档案室保存着企业建设历史上不同发展阶段和各个方面的档案资料，既包括纸质档案，也包括音像档案和电子档案。企业信息归档存储的作用主要有两个方面，一是提供利用，二是历史佐证。档案对企业来说是有价值的信息资源，而且是准确的、可访问的、容易查找并能够迅速找到的信息资源。

二、信息归档的方法

企业档案存储方法，包括手工存储和计算机存储两个方面。实际上，现代企业档案存储同时采用手工存储和计算机存储方法，既可在纸质介质和电子介质间相互交换，又可互补。

（一）手工归档

传统的信息档案存储的方法是在纸上记录，然后由人工保存在办公室的档案柜中。这仍是现代企业最常用的归档方法。所有企业都有纸面记录，需要排序和存储在档案管理系统中。

手工归档也可用于存储计算机信息，例如磁盘、手册、CD-ROM等。

1. 手工归档系统的优点

（1）容易理解和使用，不需要特殊的知识；（2）一旦找到，就能阅读；（3）不需要昂贵的设备。

2. 手工归档系统的缺点

（1）档案夹占用许多空间；（2）档案夹能被火、潮湿和蛀虫破坏。

3. 纸面文档存储方法的区分

文件夹是专门装整页文件用的，主要目的是更好地保存文件，使它整齐规范。在手工归档系统中有许多不同的文件夹用来保持纸面整洁，如表8-4所示。使用哪种方法更适当，取决于纸的类型、文件夹大小和文件使用的频率。

纸面存储方法可用下面的特点来区分：

（1）颜色。不同颜色能使归档更容易分辨。例如，红色拉杆拱形文件夹存放2018年的发票，绿色的存放2017年的发票；（2）加标签。清楚地标注档案的类型、立卷时间、案卷名称，能使归档系统中的每一个文件容易分辨；（3）带突出物的文件夹。扁平文件夹带有小突出物，能加上标签使文件在归档系统中容易找到；（4）不同的材料。文件夹可用不同的材料，例如不同重量的卡片、塑料、透明材质。材料的选择取决于文件夹使用的频率和费用。

表 8-4　　　　　　　　　　　　　　　　存储纸面文件的方法

种类	特点	适用	优点	缺点
平面夹	简单折叠的卡片	存储偶然使用的几页纸,大小不同的文档、偶然使用的文件	便宜;简单;存储不同大小、不同厚度的文档等;可悬挂存储	纸张是松散的,纸页是不固定的;无秩序
有孔夹	带有金属叉形物和压缩条	穿孔后放置,保持纸张固定;可带有口袋用于存储磁盘	固定纸张顺序;可悬挂存储	文件穿孔使归档耗时;不宜存储厚文件,不便取出纸页
展示夹	经常预先在上面打印公司标志和信息	在会议上给顾客展示,存放会议执行官和高管用的文件	高质量展示公司良好形象	昂贵;不适合日常归档;文件不固定,无秩序
环形夹	带有圆环的文件夹,存储穿孔的文件	存储常用的文档,例如发票	固定的;有秩序;单个文件易取出;用间隔物分开不同部分	纸张必须穿孔
塑料透明袋	与环形文件夹一起使用;文档能存储在口袋中	适合于需要保持清洁的重要文档;适合较大尺寸,例如 A3 和 A2 的设计图	不同大小的透明袋不用触摸文件就能看到,能保持清洁、整齐;易保存常用文档	昂贵;占空间;易变得没有秩序
文件盒	结实,带有弹簧夹,保持内容整齐	存储传单小册子和其他体积大的物品;适合档案存储	结实;保持文件整洁	体积大,占空间;不适合悬挂
拉杆式拱形夹	结实;较深的文件夹;带有金属物,存储穿孔的文档	存储量大的文档、订购单、发票	结实;存储量大的文档;文件能保持秩序;能用间隔物分开不同的部分	体积大,占空间;不适合悬挂

（二）计算机归档

以数据库、电子表格、文字处理或其他应用程序的形式记录的信息,能以适当的计算机存储形式保存,例如软盘、硬盘、网络位置、CD-ROM、磁带。无论使用哪一种方法,都应该定期进行备份。这些备份应该存放在分开的地方。

1.计算机归档系统的优点

（1）存储空间大;（2）信息定期更新;（3）可减少办公室中存储的纸面文档数量;（4）保存在网络系统的信息能容易、迅速地由不同办公室的人员找到;（5）可避免重复,计算机中的文档不需要纸面复印件。

2.计算机归档系统的缺点

（1）需要一些计算机操作的知识;（2）需要昂贵的设备;（3）信息能被病毒破坏;（4）长期存储可能成为问题,因为计算机设备和系统会过时和升级。

3.网络化电子文档管理系统

网络化电子文档管理系统,是对各种电子文档、重要档案、资料、文件进行压缩、加密并存储到统一的地方——文件服务器,进行统一管理与控制的系统。

（1）优点:节省空间;能容易地制作备份;保存在网络系统上的信息能直接由用户从他们的计算机上访问;不同的查找方法使查找文件更容易;实现无纸化办公。（2）缺点:要求有昂贵的设备;需要一些操作知识;查找的质量和使用的难易程度取决于系统初始设置;出现网络或计算机故障可能意味着不能访问信息。

三、跟踪文档

当文档从一个系统中取出时,应记录该文档的去向,使其他用户能迅速找到该文档。在小型企业中,可能没有正式的系统来做这些记录,需要询问办公室中的其他人员。在较大的企业中,会有书面记录为取走的文件保留信息,可能以文档借出日志或文件跟踪卡的形式进行记录。

(一)文档借出日志

保留一本日志簿,如表8-5所示,当管理人员取走文档时,在日志上签名,当还回来时再签名表示还回。如果找不到一个文档,可以检查日志簿,查看文档是否被取走,如果是,可查看谁在使用它。

表 8-5　　　　　　　　　　文档借出日志

借出日期	文档名	借出人	部门	归还日期	签名
20××.2.4	健康和安全文档	韩明奇	产品	20××.3.4	韩明奇
20××.3.4	亚洲进口商	赵恒武	销售		
20××.3.5	购物中心	孙华	销售	20××.3.5	孙华

(二)文件跟踪卡

文件跟踪卡是一张卡片,上面是取走文件的人员详情,借出文件时放置在文档原来所在的归档位置上,如表8-6所示。任何其他想要这份文件的人一检查到文档存放的位置,就知道是谁在使用该文档。当文档归还时,填写好跟踪卡并返回到系统中以待重新使用。

表 8-6　　　　　　　　　　文件跟踪卡

跟踪卡		标签部分突出于文件夹表面,以易看到、取出和检查			
借出日期	文件名	借出人	部门	归还日期	签名
20××.2.4	健康和安全文档	韩明奇	产品		韩明奇

四、档案存储部门

档案存储部门分为集中化归档和部门归档。集中化归档就是归档系统位于企业档案中心,在中心内集中管理,也就是把档案集中在企业档案室存储;部门归档就是在单个部门和办公室中进行存储。

在企业中一般同时采用两种归档系统的组合。机密文档如人事文档在人事部门归档。日常文件或文档在部门内分类存放,年终或一项工作完结后转送到档案室存储。

1.集中化归档的优点

(1)使用更好的设备;(2)更有效地使用空间,因为省去了每一个部门中的存储空间;(3)培训过的专业管理人员能消除归档错误,迅速提取文档;(4)能使用统一的标准化分类系统;(5)能制定和实施标准化程序进行存储检索;(6)统一标准的归档监督,可保证保留准确的跟踪记录;(7)减少各部门内的文件重复。

2.集中化归档的缺点

(1)机密性难以保证;(2)文档不像在自己办公室中一样使用方便;(3)因为文档需花

时间提取或传递,可能引起工作延迟;(4)标准化的分类系统可能满足不了不同部门的不同需要。

五、档案目录

档案目录是由档案室编制的,由众多条目组成并按一定次序编排,是档案信息查找工具,是档案检索系统的重要组成部分。档案目录分为手检目录和机检目录两大类。

1.手检目录由人工制作,是可直接查找档案的检索工具,常见的有卡片式和书本式两种形式。目前我国仍以手检目录为主,其中常用的有卷内目录、案卷目录、分类目录、全宗目录等。

(1)卷内目录:每本案卷都有一个卷内目录,装订在案卷封面和卷内文件第一页之间,把组成案卷的所有文件按前后顺序进行登录。

(2)案卷目录:实际上就是把卷内目录集合起来,形成一个年度的案卷目录合订本。案卷目录,即是登录案卷内容和成分并按一定次序编排的一览表,也称案卷名册,是最基本的档案检索工具。其主要作用有:①固定全宗内档案分类体系和案卷排列顺序;②登记和统计档案的基本形式;③查找档案最基本的检索工具,并为编制其他检索工具提供数据单元。

案卷目录必须按全宗编制。全宗是一个独立的机关、组织或人物在社会活动中形成的档案有机整体。一般情况下,独立存在的社会团体、企事业单位在成立、成长过程中形成的全部档案材料为一个档案全宗。一个全宗每年编一本或几本案卷目录。其类型基本有两种:一种是以全宗为单位编制的综合目录,另一种是以全宗内各种门类的档案编制分册目录。分册目录一般以全宗内的类别为单位,或按保管期限、年度、阶段、机密程度为单位分别编制(以类别为单位编写的全宗目录分册也就是后面所讲的分类目录)。目录类型的选择和设置的数量,应考虑便于档案的检索和管理。

(3)分类目录:就是把案卷目录按类分成若干个目录分册。有两种分类方法:①按档案内容分类建立分类目录,将同一类型的档案案卷登录在一个目录册中,任何一个单位的档案室都有档案分类的明确规定。②按档案保管年限分类,将同一保管年限的案卷登录在同一目录册中。在实际的档案管理工作中,档案立卷都是按分类和保管年限分别组卷的。所以,各个企业档案室也都会在建立案卷目录的基础上建立分类目录,而且是既有按档案内容分类建立的分类目录,又有按保管年限分类建立的分类目录。

(4)全宗目录:就是把一个全宗档案的全部档案,包括各年份、各类别、各保管期限、各密级的档案目录全部汇集到一起,编成若干个分册。

2.机检目录一般有机读和缩微两种形式。机读目录是把记录文件或案卷特征的文字、图形、数字和符号转换成机器可以识别的代码输入计算机,以特定的格式存储于计算机磁带、磁鼓或磁盘上,检索时经过特定的程序转换成文字并编制成各种目录,显示在屏幕上或直接打印成各种目录;缩微目录是将手检目录拍摄在缩微胶片上,检索时借助阅读器将其放大,显示在屏幕上。

六、档案立卷

公文立卷,是企业信息档案归档管理和提供利用的基础条件。《档案法》《档案法实施办法》和档案管理的国家标准,都为档案立卷提供了依据。其中公文立卷占整个档案立卷的八成以上,做好公文立卷是做好档案立卷的可靠保障。

（一）公文立卷的方法

公文立卷的具体方法主要有:按作者立卷、按问题立卷、按名称立卷、按时间立卷、按地区立卷、按收发机关立卷等。下面介绍较常用的四种立卷方法。

1.按作者立卷。作者是指制发文件的机关。按作者立卷,就是把同一作者的文件组成案卷,这种立卷方法特征明显,便于查找利用。

2.按问题立卷。就是把内容有共同点的文件组合在一起立卷。按问题立卷是一种较为常见的立卷方法,由于机关的工作活动都是围绕贯彻执行有关的方针、政策,解决处理各种问题,完成各项工作任务的,因而在解决问题的过程中会形成许多文件材料,每一个文件的形成都反映了这一问题的处理过程。

3.按名称立卷。按名称立卷是把相同的文件组合在一起立卷。通常将命令、决定、通知、报告、函等文件按文件名称立卷。

4.按时间立卷。按时间立卷是指把属于同一时间阶段内的文件组合成案卷。文件的时间特征指文件的形成时间和内容所指时间两个方面,同一年度的文件集中在一起,便于反映本年度机关工作的全貌,历年的文件依次排列下去,可以反映机关工作的延续性,便于分阶段地考察机关工作的发展变化。

（二）公文立卷归档的步骤

公文立卷归档的步骤分准备、立卷、归档三个阶段。

1.准备

(1)收集文件。立卷材料的收集工作是档案工作的基础,公文立卷人员要注意平时对文件的收集,将本机关需要立卷的文件材料及时集中到一起,以免散失。本机关的发文要有专人负责将原稿、印本及附件等收集齐全、完整,以便随时向立卷部门集中。同时,要建立收文制度,将收文及时、完整地向档案部门移交。

(2)鉴别与归卷。在对文件进行收集之后,就要及时进行整理、鉴别和归卷,并进行分类。不同保管期限的文件,要按本机关保管期限表的要求将永久、长期、短期保管的文件初步分开。注意把保密文件单独分开。

(3)要编制归卷类目。归卷类目是为了方便公文的立卷而设置的一种文件分类目录。归卷类目是由类目和条款两部分组成的。类目设置按本单位档案分类方法进行。在设立了类目之后,就要设立条款并进行编号,条款是案卷类目的主要组成部分,是案卷包括的内容,也是编制卷内目录的基础。编制归卷类目要遵循以下原则:①必须符合本单位档案分类规定,不同类别的文件不能立为一卷;②一件公文的原件和底稿要同时立卷;③请示和批复要同时立卷;④正文和附件要同时立卷;⑤一本案卷不能超过200页,超过200页要分立两卷;⑥不同保管年限的文档必须分开立卷;⑦不同保密级别的文档必须分开立卷。绝密文件一份一卷。这是因为在一卷档案里有一份秘密文件则全卷定为秘密,有一份文件是机密则全卷定为机密,有一份文件是绝密则全卷定为绝密。如果和非密文件混合立卷,就会造成非密文件也被保密起来,导致没有接触秘密权限的人无法查找利用。

2.立卷

(1)检查与调整卷内文件。要检查文件是否齐全、完整;是否符合归档范围的要求;是否保持了文件之间的历史联系,与归卷类目是否吻合,运用特征是否准确;卷内文件的保存价值是否一致;卷内文件数量是否过多或过少。

(2)排列卷内文件顺序。卷内文件一般按照作者、地区、名称、时间、重要程度、文件往来机关顺序排列。排列时要注意按问题特征立卷,不能混排。

(3)编排页码。排列案卷顺序之后,要拆除文件上的金属装订物,以免金属物日久氧化锈蚀文件。同时要对文件进行修补,凡在装订线左侧有文字的文件材料,要在左边加边取齐,右边叠起;尺寸不足规定尺寸的要加纸裱糊衬托;破损的要进行修补。修补完毕要以卷为单位,用阿拉伯数字编写张号,张号应编在文件材料的右上角,一张只编一个号,背面不编。

企业档案立卷
的方法和步骤

(4)填写卷内文件目录及备考表。每个案卷都应填写卷内文件目录,用来介绍本卷内文件的内容,以便于文件检索查阅。卷内文件目录包括顺序号、文件作者、文件标题、文号、文件日期、所在张号、备注。案卷的备考表是案卷的最后一页,主要用来记述卷内文件的实有张数、立卷日期、立卷人姓名,并留出空白以备说明本卷文件保管使用的有关情况、卷内文件的变动情况。

(5)拟写案卷标题。案卷的标题是对案卷内文件名称的概括,其作用在于准确地揭示案卷的内容,为卷内文件查找提供可检索的渠道。案卷标题应简明、朴实、概括,具有政治上的严肃性、结构上的完整性、文字上的准确性、逻辑上的合法性。

(6)填写案卷封皮并进行装订。案卷的封皮是案卷的外表,填写好案卷封皮,可使立成的案卷美观整齐,便于编制案卷目录和查找利用。案卷封皮上应填写的项目一般包括:机关名称、机关内部组织机构名称、案卷名、机密等级、卷内文件的起止日期、文件页数、保管期限及全宗号、目录号、案卷号等。为了便于对案卷的保护,要对案卷进行装订或装盒,在对卷内文件进行检查后,用白线将案卷封皮和卷内文件订在一起。

(7)编制案卷目录。把本年度的案卷经过分类、排列,再进行编号、登记、造册,就形成了本年度的案卷目录。

3.归档

(1)案卷的归档是把一年中立成的案卷移交档案室集中保管,以保证机关档案的完整,便于查找利用。

(2)在移交之前,所移交的案卷的质量要经过档案部门检查验收。检查验收的内容包括:①归档文件是否齐全完整,有无重复;②是否遵循文书立卷的原则进行立卷;文件和电报是否保持内容联系,合并整理,统一立卷;③绝密文件是否在卷皮上盖有绝密字样专用章;保管期限是否准确;④永久、长期、短期保管的文件是否分开立卷;⑤对归档文件的数量和移交目录也应检查验收。

(3)归档工作一般应在次年的3月份完成,最迟不能超过6月份。

(4)完成了归档工作,文件材料就正式转化为档案。

课后任务训练

一、根据存储纸面文件的方法，练习保存纸质档案。在档案上贴上标签，制作归档案卷目录表。

二、到附近的档案室参观，写一份不少于600字的参观总结。

三、收集《档案法》《档案管理工作规定》等文件，了解其内容。

第三节　信息的保密和安全

新时代室内装饰公司正在筹划推出一个新产品设计方案，公司高层期待着这个新方案的出台，能够战胜竞争对手，取得一个新建北美风情超大社区的装修设计和施工委托书。就在距离招投标会议还有十天时间时，竞争对手率先在《装饰新潮》杂志上发表了与新时代室内装饰公司新产品设计相同的设计草图。一时间新时代室内装饰公司被推到悬崖边上，因为如果丧失北美风情超大社区的这单生意，公司只能倒闭，而若获得这单生意，公司的经营就会蒸蒸日上。全公司上下一片惊慌，几乎每个人都把矛头指向新产品创意设计师李木子女士，怀疑她为钱而背信弃义，把创意卖给了竞争对手。

在警方的帮助下，李木子凭借自己的智慧终于抓到了窃取新时代室内装饰公司商业机密的赫新昌，他是十年前被新时代室内装饰公司开除的一名设计师。赫某利用与新时代一些人的相识，偷着用肥皂压制了新时代设计室钥匙的模型，配制了钥匙，潜入设计室偷走了设计图，并高价卖给了新时代的竞争对手。

窃贼被抓，新时代室内装饰公司商业泄密案大白于天下，新产品设计的知识产权得到了法律维护，窃贼和竞争对手都受到了应有的惩罚，李木子沉冤昭雪，新时代室内装饰公司如愿以偿地拿到了北美风情超大社区的装修设计施工委托书。

一个公司的信息系统建立得再好，如果被竞争对手窃取了，这些本来很重要的信息也就变成了过时的垃圾，所以在信息管理的各个环节都要时刻有保密意识。这就需要员工知道工作中哪些信息是属于保密的，通常的泄密渠道有哪些，以及如何防范。

一、商业秘密的范畴

商业秘密，是指不为公众所知悉、能为权利人带来利益、具有实用性并经权利人采取保密措施的技术信息和经营信息。对于商业秘密，主要依靠企业采取保密的方式形成事实上的独占权。其特征有三：一是非公开性；二是价值性；三是保密性。非公开性与保密性二者密切相连，尤其是保密措施在商业秘密侵权诉讼中有举足轻重的作用。

在工作当中接触到的大多数的工作或多或少地都包含有秘密的"成分"，如新产品的开发计划、测试报告、试验过程及有关数据、芯片、图纸、产品软硬件设计文件和技术文件，市场供销网、客户名单、销售合同和定价策略，公司的人事档案、财务报表、融资及投资信息,生产计划、物料清单、供应商名单、生产流程和工艺设备、品质管理方式和生产成本及经济合同的履行情况、公司法律诉讼状况等,都属于商业秘密。

二、常见的泄密途径与对策

保密信息可以通过计算机网络、客户、供应商、合作单位、文件管理不当、学术交流、客人参观、招聘信息、展览会等途径传播出去。所以一定要有高度的保密意识,防止信息泄露,比如,电脑要设置开机密码、网络密码及屏保,而且要经常更换密码;在与客户、供应商、合作单位以及在学术会上、招聘会上等对外交流的过程中不要"知无不言、言无不尽";对各类文件要做好管理,如准备文档查阅登记表,明确员工的查阅权限,机密、绝密文件在无人状态下锁起来,将含有秘密的废弃文件及时销毁;不要让陌生人随便进入员工的办公区,对于公司以外人员的提问要"酌情回答",涉及商业秘密的信息不要随意透露。

三、计算机安全措施

1.显示器应放置在来访者或过路人看不到屏幕的地方。

2.如果来访者走近时,或迅速滚动页面,或将亮度旋钮关小,或关闭显示器,或保存你的工作成果并退出程序。

3.不要在周围留下保密的打印材料,如遇到打印机故障时,要先清除电脑中的打印文件才能送修。

4.如果有人索取信息,在提交信息之前,应向你的上级核对无误。

5.计算机可以安装警报系统,警告可能的窃贼。

6.每一个使用者应该有自己的 ID 识别码,以决定特定工作人员的访问级别。除了 ID,用户还可以有密码。

7.密码必须保密,经常更换,要记住不要写下来,并使用独创的而不是显而易见的词。

8.如果怀疑一张磁盘带有病毒,必须进行查毒。如果发现病毒,磁盘必须进行杀毒。因此工作时必须经常备份。备份和原件存储在安全的地方,永远不要留在桌子上。磁盘不能保存在过热和过冷的地方。

9.绝对不要在你的机器上安装借来的程序。

10.计算机禁止远程控制。所谓远程控制,是指管理人员在异地通过计算机网络异地拨号或双方都接入 Internet 等手段,连通需被控制的计算机,将被控计算机的桌面环境显示到自己的计算机上,通过本地计算机对远方计算机进行配置、软件安装、修改等工作。

四、文档的安全措施

1.资料应立即归档,不应该留在桌子上。

2.文件柜应锁好,当工作人员离开办公室时,应锁上办公室的门和办公桌的抽屉。

3.复印完成后,应从复印机的玻璃板上拿走原件。

4.职工在参加工作时即应被告知:不能与其他工作人员、客户、用户、朋友或亲属讨论本单位的业务和保密文档内容。

5.信息、文件只应发放给被授权的工作人员,并要求签收。

6.用邮件发送保密信息,无论是向外部还是内部,永远都要用封口的信封,并要标记"秘密"或"保密"。

7.为了确保安全,一些非常保密的信息可以由工作人员亲自送交收件人。

8.当传真保密信息的时候,应保证接收设备有保密功能,如果没有,在发传真之前打电话给收件人,使对方等候在传真机旁收取。

9.应陪同来访者到他们要见的工作人员处。

10.收取电子邮件使用单独的密码。

11.不再需要的保密文档应当粉碎。

12.文档应保存在防火柜中。

13.保密文档在办公室之间传递时,应始终放在文件夹中携带,以防纸页落下。

五、特定类型信息的保密和安全

特定类型的信息,应保持保密和安全,例如,人事档案、财务信息、产品和服务信息、客户详情等。无论是纸面的和计算机的信息,应该小心保证其安全和不丢失、不被偷或到处乱放。这些信息对企业是很重要的,如果不该得到的人得到它,可能被乱用或误解。不该得到信息的人可能是:竞争对手的工作人员、出版界和新闻媒体人员、承包人员、清洁工和其他在单位中工作但不是被单位聘用的人员。

六、防范泄密

一些国家制定法律来控制信息的使用,特别是涉及计算机内的信息,例如,在英国有数据保护法案。企业一般也会制定相关的制度来控制数据泄密。防范泄密的方法,主要有以下几种:

（一）技术方法

大量的泄密是通过计算机和拷贝,所以技术泄密的问题必须用技术的方法去解决,比如加载防止拷贝的软件。既要设置专人进行监管,也要通过技术方法进行监管。

（二）分割条块,稀释机密

企业不妨根据信息的价值,来确定保密的等级和涉密的人群。由于一个项目的开发需要众多人的合作,如果部门之间完全没有秘密,那么公司也就没有秘密了。因此,有一个重要的保密原则就是稀释核心机密,让需要的人只知道可以知道的东西。也就是说,把一定的事项方案和计划分成若干部分和环节,允许不同的人知道,但每一个人只知道自己的一部分,谁都不清楚全部,也就是不把鸡蛋放在同一个篮子里的原则。

（三）严格授权和问责

要建立严格的授权制度,以及泄密的问责制度。对于企业的核心机密要明确可以使用、知情和接触的人员范围,未经授权任何人不得接触和使用。

（四）注重岗位管理

确定关键岗位和关键部门,实施重点防护。同时从内部流程制度建设上,完善保密程序。尤其对于研发、财务、信息系统等核心部门,更要注意其人员的素质水平,不仅要注意管理和激励,更要让他们感受到信任和责任感。同时,企业要关注员工的情绪和心理感受,以防产生恶意的泄密现象。

（五）健全制度

企业不仅要加强员工的保密教育和培养员工的保密意识,还要根据企业的具体情况制定保密制度。比如,与核心员工进行竞业禁止协议的签订,电脑硬盘的管理,离职前的交接,客户信息的集中管理等。

道德与利益的博弈,无时无刻不存在。邓小平曾经说过:"在安全战线上没有朋友。"对于企业来说,如何让离职员工心中充满感恩而不是怨恨,甚至依然是企业的朋友,的确需要一种文化的境界。

课后任务训练

列出四项可能泄密的事例,讨论防止信息泄密的方法。

实践课堂

一、任务模块

（一）米尼培训中心档案室,有一摞上一年形成的档案材料。根据本企业档案管理办法的规定,档案管理人员,应对这些档案资料进行整理、立卷、归档。

（二）几张学生考试成绩等待录入。

二、目的和要求

（一）目的:培养和检验企业信息的查找、提取和存储的职业能力.

（二）要求:掌握与以下职业能力相关的知识和操作要领:

1.利用现有的各种方法存储和检索信息。

2.尽快将信息存储在适当位置。

3.更新记录表明信息已被存储。

4.查找对方要求查找的信息。

5.能够对已经借出的信息(资料)清楚、准确地提供去向。

6.确认丢失或过期未还的信息(资料)并按正确的程序汇报和查找。

7.确保不会丢失或损坏信息及其附带的内容。

8.在要求的时间内,以要求的形式将信息送达信息需要者。

9.正确处理任何保密信息。

三、模拟现场设计

（一）人员:每5～7人为一个小组,分别扮演行政助理、秘书、档案员等。

（二）模拟档案室,桌椅、档案柜、纸笔、计算机。计算机要安装档案管理软件和学生成绩管理软件。可以使用本院校的档案管理软件。院校的档案分类和企业档案的分类方式不同，但是立卷、存储、查找利用的程序是一样的。

（三）模拟档案资料若干份、档案查询目录、档案借阅登记簿、档案利用登记簿。对档案资料的要求：1.门类基本齐全，包括党群、行政、人事、教学、科研、基建、设备各大类。2.保存期限要全，永久、长期、短期保存的档案资料都要有。3.保密级别要全，绝密、机密、秘密、不保密的文件都要有。4.都是同一年形成的文件、资料。

（四）模拟一个班级一部分学生的成绩单。

（五）模拟实施步骤

1.档案鉴定、立卷、归档模拟步骤

（1）对档案资料进行鉴定和分类

①将不具保存价值的资料分拣出去，按本单位的档案销毁程序做销毁处理。

②按本单位的档案分类方法，将同一类的档案归集到一起。

③按本单位的档案保密等级划分规则，确认每一份文件资料的保密等级。

④按本单位的档案保管期限划分规则，确认每一份文件资料的保管期限。

⑤对同一类的文件资料按形成时间顺序排列。

（2）立卷

①按本单位档案立卷规则进行组卷。

②一年内形成的同一类文件资料组成一卷。

③一卷档案的页数不能超过200页，如果超过，应该分成两卷。但绝对不能将一份文件分成两卷。

④一份文件的原件和底稿同时组卷，原件在前底稿在后；一份文件的正文和附件同时组卷，正文在前附件在后；请示和批复同时组卷，批复在前请示在后。

⑤不同保管年限的文件资料必须分开组卷，因为到期的档案是要销毁处理的。

⑥不同保密等级的文件资料也应分开组卷。绝密文件应该单独立卷。

（3）为案卷编写页码

①不能带铁钉、不能将文字压在装订线下、不能脱落。

②尺寸大于A4纸要折叠取齐，尺寸小于A4纸要加纸裱齐。

③破损的要修补，用墨不符合要求的要加附复印页。

④编码写在右上角，一页纸只编一个号，背面不编号。

（4）填写卷内目录和备考表。

（5）拟写案卷标题。

（6）填写案卷封皮。

（7）装订。

（8）归档。按分类、按年度整齐地排列在档案柜中。

（9）计算机录入卷内目录。档案管理软件，会根据输入的卷内目录自动生成各种查询目录。如果软件没有设置生成查询目录功能，需人工手写编制查询目录。

（10）对鉴定、立卷、归档和档案信息录入过程进行观察监督，发现问题立即纠正，并把档案鉴定、立卷、归档和信息录入所有过程如实记录下来。

2.借阅档案模拟步骤

(1)学生管理人员从门外走来,档案员起立迎接。学生管理人员提出,要查找三年前一位毕业生的毕业生登记表。档案员开始查找:

①档案员走到排列查询目录的桌台前,拿出三年前的档案目录簿,翻阅到教学类,又翻阅到学生管理分类,再翻阅到毕业生小类,档案员用手点着目录一个一个的查找。

②档案员抬起头来,示意找到了。他把目录递给学生管理人员看,学生管理人员请他把这份档案找出来。档案员拿起一本档案借阅簿,要求学生管理人员先办理借阅手续。

③在学生管理人员办好借阅手续后,档案员走进档案库房,看到一排档案柜挂着教学类的标签,他拉开这排档案柜,找到存放三年前档案的位置,熟练地取出这份档案。翻到要查找的档案页。

④档案员一手托着档案案卷,一手按着查到的毕业生档案页,从档案库房走出来,递给学生管理人员查阅。学生管理人员查看后,说:"对了,我要的就是这份档案。不过我还要查看这名毕业生的录取登记表。"档案员说:"请你再填写一份档案借阅登记表。"

⑤在学生管理人员办好第二次借阅手续后,档案员又到档案库中查找到这个毕业生的录取登记表。

⑥学生管理人员提出把这两本档案拿走,复印这个学生的录取和毕业登记表,以便为他办理毕业生证明。档案员说:"档案未经批准任何人不得带出档案室,更不允许带出去复印。如果你必须复印,请你写一份申请。"接着,档案员递过一份《档案资料复印申请书》。档案员接着说:"需要经过你们单位的领导签字和办公室主任批准,在档案室为你复印。"

⑦学生管理人员拿着批准的《档案资料复印申请书》进来,档案员热情地接过来,存放在一个夹子里,然后为学生管理人员复印了这两张档案页。学生管理人员拿着复印件,高高兴兴地走了。

(2)秘书从门外走进来,档案员起立迎接。秘书提出要查找一份重要档案,但只知道文件名称,不知道档案编号和发文时间。档案员开始查找:

①进入档案管理软件系统,输入查找文件的名称,档案管理系统显示,该文件所在档案案卷的编号、形成的时间、在档案柜中存放的位置。

②档案员根据计算机系统显示的案卷编号,查找到纸质的档案目录,查到这个文件的所在位置与系统显示相一致。

③档案员拿起一本档案借阅登记簿,请秘书填写。

④档案员进入档案库房,秘书欲跟随档案员一同进入,档案员挡住秘书说:"这不行!"又接着说:"按保密规定,未经办公室主任批准,您不能进入档案库房,请您在阅卷室等候。"

⑤档案员拿着一卷档案递给秘书,秘书想拿走,被档案员挡住,说:"未经领导批准,档案不能带出档案室,你只能在这里查阅。"

⑥秘书看完档案,站起来要走。档案员走上来,递给他一本《档案利用登记簿》,说:"请填写利用登记表。"秘书填完后离开。

(3)相互转换角色,反复演练借阅档案过程。做好对借阅档案的观察记录。

3.学生成绩录入和提取模拟步骤

(1)学生成绩录入模拟步骤

①开启学生成绩管理软件系统。

②输入账户名和密码,进入系统首页。

③按动连接按钮,进入成绩管理界面。

④按动学生所在系连接按钮,进入该系界面。

⑤按动学生所在班级连接按钮,进入班级界面。

⑥输入学生代码,打开学生成绩表,输入学生成绩。

(2)学生成绩查找和提取模拟步骤

①~⑤与成绩录入相同。

⑥输入学生代码,打开学生成绩表,选择需要的成绩单,按动打印按钮。与计算机连接的打印机,打出成绩单。

(3)对学生成绩录入和提取进行观察和监督,发现问题立即改正,并做好观察记录。

提示:各个院校使用的档案管理系统和学生成绩管理系统不同,查找的路径和方法也有所不同。一般情况下,系统本身会提示,按提示操作即可。

四、完成任务后每个人需要提交的工作成果

(一)档案鉴定、立卷、归档实施步骤观察记录

(二)档案借阅过程观察记录

(三)学生成绩信息录入和提取过程观察记录

提示一:三个成果都是观察记录,观察记录不是讨论记录,不需要发言人认证签字。

提示二:三个记录,除了认证签字外,也要按记录的要求进行书写。记录人必须签字。

第九章　信息沟通

学习目标

一、知识

（一）了解信息沟通渠道

（二）掌握正确的交流方法

（三）掌握简单通信的书写

二、技能

（一）建立良好的人际关系

（二）选择恰当的方法与他人有效沟通

职场经验

　　老板的秘书小丽得到通知，周五公司有个舞会，小丽很想参加。按照公司的规定，周五可以不穿正装，但是身为老板的秘书，小丽每天都要穿职业套装。可是舞会总不能穿正装参加吧？因此，周五小丽破例换上连衣裙，把自己打扮得漂漂亮亮的。下午，老板通知她："3点钟有个紧急会议，你准备一下，负责会议记录。唉，你怎么穿成这个样子，赶快换

小丽的舞会

掉。"小丽这才说："公司有舞会，何况今天是周五，公司规定……"老板火了："到底是舞会重要还是工作重要？"小丽认为自己并没有违反公司的规定，回答得理直气壮。殊不知，如果她回答得没有道理，老板可以批评她；她回答得有道理，老板更是下不了台，于是老板恼羞成怒，逼迫小丽换掉连衣裙，否则"炒鱿鱼"。结果小丽强忍泪水，赶快打车回家换衣服。

　　如果小丽一开始就向老板暗示今天是周五（并且有舞会），可以穿便装，老板就会理解

她,也就不会发火,而是平和地告知她有紧急会议,要求她迅速换装。

职场忠告

不要以为多说多错,不说不错。有话不说往往会使你陷入被动的局面。如果你的上司交给你一项很复杂的任务,你完成不了,又一直不敢开口,最后任务完不成,那所有的过错都是你的。如果你早说了,你的上司就会想其他的办法解决。而你明明完不成任务,还一声不响、硬着头皮继续做,往往会贻误时机。

第一节 信息沟通渠道建设

信息沟通渠道是指由信息源选择和确立的传送信息的媒介物,即信息传播者传递信息的途径。信息源必须确定何种渠道是正式的,何种渠道是非正式的。一般正式渠道由组织建立,它传递那些与工作相关的活动信息,并遵循着组织机构网络进行传递;而另一种信息形式在组织中是通过非正式渠道来传递的。

建设完备顺畅的信息沟通渠道,是保证企业信息及时、完整、准确传播的重要保障。企业信息沟通渠道建设,主要包括收发室建设、企业电信系统建设、计算机网络建设、社交媒体、公众号和二维码。

一、收发室建设

收发室是企业信息传递的主要渠道之一。凡具一定规模的企事业单位都设置收发室,接收和发放除机要通信渠道收发的文件以外的各种信息,包括来函来信、报纸杂志、包裹和汇款单。

此外,企业收发室除了承担正常的信息传播外,也会与外界建立起特殊的信息传播渠道,包括:

1. 特快专递。作为邮政的精品业务,高速度、高质量地为用户传递国内外紧急文件资料及物品,同时提供多种形式的邮件跟踪查询服务。邮政提供 24 小时的高速服务,当紧急需要文档原件或多页文件时,用这些优先服务是理想的,例如考试卷、法律文件和介绍信、证书、护照签证的投递。

2. 安全和保密投递

(1)挂号邮寄。当邮件是贵重物品,应使用这种邮寄方式。

(2)特保挂号。当邮寄贵重物品,比如办公设备、小型家电、贵重药品、贵重衣物时,这种方式比较适当。

(3)文件挂号。邮政也为重要的文件提供挂号邮寄服务,例如护照、银行卡或出生证明。这些物品一旦寄失是无法补偿的,当交付物品时需要收件人签字,并当面检查核对。

(4)回执挂号。邮政会返回一张投递收据,作为物品交付的证据给发送人保留,以检查投递服务。这种服务能与特保挂号、挂号邮寄服务一起使用。

3.航空邮寄。航空邮件是利用航空寄递邮件的国内邮件或国际邮件。按运输方式分类的国际邮件除了航空邮件外还有海运邮件、海陆联运邮件、海陆空联运邮件。

4.大宗航空邮件。单位向国外发送大批量信件使用这种服务是理想的。根据邮件的数量可以打折,邮件越多,越便宜。

二、企业电信系统建设

电信系统是由硬件和软件组成,主要包括终端设备、传输设备和交换设备。电信系统是各种协调工作的电信装备集合的整体。最简单的电信系统是只在两个用户之间建立的专线系统;而较复杂的系统则是由多级交换的电信网提供信道,在一次呼叫中所构成的系统。

对于一个实际的通信系统来说,除有发信终端(信源)、传输信道和收信终端(信宿)外,还需要交换设备来提供多点之间的通信连接。各种电信系统其具体设备的构造和功能各不相同,可以概括为统一的模型表示,具体结构组成如图9-1所示。

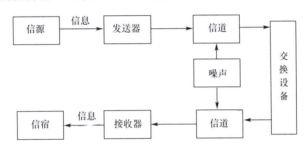

图 9-1 电信系统组成模型图

目前,企业电信系统有两种:

一种是企业电话机直接接入电话供应商(如中国联通、中国网通、中国移动等电信网络)的电话系统中。这种形式的优点是:企业不需要购置和管理电话交换机,也不需要配置电话接线员;缺点是:企业内部电话之间通话也要通过电信供应商的电话系统转接,并且要向电话供应商支付通话费。

另一种是,企业安装电话交换总机。大中型企业,安装的电话较多,几十部或上百部,为了节省话费,必须安装企业自己的电话总机。企业各个部门的电话机、传真机由一台数字电话交换机设备的用户端接口连接在一起,另一端通过数字中继接口或普通模拟中继线连接到IP电话网络系统、固定电话网络系统、移动电话网络系统等。有的企业,由于特殊业务的需要,需要安装具有专用功能的电话交换机,例如酒店的开房、退房、叫醒和房间电话管理等功能。

企业的商业活动错综复杂,24小时之内都可能发生变故,时时都有信息传入的可能,而一些中小企业不可能24小时都会有人职守,尤其是在八小时工作时间之外和节假日期间,接听电话成为中小企业一个难点。经营对外贸易的企业,由于时差,外企发来电传、打来电话的时间大部分在我国企业的休息时间,也给企业工作带来诸多困难。因此,建设企业电话语音系统很有必要。企业电话语音系统,可以实现录音、放音、呼叫中心系统、客户来电弹屏等,在企业电话无人值守的情况下记录来电信息。

三、计算机网络建设

计算机网络是指将地理位置不同的具有独立功能的多台计算机及其外部设备,通过通信线路连接起来,在网络操作系统、网络管理软件及网络通信协议的管理和协调下,实现资源共享和信息传递功能。

企业计算机网络建设,主要是企业局域网建设。

通常我们常见的"LAN"就是指局域网,这是我们应用最广的一种网络。局域网随着整个计算机网络技术的发展和提高得到了充分的应用和普及,几乎每个单位都有自己的局域网,有的甚至家庭中都有自己的小型局域网。

计算机网络已经延伸、扩展到物联网、云计算、大数据等新一代的信息收集、处理、存储和应用时代。未来的企业将会依托物联网、云计算、大数据实现智能制造和智能服务。因此,企业应该创造条件,加快物联网、云计算、大数据的平台建设。

四、社交媒体

企业应把社交媒体看作一个新兴的重要的信息沟通渠道。

社交媒体是人们彼此之间用来分享意见、见解、经验和论点的工具和平台,现阶段主要包括社交网站、微博、微信、博客、论坛、播客等。

企业加入社交媒体有以下八大好处:

1. 推动企业信息透明化;

2. 提升企业产品质量;

3. 提供优秀的客户渠道;

4. 创造消费者真正需要的产品;

5. 消费者可自主控制社交关系;

6. 消费者借助社交媒体免费接触企业;

7. 企业借助社交媒体提供有趣的资讯;

8. 用户主宰信息沟通内容和互动。

五、公众号和二维码

公众号和二维码,具有更快速度、更大容量、更有效率的沟通功能。企业行政管理人员必须掌握公众号和二维码的设置和应用技能,使其更好地为企业信息沟通服务。

(一)公众号

公众号是企业在微信平台上申请建立的应用账号,该账号与QQ账号互通。通过公众号,企业可在微信平台上实现和特定群体的文字、图片、语音、视频的全方位沟通。

公众账号又分为服务号、订阅号和企业微信:

1. 服务号:给企业和组织提供更强大的业务服务与用户管理能力,帮助企业快速实现全新的公众号服务平台;

2. 订阅号:为媒体和个人提供的一种新的信息传播方式,构建与读者之间更好的沟通与管理模式;

3.企业微信:为企业或组织提供的移动应用入口,帮助企业建立与员工、上下游供应链及企业应用间的连接。

此外,公众号还有下列功能:

1.不同尺寸的公众号平台二维码,中间可嵌入企业 Logo 图片,可印刷到名片、广告牌、宣传册、商品包装上;

2.微信公众号后台,可群发图文信息或广告,设置关键词自动回复、默认信息、自动打招呼;

3.粉丝管理,与粉丝互动,粉丝分类;

4.服务号还具备自定义菜单(栏目导航)功能;

5.公众号群发文章可以插入小程序卡片,并通过文字或图片链接打开小程序。

（二）二维码

二维码是用某种特定的几何图形,按一定规律在平面(二维方向上)分布的黑白相间的图形,记录数据符号信息的;巧妙地利用构成计算机内部逻辑基础的"0""1"比特流的概念,使用若干个与二进制相对应的几何形体来表示文字数值信息,通过图像输入设备或光电扫描设备自动识读,实现信息自动处理;它具有条码技术的一般共性,每种码制有其特定的字符集,每个字符占有一定的宽度,具有一定的效验功能等。同时还具有对不同行的信息自动识别的功能,及处理图形旋转变化点。因此,二维码具有以下功能:

1.信息获取:名片、地图、WIFI 密码、资料;

2.网站跳转:用户扫码,可以跳转到微博、手机网站、互联网站;

3.广告推送:用户扫码,直接浏览企业推送的视频、音频广告;

4.手机电商:用户扫码,手机直接购物下单;

5.防伪溯源:用户扫码,即可查看生产地,同时后台可以获取最终消费地;

6.优惠促销:用户扫码,下载电子优惠卷,抽奖;

7.会员管理:用户扫码,获取电子会员信息、VID 服务;

8.手机支付:用户扫码,通过银行或第三方提供的手机端通道完成支付。

课后任务训练

讨论大、中、小型企业如何设计信息沟通渠道,然后记录下来。

第二节　正确的沟通方法

信息沟通方式可分为四类:面对面沟通、书面沟通、电话沟通和计算机电子信息沟通。

一、面对面沟通

面对面沟通包括拜访、接待来访者、面谈、谈判、会议等多种双方面对面沟通的形式。

面对面沟通的优点是可以不受任何限制,不需要笔墨纸张,能直接进行交谈,传递的速度较快;当面交谈时还能传递一些表情、动作,以加强传递的功能,提高传递的效果。面对面沟通的缺点是信息不易贮存,由于受人为因素影响,传递过程易使信息失真。

1.拜访。为实现沟通目标,登门拜访,可使沟通对象感到更有诚意,易于收到良好的沟通效果。

2.接待来访者。这是企业行政管理最常见的面对面沟通形式之一,具体方法和要求详见第六章第五节。

3.面谈。在企业中,上下级之间、同事之间经常有面谈。对于相互交流信息、排除误解、增进团结,是十分必要的。

4.商务谈判。商务谈判是在日常生意中与公司相关的利益群体就有关涉及双方共同利益的"目标物"进行协商,达成一致的过程。

5.会议。会议是面对面沟通的重要形式,包括大型会议、小型会议、电话会议和电视会议(会议的组织管理见第十一章)。

二、书面沟通

在现代企业中,书面沟通是重要的信息沟通形式,例如信件、备忘录、报告、传真、公告、计划、报表、简报和各类公文等。

(一)信件

常用信件分为感谢信、祝贺信、邀请信、致歉信、投诉信、申请信、推荐信等。

(二)备忘录

备忘录有三种:外交文书、国际贸易中的合同形式、帮助或唤起记忆的记录。

1.备忘录作为外交文书

它是说明某一问题事实经过的外交文件。备忘录写在普通纸上,不用机关用纸,不签名,不盖章。备忘录可以当面递交,可以作为独立的文件送出,也可作为外交照会的附件。现在备忘录的使用范围逐渐扩大,有的国际会议用备忘录作为会议决议、公报的附件。

2.备忘录作为国际贸易中的合同形式

它是指在买卖双方磋商过程中,就某些事项达成一定程度的理解与谅解或一致意见,将这种理解、谅解、一致意见以备忘录的形式记录下来,作为今后进一步磋商、达成最终协议的参考,并作为今后双方交易与合作的依据,但不具有法律约束力。

3.备忘录作为帮助或唤起记忆的记录

它是指把提醒自己不要忘记的事件写在信笺或卡片上。

(三)报告

报告的使用范围很广。按照上级部署或工作计划,每完成一项任务,一般都要向上级写报告,反映工作中的基本情况、工作中取得的经验教训、存在的问题以及今后的工作设想等,以取得上级领导部门的指导。《国家行政机关公文处理办法》中规定,报告"适用于向上级机关汇报工作,反映情况,答复上级机关的询问"。以上定义表明,报告是上行文,有三项用途,即汇报工作、反映情况、答复上级机关询问。

（四）传真

传真件是通过电话线传送的书面文件。

三、电话沟通

电话在当今世界已经与人类的日常生活息息相关,不可分割。在商务活动中,电话更是业务拓展、信息沟通的重要助手。利用移动电话还可以通过短信、飞信、QQ 等进行快捷沟通。微信是一款跨平台的通信工具,支持单人、多人参与,可通过手机网络发送语言、图片、视频和文字,成为最有效的电话沟通方式。

四、计算机电子信息沟通

通过网络的电子邮件系统,用户可以用非常低廉的价格,以非常快速的方式,与世界上任何一个角落的网络用户联系,这些电子邮件可以是文字、图像、声音等各种方式。同时,用户可以得到大量免费的新闻、专题邮件,并实现轻松的信息搜索。

课后任务训练

说明公司员工人事调动时,应该使用什么方式发布信息比较合适。

第三节　有效的沟通

一、有效沟通的信息要求

（一）信息必须准确无误

提高客户的信息准确度对企业和客户来说都是一件有意义的事情,需要各方面力量积极推进。公司通过不断创新,客户将获得更多高品质的服务,公司将培养出更多的忠诚客户,最终必将实现双赢。

1.切实提高客户信息准确度的方法

（1）要加强正面引导;（2）加大失信惩戒力度;（3）提升服务品质。

2.客户信息不准确的危害性

（1）客户享受不到公司提供的全方位服务,失去信任,失去客户;（2）存在风险隐患;（3）失去对客户关系的维系。

（二）信息由接收者正确接收并理解

1.发送方要发送清晰、完整的信息,目的是让接收方正确理解,并有责任确认接收方是否正确理解了,如询问接收方你理解的是什么,自己再判断是否是自己的原意,直到发送方确认信息已被正确理解为止。

2.接收方要确保自己的信息已完整接收,可向发送方确认自己的理解是否正确。如询问发送方,我这样理解对吗?

(三)确保信息的时效性

信息的时效性,就是信息内容的有效期。按照信息内容有效期的长短,可把信息分为瞬时信息、短时信息、长时信息。

1.瞬时信息。是指信息的有用性保留时间很短,稍作拖延,信息内容的主要作用就会丧失,最后只有保留资料的价值了。如反映火箭发射后出现的故障、重大社会动态、敌情、突发性事件的信息。

2.短时信息。在一段时期内信息的主要作用有效,如政策、法规、措施等,在一定的地区,一段时期内有约束力,对社会能起作用。过了这段时期,作用就会消失。

3.长时信息。是指那些基本上不受时间约束,能在很长的时间内有用的信息。这种信息一般是由很多信息综合概括成的知识,如哲学原理、数学公式、物理定律等。

信息发送方和接收方都必须确保信息在有效期内发送和接收。

二、沟通应遵循的准则

(一)充分认识沟通的重要性,努力促成沟通

沟通对组织、管理者而言都是不可缺少的,如果缺乏沟通,组织就无法运作,管理者也无法完成任务,领导能力当然就无法体现;相反,良好的沟通可以使我们减少误解,少走弯路,提高工作绩效。所以,组织和管理者都要充分认识沟通的重要性,努力促成企业内部、外部的有效沟通。

(二)重视沟通的效果

在企业中沟通的目的是解决经营活动中的问题,没有达成目的的沟通是无效沟通,部分达成目的的沟通是低效沟通。无效沟通和低效沟通都是高成本低收益的,都是与企业的目标背道而驰的,所以沟通中我们应注重信息回馈,重视效果的达成。

(三)应彼此视为工作伙伴

沟通双方彼此视为工作伙伴,平等交谈,跨越阶层观念的阻隔,这样才有利于激发双方的沟通热情,有利于提升沟通效果。

(四)沟通中多以对方的立场思考

沟通是心与心的交流,站在对方的立场上思考和交流,会使对方消除疑虑,打开心结,使沟通达到事半功倍的效果。因此,了解对方的立场是达成沟通的重要前提。

(五)沟通出现困难时,应首先自我检讨

沟通有时很困难,这会使参与沟通者情绪烦躁,比较容易将这些困难归咎于对方,从而矛盾激化,使沟通陷入僵局。所以沟通出现困难时,沟通各方应多做自我检讨,从自身寻找问题和答案。善于自我批评是管理者的一项重要素质。

(六)沟通的方式多样化

"一张桌子、两张椅子,面对面地正襟危坐,这才是沟通",这种认识是错误的。我们应该灵活运用各种沟通方式。沟通没有固定的模式,只要是适当的、有效的沟通,就是成功的沟通。所以沟通时,应视具体的对象、时间、场合、环境、目的而灵活运用各种沟通形式。

1.通过开会、座谈、谈心、谈判、电话交谈等口头交流的形式是沟通;

2.通过书信、通知、合同等书面交流的形式是沟通；

3.通过 E-mail、QQ、网上聊天等信息化交流的形式是沟通；

4.AA 制饭局、一起做一项体育活动，甚至一次握手、一个眼神、一个微笑都是沟通。

（七）重视日常接触

作为一个管理者，应与部属保持日常接触，这是良好沟通的基础。做好日常接触，到需要沟通时往往能达到事半功倍的效果。平常见面时连头都不点一点，连个招呼都没打过，日后沟通时却表现出万般热情，这会给人一种功利性太强的印象，容易引起对方的反感，最终影响沟通的结果。所以要想沟通好，日常接触不可少。当然，对于合作伙伴、客户和社会公众也要注重日常接触，培养感情，树立形象。

（八）沟通中切忌妄自尊大，盛气凌人

需要沟通是因为双方存在不一致的意见，沟通的过程就是大家多听听对方的意见，不断调和，最终达成一致的过程。所以沟通时一定要谦虚，善于听取对方的意见，这样才能赢得沟通，赢得对方的尊重。如果一个人一开始就用一种目空一切的语气说："我的意见是绝对正确的，你的意见肯定是错误的。"很难想象对方还能心平气和地与他沟通下去，并且取得一致意见。

课后任务训练

某公司有 1 500 名员工，小组合作策划一场秋季乒乓球赛，讨论策划中可能使用的有效沟通方式，将结果列表提交。

第四节　信息沟通文本的书写

信息沟通需要企业行政管理人员撰写演讲稿、信件、留言、短信、备忘录、报告、传真首页等各种文本。演讲稿、报告等常用的应用文体，都会在应用写作课程中详细讲解，这里只对其他几种文本的书写简略介绍。

一、信息沟通文本的写作要求

当写作信息沟通文本时，应达到如下的书写要求：

（一）简明的语言

言简意赅，语言要简洁、明晰且意思完整。简洁，就是语言要尽可能少，提炼内容、推敲语句，不能重复累赘，不要说多余的话；明晰，就是意思要表达得清晰，使对方能够明白无误地理解，不会产生歧义，避免费解。

（二）正确的文字

文字要规范、正确，不能使用那些似是而非、生僻难解的字、词。要特别小心同音异义字、词的使用，谨防错误。如果在正文中使用了不正确的字、词，可能导致对方的误解；如果在信封中使用了不正确的字、词，可能导致邮寄地址的错误，因此在信息沟通文本书写中特别强调字、词使用的准确性。

（三）准确的标点

标点符号是辅助文字记录语言的符号，是书面语的有机组成部分，用来表示停顿、语气以及词语的性质和作用，标点符号使用错误完全可能使表达的意义相反或偏差甚远。应该严格参照中华人民共和国国家标准《标点符号用法》，准确使用标点符号。

（四）正确的排列序号

写信时，应具备判断优先次序的能力，逻辑地排列信息。例如：

一级标题：标题序号为"一、"，独占一行，末尾不加标点符号。

二级标题：标题序号为"（一）"，独占一行，末尾不加标点符号。

三级标题：标题序号为" 1. "，可以独占一行，也可以不独占一行。如果独占一行，末尾不加标点符号。

四级标题：标题序号为"（1）"，可以独占一行，也可以不独占一行。如果独占一行，末尾不加标点符号。

五级标题：标题序号为" ① "，可以独占一行，也可以不独占一行。如果独占一行，末尾不加标点符号。

二、书信的类别和写法

在企业信息沟通中，经常会运用留言、信函、短信等书信形式，下面简单介绍各种书信的书写方法：

（一）留言

行政管理人员可以使用许多类型的留言，如电话留言、留言板留言、留言表留言、字条留言。这些留言，包括来访者留言、领导给下级员工的留言和一个工作人员留给另一个工作人员的留言等。

1.留言要抓住要点，排除任何无关的文字和要素。

2.语言要简洁明了，通俗易懂。

3.日期和时间要绝对准确，不能仅仅写"下个星期一"，要明确标明年、月、日和时、分。

4.如果留言是紧急情况，应做适当标记。

5.如果是电话留言，在记录完电话内容和打电话人的姓名、地址后，应再读一遍给打电话的人听，以作核查。

6. 复查留言中包含的任何数字。

7.书写和记录在留言表中的留言，所有栏目均要认真填写。

8.检查紧急留言是否已经转告了相关的工作人员。

（二）书信的结构

主要由称呼、启词、正文、酬应过渡、祝颂词、签署、日期等七部分组成。

（三）商业信函格式

同其他信函一样，商业信函也是一种具有习惯格式的文体。商业信函通常由信封、正文及附件 3 部分构成。前两部分是必不可少的，而后者则需视具体情况而定。

1.信封

(1)信封的种类

信封有横式和竖式两种。用横式信封时,将收信人地址写在信封的上方;用竖式信封时,将收信人地址写在信封的右侧,如果位置颠倒了,就会导致投递错误,发信人寄出的信又会给投递回来。

(2)信封的内容

①收信人地址。用横式信封时,收信人地址居上书写;用竖式信封时居右书写。这部分内容包括:邮政编码,省、市(县)、城区、街道、门牌号码,以及单位全称和业务部门名称。收信人的地址要写得详细具体、准确工整。注意不要只写单位名称而不写详细地址,也不要简化单位名称,以免误投。

②收信人姓名。一般写在中间位置,字稍大。姓名后接写称呼等,如"同志收""先生启"。初次联系工作时,如不知对方姓名,或有时为避免因对方业务人员调动工作(或出差)而延误书信的处理,也可把具体业务部门作为收信人,如某厂"销售科收"等。

③寄信人地址及姓名。用横式信封时居下书写;用竖式信封时居左书写。

④邮票。根据邮政部门的规定,邮票一般贴在横式信封的右上角或贴在竖式信封的左上角。

(3)国外信封书写格式

为了便于投递,对国外商业业务信函,应按国外的习惯格式书写。

2.正文

正文记载商业业务的具体事宜,是商业信函的核心部分。正文内容多种多样,其表达既灵活,又有一定的格式。格式与普通信函的书写格式基本一致,并要达到信息沟通文本的写作要求。

3.附件

商业信函常见的附件有报价单、产品介绍或说明书、订购合同、发货通知单、产品质量检验书等,用以证实信文所写的各种论点,或作为商业业务往来的确认手续。

(四)销售信函书写技巧

1.主题明确,重点突出。书写销售信函时,要把自己想象成消费者,认真分析消费者的心理所想所求。这是书写成功销售信函最重要的方面,但却经常被人们所忽略。要紧紧抓住销售信函的主题,围绕消费者最想要知道的事情的核心,重点突出吸引消费者的内容,尽量保证客户愿望得到满足。

2.结构紧凑、布局合理。销售信函包括引言、正文和结论。在引言中,表明写信的目的。正文部分,阐明你所提供的产品或服务为什么是无法抗拒的。结论要用简明的语言概括你的观点,并且请求客户接纳你的产品或服务。

3.遣词造句浅显易懂、准确流畅。有许多销售信函人们看都没看就丢掉了,因为这些信函太复杂。如何让类似的事情不在你身上发生呢?做好以下三件事:

(1)以一种对话的方式写,就像你平时说话一样,推销信中通常没有必要用正式的口吻。使用短句子,当你开始以更随意的方式写信时,句子自然会变得更短。

(2)以小段落方式写作。通常人们喜欢看文笔流畅的短文,不喜欢长篇大论。如果销售信函不能做到文笔流畅、简短自然，那就重写。

（3）编辑、校订你的信函。除了信函难读外，错别字和语法错误也会破坏信函的可信度和效力。

4.引人注目的标题，以说明信息的重要性，吸引消费者渴望读完其中的内容。

5．让读者采取行动。潜在的消费者是不知道你的想法的，除非你告诉他们下一步该做什么。如果你希望他们与你联系，就要提供你的电话号码。如果你希望他们拜访你的机构、邀请他做短暂的停留，就要给他们留下清楚的地址，以及具体的办公时间。非常重要的是：督促你的读者立刻采取行动。

（五）短信

给现在的和未来的客户发送的短信件代表着单位的形象，短信与书信格式基本上是一致的。写作要点是：

1.语言应适合于收信人。语气应恰当，不要太正式，也不要过于非正式。

2.格式应正确。

3.内容应清晰简短。

4.结尾要署名。

5.如果收到他人发给你的短信，应在48小时内回复。

三、备忘录的写法

备忘录作为外交文书，不是我们所要讨论和学习的范畴。所以，我们只介绍商务谈判备忘录与帮助和唤起记忆备忘录的书写方法。

（一）商务谈判备忘录

商务谈判备忘录是在业务磋商过程中的一种提示或记事性文书，不同于谈判纪要。纪要一经双方签字，即具有法律的效力，而备忘录一般不具备法律效力。纪要所记录的是双方达成的一致性意见；而备忘录所记录的则是双方各自的意见、观点，它有待于在下一次洽谈时进一步磋商。纪要是以"双方一致同意"的语气来表达的；备忘录是以甲、乙方各自的语气来表达的。

1.商务谈判备忘录的写作格式如下：

（1）标题。标题写成《备忘录》或者《×××谈判备忘录》即可。

（2）谈判双方的情况。包括单位、名称、谈判代表姓名、会谈时间、地点、会谈项目等。

（3）事项。即各自做出的承诺。

（4）签署。即双方谈判代表署名。

2.商务谈判备忘录写作要点：

（1）商务谈判备忘录写的内容一定要真实、准确、具体。

（2）谈判双方的意见要明确。

（3）语气应当平和而友好。

（4）一般应采取分条列项的方法，对具体事项逐条说明。

（二）帮助和唤起记忆备忘录

帮助和唤起记忆备忘录，一般包括标题、开头和内容三个部分。其基本格式如下：

1.标题

备忘录的标题,一般只写备忘录三个字。

2.开头

备忘录的开头一般分列四行。

第一行,收件人。收件人三个字后用冒号,冒号后写明接收备忘录人的姓名及职务。

第二行,发件人。发件人三个字后用冒号,冒号后写明发出备忘录人的姓名及职务。

第三行,日期。标明备忘录发出当天的年月日。

第四行,事由。用短语概括备忘录的内容。

3.内容

内容部分的格式与书信正文的写作一样。

4.写作要点

(1)开头部分的四项内容是基本不变的。

(2)与商务信函比,备忘录的格式较简单。如,它没有开头称呼和结尾敬语。

(3)内容可长可短,篇幅不宜超过两页。

四、传真首页的书写

大多数文本都能使用传真机发送,例如文件、资料、表格、图片、图表、地图、身份证复印件等。

一个文本用传真发送可能是为了加快速度,例如,你在国内的一个房产交易大厅为公司办理房产交易事宜,交易管理人员提出你缺少一张身份证复印件,而这张身份证的所有人正在国外旅行,你可以打电话通知他立即把他的身份证复印件从国外传真到房产交易大厅的某一台传真机上,你就可以立即得到这张身份证复印件,从而顺利完成房产交易事宜。

有的文本传真,可能是为了确认或证明某件事情已经完成。例如,你在北京的一家书店为本公司订购了50本教科书,书款已从邮局汇出。你就可以把你在邮局汇款的票据传真到北京的书店,用以证明书款已经汇出的事实,北京的书店就可以在书款还没有到账之前把书寄出来。这样就能保证你提前几天收到教科书,而不影响你的使用。

通常在传真文件之前发送传真首页,以使收件人知道有多少页。这张传真首页也作为一张消息页使用。传真首页的书写格式如下:

1.标题:大多数的标题就是用"传真首页"四个字,也有的企业传真首页采用公司名称(或简称)加传真首页的形式。

2.开头:传真首页开头包括四部分内容.

(1)接收人信息,包括接收人姓名、接收单位名称、接收传真机号码。

(2)发送人信息,包括发送人姓名、发送单位名称、发送传真机号码。

(3)发送日期,应写全年月日。

(4)页数,包括首页在内,共传真多少页。

接收人信息和发送人信息,有的位于首页左上角依次排列;有的将接收人信息放在左上角依次排列,将发送人信息放在右上角依次排列。发送日期和发送页数排列在发送人信息之下。

3.内容:是指传真件的主要内容或通知对方的事项。例如:

(1)传真一张身份证复印件,应写明所传是何人的身份证及用途。

(2)传真一份文件,应写明所传文件的编号和名称。

(3)传真一份订单,应写明订单编号、原件邮寄的方式和到达的预定时间。

(4)传真一份汇款单据,应写明单据编号、汇款数额、汇款方式和到账的账户号码。

(5)传真只为通知对方一件事,将通知事项直接写在内容里。

案例9-1展示的是"米尼公司传真首页"。

【案例9-1】 米尼公司传真首页

接收人:郑玉敏	发送人:张秋颖
接收单位:GG 家私	发送单位:S 市米尼家装有限公司
接收号码:8834××××	发送号码:2331××××
日期:20××年 1 月 2 日	页数:1(包括首页)
内容	
订单号 HB/836 上周索要资料已经用航空快递发出,将于 1 月 3 日上午 10:00 交付到贵处。	

公司名称:S 市米尼家装有限公司 地址:S 市 F 新区 W 路 88 号

邮编:11×××× 联系电话:8989×××× 传真号码:2331××××

有的传真首页,在开头部分和内容部分之间画一条横线,将信息和内容隔开。

有的传真首页,在下边缘载明发送单位的名称、住址、联系方式等信息。

传真首页,大多数是事先印制好了的,使用时按项填写即可,有的则需要临时起草。公司间交往的传真,不使用传真首页是不完整的,也不利于信息的传递。个人间的传真,是不需要使用传真首页的。

课后任务训练

为自己写一个作为帮助和唤起记忆的备忘录。

实践课堂

一、任务模块

米尼公司组织一次为社区义务植树的青年志愿者活动,需事先与社区有关人员协商落实,请你与有关领导沟通后,代表公司电话预约,并准时前往联系接洽。

二、目的和要求

(一)目的:培养和检验信息沟通的职业能力。

(二)要求:掌握与以下职业能力相关的知识和操作要领。

1.抓住时机采取主动姿态与对方沟通,努力建立有效的工作关系。

2.针对时间、地点、内容等不同情况选择最恰当的方法与对方沟通。

3.沟通交流的信息是准确的、有益的、讲信誉的,展示良好的个人形象和单位形象。

4.沟通交流的信息是清楚的、有条理的,易于对方理解、明晰和回复。

5.沟通时尊重对方,讲究礼貌,用词文雅,密切双方关系。

6.在自己的职权范围内,用对方希望的方式及时回答对方对信息的要求。

7.在沟通中积极体察、收集对方反应,促进双方有效交流,达到沟通目的。

8.积极对待沟通中出现的分歧、障碍,主动处理不同意见,消除矛盾。

9.按照单位规定,在沟通中确保信息的安全和保密。

10.在沟通中的困难超出自己的职权范围时,及时向有关人员汇报。

三、模拟现场设计

(一)办公室、桌子、椅子、网络、电话机、传真机、工作日志、备忘录等。

(二)人员,5～7人分成一个小组,模拟成行政助理、办公室主任、团委书记、团支部书记、开发部经理、社区负责人、同事、同学等。

(三)模拟操作步骤

1.接受任务。办公室主任,指着报纸上的报道,对行政助理说:"植树节到了,组织青年职工参加一次义务植树活动,你做一个方案,并组织实施。"

2.行政助理坐在自己的座位上,看着窗外明媚的阳光,苦思冥想。时而用笔在面前桌子上的一张白纸上画着、写着。然后他打开计算机,看来他已经完成构思。只见他在计算机上开始起草:

《植树活动方案》

一、活动的主题:社区义务植树青年志愿者活动。(志愿者——对很多青年职工有吸引力)

二、活动的意义:1.教育青年职工勇于承担社会义务;2.绿化祖国,低碳环保,创造良好的生存环境;3.树立企业对社会负责的良好形象。(这是与各方面沟通,动员积极参加活动的理由)

三、活动组织步骤:1.与社区沟通,确定植树的地点、数量;2.召开部门会议,分配名额;3.组织植树。

3.行政助理拿着打印出来的《植树活动方案》来到主任办公室,汇报自己起草的方案,办公室主任看过后说:"前两条不错。第三条应该调整,一是应该先在我们内部落实好有多少人参加,能完成多少植树任务,再与社区联系,防止任务和能力错位。二是既然是青年志愿者活动,是否以团支部为单位进行组织更好一些,再说了,你不也是团委委员吗?"

4.行政助理根据办公室主任意见修改好方案,第二次送给办公室主任审查。办公室主任看过后,认为可以按此方案执行。

5.行政助理与团委书记进行协商,由团委书记负责召集团支部书记开会,组织志愿者团队。由行政助理担任米尼公司青年志愿者团队领队。

6.团委书记告诉行政助理,志愿者团队组织好了,一共32人。

7. 行政助理打电话给社区植树负责人,说明本企业组织 32 人志愿者团队,拟参加社区义务植树活动。行政助理在电话中介绍志愿者组成情况、负责人、计划开展义务植树的具体想法等。社区植树负责人在电话里说:"你们的想法很好,请把你们的情况和想法等写成书面材料,发一个电子邮件给我,我好拿着它向社区领导汇报。"行政助理在电话里说:"好呀!请把你的电子邮件地址告诉我,我马上发给你。"社区植树负责人告知了电子邮箱地址。

8. 行政助理用电子邮件将米尼公司情况、志愿者团队组建情况和《植树活动方案》发给社区负责人。

9. 行政助理的手机发出"嗡、嗡"的两声,他拿起一看,是社区负责人发来的,告诉他已经把社区领导的决定发到行政助理的电子信箱里。他打开计算机一看,悦心地笑了。社区领导对米尼公司组织志愿者团队参加义务植树十分赞赏,决定在运河边上开辟一块"志愿者银杏林"。第一期,是一块 3000 平方米的长方形林带,种植 1500 棵银杏树,全部交由米尼公司志愿者团队完成,希望米尼公司志愿者团队保证质量,为全社区做出榜样。社区准备为"志愿者银杏林"立块石碑,把志愿者团队的名字刻在上面,永存纪念。"米尼公司志愿者团队"将是这块纪念碑上的第一个名字。

10. 办公室主任看了这个电子邮件,非常高兴,表扬行政助理做得好,决定马上召开米尼公司志愿者会议,传达社区的决定,动员做好义务植树。

11. 开完会,回到办公室的办公室主任一脸的不高兴,因为应该参加会议的新产品开发部的 5 个人一个没来。办公室主任问:"这是为什么?"行政助理回答不上来,他立即打电话给新产品开发部,恰好赶上开发部经理接电话,一听是办公室的行政助理,立即火冒三丈:"你还敢往这打电话,怎么在办公室当个行政助理就找不到北了(意思是骄傲得不知南北了)。打个电话,就想对我指手画脚啊?"行政助理有点紧张,急忙说:"不是啊!"新产品开发部经理继续厉声厉气:"不是?是你不是,还是我不是?你可真行啊!不经过我同意就想调走我的人,我那些新产品开发的活你替我干啊?我完不成任务,你去替我挨总经理的批评吗?"行政助理急忙插嘴说:"我们利用周六、周日搞活动,不会影响你们正常工作啊!"新产品开发经理说:"你这个行政助理'官'不大,'像'还不小。你打听打听,我们新产品开发部最近休过周六、周日吗?我们忙得都要忘了啥叫日出日落了,分不清哪是家哪是单位了!还怎么可能像你们这些大爷似的休周六、周日呀!你呀,太嫩点。告诉你们主任,叫他好好教教你!"说完,啪的一声把电话撂下了。

12. 行政助理受到新产品开发部经理一阵奚落,愣愣地站在那里不知如何是好。站在一边的几位同事都为他打抱不平,说新产品开发部经理太过分了。办公室主任说:"大家讨论一下,我们办公室的工作有什么漏洞?"大家你一句我一句地议论着,办公室主任让行政助理发言,行政助理说:"有两点漏洞,一是不应该跨过部门经理直接找那 5 位青年参加志愿者团队,当时只是觉得他们部门年轻人多,文化水平高,对团队有引领作用,就轻率地把他们拉入团队。二是没有考虑到他们工作的特殊性,也没有考虑到他们最近的工作状况。新产品开发部经理发火不是没有道理,是我的工作有缺陷。"

办公室主任说:"这就对了,别在这站着了,赶快走吧!"

行政助理说:"上哪去啊?"

办公室主任说:"去灭火啊!你把新产品开发部经理身上的火点燃了,你不去给灭了,叫他烧到什么时候啊?"

行政助理说:"我真有点怕他,我要是走到他面前,他还不把我掐死呀!"

办公室主任说:"没有那么严重,其实就是他挑你的理了。就是你说的,没有事先和他商量。没有登门向他道歉,打电话就想和他了事。你要真的上门向他道歉,他身上的火就灭了。"

13.行政助理来到新产品开发部走廊里,遇到新产品开发部的小王。小王用手指指开发部经理的办公室,对他说:"现在别去找他,正发着火呢!"行政助理犹豫了一下,想起办公室主任对他说的话,还是走到了开发部经理办公室的门口,开发部经理正在对着电话发火:"今天怎么的啦,刚刚让一个乳臭未干的小屁孩把我气个半死,你又来触我的霉头,你想让我死啊!"行政助理站在门外忐忑不安,几次想敲门都未敢敲。突然,新产品开发部经理涨红着脸从门里冲出来,正好撞见行政助理,行政助理赶紧说:"对不起,经理,我来向你道歉!"新产品开发部经理胳膊一甩,说:"少来这一套,看到你我就不烦别人,快走,快走,有多远你就走多远,我不想见到你!"新产品开发部经理怒发冲冠,扬长而去。

14.行政助理吃了闭门羹,感到如鲠在喉。他觉得和新产品开发部经理的关系越搞越糟,已经到了无法调和的地步。他苦思冥想了一个下午,也没找到解决的办法,闷闷不乐地回到家中。他想抒发一下心中郁闷,于是打开家中的电脑,进入 Skype 网络视频通话系统,正在澳大利亚深造的大学同学正好在线,两个人通过视频聊起来。

同学说:"怎么一副愁眉不展的样子,有麻烦啦?"

行政助理说:"是呀,麻烦还不小!"

同学说:"我说嘛,你这家伙怎么会找我吗,想让我给你排解排解呀! 我可不是学心理学的!"

行政助理把自己与新产品开发部经理发生的冲突述说一遍,然后说:"帮我想想办法,怎么化解这场矛盾。"

同学说:"这还用想吗? 给他写信啊! 打电话他挂断,上门被他赶出来,这沟通的线路连不上,怎么可能解开中间的隔阂呀! 必须和他沟通才能打开他的心结,而现在沟通的渠道只有写信了。而且,你不是擅长文字表达吗? 拿出你的本事来,给他写一封情真意切的信,他一定会转变对你的看法。"

行政助理说:"谢谢你呀,我这个死脑筋,怎么没想到写信这个办法呢? 不跟你聊了,我要去写一封情真意切的信!"

15.第二天中午,办公室电话响起来,同事接听后把电话交给行政助理,捂住送话器低声说:"新产品开发部经理。"行政助理忐忑不安地接过电话:"我是行政助理,请问是哪位?"对方说:"我是开发部经理。昨天我的态度不好,请你谅解! 为了表达我的诚意,我想请你一起吃午饭。"行政助理说:"那不好吧? 我怎么敢让经理请我吃饭呀! 要请也得我请你。再说了,今天我们办公室的几个小伙伴要给一个同事庆生呢!"新产品开发部经理说:"那更好了,叫你那些小伙伴都过来,还有你们主任,我都请了。就这样定了,在大门外面的'好吃你再来'饭馆,我请你们吃烧烤。"没等行政助理答应,对方把电话挂了。行政助理赶快去请示办公室主任,问去还是不去。办公室主任说:"去啊! 为什么不去? 这是搞好两个部门关系多好的机会啊! 走,我们大家一起去。"

16. 饭馆里,一帮人围在一起吃着烧烤,有人提出喝啤酒,被办公室主任和新产品开发部经理制止了,说下午还要办公,喝点饮料吧。新产品开发部经理举起杯说:"我以水代酒,向年轻的行政助理表示歉意。昨天我不该把工作中的压力和在别人身上生的气,都撒在你身上。今天看到你给我写的信非常感动,没想到你一个刚参加工作的小同事,对自己的工作有这么高的认识、这么深的理解。本来是我不对,你却向我道歉,让我自愧不如。"

办公室主任说:"我们工作也有缺点,找你们的人参加志愿者团队没有和你商量,没有考虑到你们工作的特殊性和最近特别紧张的情况,昨天去找你说明情况也没有选对时间和地点。好了,这件事就算过去了,希望以后我们两个部门继续互相支持。"

新产品开发部经理说:"我们最近工作确实忙,很难抽出 5 个青年人参加志愿者团队,他们都是我们部门的绝对主力。这样吧,我派 5 个工程师参加你们的团队,他们年龄虽大点,但干植树的活不会有问题。"

办公室主任说:"你别开玩笑了,那是青年志愿者团队,你整几个半大老头放里面,算怎么回事啊!"

行政助理说:"新产品开发部没有青年人参加,就不要再派人了。其他部门也有没人参加的情况。不足的人,我们再想办法动员。"

新产品开发部经理说:"那就谢谢了!"

17. 办公室里正在开会,参加会议的人是行政助理、办公室主任、团委书记、各团支部书记。行政助理向大家讲明情况,志愿者团队还缺 5 个人,请大家讨论如何解决。各团支部书记都纷纷说:他们支部还有人对没能参加志愿者团队有意见,要求参加的人不少呢,缺的人好解决。很快,缺少 5 个人的问题得到解决。

18. 认真观察和监督组织志愿者参加义务植树活动中,行政助理和各方面沟通的过程,并做好记录。

四、完成任务后每个人需要提交的工作成果

(一)组织米尼公司青年志愿者团队过程中,与各方面的沟通记录。

提示一:这是行政助理在组织志愿者团队过程中的写实记录。

提示二:这是与各方面沟通的记录,包括与办公室主任、团委书记、社区植树负责人、新产品开发部经理、同学、同事沟通过程的写实记录。

(二)总结本人根据对象、时间、地点、内容等不同情况,如何选择面对面、电话、书面、电子邮件等四种方法,如何与对方有效沟通的文字汇报。每种都要有具体实例。

提示一:你在实践课堂一开始就应该有意识地体会如何根据不同情况选择恰当的方法与对方有效沟通。

提示二:用实例来说明你已经能够选择恰当的方法与对方有效沟通。

(三)提供一份你的同事(同学)"能够令人满意地与对方有效沟通的调查记录"。

提示一:该记录应是调查情况的记录,即对周边相关人员所进行的实际调查的情况记录。

提示二:调查的对象,是你周边的人员,应包括:你的同事、上级、外部与工作关联的人员。

提示三:调查的内容,应该包括你周边人员关于"×××能否有效地与对方进行沟通""沟通的结果是否令人满意"等情况的反映和评价。

第十章 办公用品管理

一、 知识

（一）掌握办公自动化设备的类型和功能

（二）熟悉行政办公设备选购流程

（三）掌握办公设备的收发、存储和使用管理

（四）了解办公设备故障处理的流程

二、 技能

（一）复印文件、发送与接收传真、接收和发送邮件

（二）选购办公设备和耗材

（三）制作和填写设备故障日志

职场经验

　　第一天到公司，主任安排我看资料，熟悉情况，然后他就带着几个同事开会去了。我独自一人只用了半天时间，就做完了领导交给我的工作。后来其他办公室的同事到我们这里来复印资料，我很客气地让他登记，他好像有些不高兴，但是我看到年初的总经理会议纪要，说是从今年开始推行各部门单独核算，我必须这么做。因为资料很多，他就坐下来和我聊天，问我是从哪毕业的，为什么到公司来，觉不觉得办公室条件简陋，诸如此类的问题。我一一回答，但是很中性，没有说很多。末了他说，一个人很无聊的，你怎么不上网聊天？我脱口而出："那不好吧，上班就得有上班的样子。"话一出口，我看他眼神一闪，就没有再多言语。不管别人怎样，我应该对自己有要求。

后来我才知道,这个看上去很普通的同事是我们集团的老总,这一天他楼上的复印机坏了,他就自己拿着材料来办公室复印。

职场忠告

复印为什么
要登记

从一开始,就应显示你的职业素养。要有意识地建设自己的职业生涯,一是不断提高专业水准,二是培养职业素养。后者更能显示出一个人的道德层次和精神境界。应该从第一天就这样要求自己,从小事做起,持之以恒。

第一节　办公自动化设备

办公自动化设备往往是衡量办公自动化程度的重要标志,比较常见的可分为计算机类、办公设备类、通信设备类三个大类。

一、计算机类

（一）多媒体计算机是 OA 的核心设备,是所有设备的控制中心

目前,多媒体计算机主要有台式和便携式两类,它们的技术指标主要包括主频、内存容量、软件系统的配置和常用外设等几个方面。在选购时主要考虑各项技术指标,实现高性价比的微机配置。

（二）网络化办公

随着网络速度的提高,你可以与身处异地的同事、朋友开网络电视会议,把重要的、紧迫的生意决定与对方讨论,再将业务报表制成图文并茂的多媒体商业简报。

（三）设备接口

为了使计算机能方便地连接不同的外围设备,发挥外设的性能,计算机提供了一些常用的设备接口。如打印机接口、交互控制接口、网络接口。

打印机种类介绍

二、办公设备类

（一）打印机

打印机是办公自动化系统的重要输出设备之一。打印机分为击打式和非击打式两大系列。击打式以针式点阵式打印机为主,非击打式则包括激光、喷墨及热升华打印机等几种。

网络打印机是指通过打印服务器（内置或者外置）将打印机作为独立的设备接入局域网或者 Internet,其他成员可以直接访问使用该打印机。网络打印机本身应具有高速、高效的特点。

（二）复印机

复印机是现代办公活动中使用范围最广泛的一种设备。复印机主要有静电复印机和

数码复印机两类。它操作简单,能非常迅速地精确复制多份原文。它可
以通过接口与计算机、文字处理机和其他微处理机相连,成为地区网络
的重要组成部分。复印机的发展方向是多功能化、彩色化、廉价和小型
化、高速。复印机易发生卡纸等故障,因此要求把说明书放在机器边上,
并标出如果设备发生何种问题时应联系何人。一般指定一名工作人员
负责设备的一般维护,更换墨粉。这个人也负责培训新员工使用该设备。

复印机的使用

（三）扫描仪

扫描仪是通过捕获图像并将之转换成计算机可以显示、编辑、存储和输出格式的数字
化输入设备。

（四）投影机

投影机又称投影仪,是以精确的放大倍率将物体放大投影在投影屏上的仪器。

（五）碎纸机

碎纸机是由一组旋转的刀刃、纸梳和驱动马达组成的,纸张从相互咬合的刀刃中间送
入,被分割成很多细小纸片,可达到保密的目的。

（六）折页机

办公用折页机主要用于邮政信函、产品说明书、公文信函、商务信函的大批量折叠。

（七）装订机

装订机的产品类型是指装订机所采用的装订方式,目前市场上一般有热熔式装订机、
梳式装订机、铁圈装订机、订条装订机、财务装订机等。

（八）移动办公设备

"移动办公"也可称为"3A 办公",即办公人员利用移动通信设备可在任何时间（Any-
time）、任何地点（Anywhere）处理与业务相关的任何事情（Anything）。单位信息可以随
时随地通畅地进行交互流动,工作将更加轻松有效,整体运作更加协调。利用手机的移动
信息化软件,建立手机与电脑互联互通的企业软件应用系统,摆脱时间和场所局限,随时
进行随身化的公司管理和沟通,有效提高管理效率,推动企业效益增长。移动办公系统通
常能支持各种文件格式,领导使用手机等移动终端即可打开各种待审核和待审批公文,远
程进行批复。业务人员在与客户会谈前总是需要先打印出各种准备查阅的资料,而在使
用了装有移动办公系统的手机端之后,可在会谈期间根据需要随时进入公司系统进行查
阅。由于移动办公设备可轻松处理常规办公模式下难以解决的紧急事务,因此移动办公
具有常规办公模式所无法比拟的优势。

三、通信设备类

（一）传真机

传真机的种类有热敏纸传真机、喷墨/激光一体机、网络传真机。使用传真机的主要
优点是文件传送的速度快,能传送与原件一样的格式。工作人员收到传真后能立即分发。
发送传真时,把文件面朝下放在传真机上,拨叫相应的传真号码,按下开始键,机器确认拨
号,当接收的机器应答时,文件会逐页送入机器,信息发送完成后,将自动打印存根,装订
或用曲别针把存根附加在原来的文件上,如果在发送过程中有错误、失败或夹纸,会出现

警告消息。传真机在停电后可以作为普通电话使用。传真机就像人一样,工作了一段时间后就要写总结、写报告、反馈意见等,而传真机反馈的一些信息和传真机其他的一些系统信息,包括出错报告、日志报告、系统配置报告、功能列表、存储号码列表、安装帮助,这称为传真机的报告/参考系统。

（二）有线电话

有线电话,是通过有线电话机的受话器把声音转换成相应的电讯号,用导线把电讯号传送到另一台电话机上,然后再通过另一台电话机的受话器将这一电讯号还原为原来的声音。有线电话机具备通话性能好、使用方便、费用低廉等优点,是企业活动中不可缺少和不可替代的通信工具。

有线电话机随着其生产技术的发展而产生不同的类型,其功能也从单一功能向多功能、专项功能发展。电话机的类型,主要有按键式电话机、免提电话机、无绳电话机、录音电话机几种,或者是集上述多种功能于一体的多功能电话机。

（三）移动电话

移动电话通常称为手机,是便携的、可以在较大范围内移动的电话终端。

手机外观上一般都应该包括至少一个液晶显示屏和一套按键或一个触摸屏。

手机除了典型的电话功能外,还包含了收发短信息、PDA、游戏机、MP3、照相、录音、摄像、定位等功能,并正在快速地向着带有手机功能的 Pocket PC 的趋势发展。

由于手机发射了一定的无线电波,其安全性经常受到质疑。为避免影响仪器的正常操作,在飞机上是禁止使用手机的,在部分加油站或医院也有可能不允许使用手机。

（四）视频电话

视频电话分为走 IP 线路与走普通电话线路两种方式。视频电话通常指基于互联网和移动互联网端,通过手机之间、电脑之间、手机与电脑之间实时传送人的语音和图像的一种通信方式。

视频电话需要在电脑和手机上安装视频软件或插件。

视频电话的最大优点是,可以更真实地进行交流和表达,也增强了沟通的亲切感。

（五）电传机

电传机即电传电报打印机,是用户在电报局与自己所需要的用户进行通报时所使用的通信设备。用户只要在电报局营业窗口办理挂号手续并接通后,即可利用用户电报间内同一线路和设备,同时进行发报和收报。这样既可缩短电报传送时间,又可节省电报费用。

电传是远距离打印交换的编写形式。电传既具有电话的快速,又具有打字机的准确,尤其是当电文中有数据时,这种优点表现得特别明显。

作为迅速发送信息的手段,传真机已大量代替电传电报打印机。与传真机不同的是电传机用特殊的电缆传输,发送人的代码和接收人的代码直接打印在发送件和接收件上,以能够即时确认消息被发送和接收。国际上公认电传件可以作为直接的法律证据,而传真件被看作第二类的法律证据。因此,在海运、进出口贸易中,电传的合同、订单等被大量应用。

课后任务训练

一、使用计算机设计制作复印记录簿、传真记录簿、电话记录簿,并使用装订设备装订。

二、熟悉打印机、复印机、传真机、装订机的操作方法,并保留每种作品至少一件。

三、调查本地的邮局地址、联系电话号码、网站、服务特色,列表说明情况。

四、发送一份电子邮件。

第二节　办公用品申购

一、日常办公用品的范围

日常办公用品指企业日常工作所使用的设备、文具和耗材等。例如,计算机、打印机、复印机、碎纸机、照相机、摄像机等办公设备,移动硬盘、录音笔等数码办公设备,墨盒、硒鼓等办公设备耗材,水笔、纸张等文具用品。

二、办公用品选购前的准备

办公用品作为企业的必要开支,在公司的运营费用中占有一定的比例。加强和规范办公用品的管理规定,可以达到使公司节省开支,树立形象,强化管理的目的。

企业行政管理人员接受选购办公用品的任务后,首先要做好准备,主要包括信息收集和分析、制订计划和报请领导批准三项工作。

(一)信息收集和分析

做好信息收集和分析工作,确定选购办公用品的必要性、可行性和紧迫性,以保证选购计划得到上级的认可和批准。

(二)制订计划

制订选购办公用品计划,可采用文章式和表格式两种形式。文章式计划,是把计划以写作格式写成文件。表格式计划,是将整个计划以表格形式表达,经常用于时间较短、内容单一或量化指标较多的工作计划。选购办公用品,绝大部分属于时间较短、内容单一的工作,多选用表格式计划。

(三)报请领导批准

报请领导批准是实现购买目标的基础和关键。一般情况下,应该根据本单位的规定,向有权批准这个计划的领导机关报送书面请示文件。请示文件有两种形式:一种是制作一份请示并附上计划表;另一种是填写一份办公用品申购表。

1.购买办公用品计划表

购买办公用品首先要制定"购买办公用品计划表",其格式如表 10-1 所示。

表 10-1 　　　　　　　　　　购买办公用品计划表

制定单位		人力资源部培训科	有效时限	20××年 6 月 28 日
计划事项	1	内容:复印机	责 任 者	×××
		目标:1 台	完成时间	20××年 6 月 28 日
		措施:购买	奖励办法	
	2	内容:打印机	责 任 者	×××
		目标:1 台	完成时间	20××年 6 月 28 日
		措施:购买	奖励办法	
	3	内容:传真机	责 任 者	×××
		目标:1 台	完成时间	20××年 6 月 28 日
		措施:购买	奖励办法	
部门负责人承诺				

制定时间:20××年 5 月 10 日

2.请示文件的制作

"请示"是《国家行政机关公文处理办法》中规定的公文种类之一,"请示"一般由"标题＋主送机关＋正文＋落款＋附件＋成文日期"等组成,见案例 10-1。

【案例 10-1】 请示和领导批示

领导批示:

　　同意

　　　侗石彰　20××.2.27

×××公司人力资源部文件

签发人:×××　　　　　　　　　　　　×××公司〔20××〕27 号

人力资源部关于选择供应商的请示

米尼公司领导:

　　根据公司办公用品采购工作的有关规定,人力资源部对计划购买的办公用品,进行了 3 家供应商 5 个方面的调查、对比和分析,并编制了"人力资源部选购复印机对比表"和"人力资源部关于选购复印机理由的说明",初步确定选购××公司的××数码 1802型复印机。

　　当否,请批示。

　　附件:1.人力资源部选购复印机对比表

　　　　　2.人力资源部关于选购复印机理由的说明

　　　　　　　　×××　　　　　　人力资源部

　　　　　　　　二○××年二月二十七日

　　　　　(附注:联系人:×××　　联系电话:88889999)

附件 1:人力资源部选购复印机对比表(略,应附在本页的下一页)

附件 2:人力资源部关于选购复印机理由的说明(略,应附在附件 1 的下一页)

课后任务训练

备忘录

发给:行政助理

发自:办公室主任

日期:20××年3月12日

主题:购买传真机

　　新部门办公室的接待处需要一台传真机。请你从办公设备目录中查找两种不同类型的传真机,并提供下面的有关信息:

　　(1)类型;(2)成本;(3)功能;(4)消耗品。

第三节　行政办公用品选购流程

一、选购任务、选购制度

(一)选购任务

行政管理人员承担着选购办公用品的任务。其中包括为本人、本单位或本单位的其他人、其他部门选购办公用品。

(二)选购制度

办公用品
选购流程

一般情况下,企业都会建立选购办公用品的管理制度和程序。应该严格按企业选购办公用品的制度分步骤地完成相关工作。

二、选购工作程序

(一)制定选购工作程序

在购买办公用品的请示获得批准之后,为保证选购工作科学有序地进行,应该制定选购的工作程序,如图 10-1 所示,办公用品选购计划如表 10-2 所示。

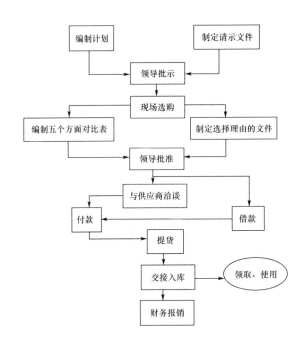

图 10-1 选购流程图

表 10-2　　　　　　　　　人力资源部办公用品选购计划表

时 间	工作内容	工作方法和要求	负责人	说 明
6月27日上午	到三好街选购	每种办公用品,都要选择三家以上的供应商,进行多方面的比对	×××	×××带队,三人共同选购
6月27日下午	1.编制选购要素对比表 2.起草选择设备理由的文件	对三家以上供应商提供的商品的性能、价格、供货地点、付款方式、售后服务等要素进行认真的对比,综合评价,选择性价比最合适的办公用品	×××	三人讨论,×××起草
6月28日上午	请领导批准选定的设备耗材	请公司领导在选择办公用品的理由的文件上签字批准	×××	
	与选定供应商洽谈	商定具体的型号、价格、交货地点、付款方式和售后服务事项等	××× ×××	签订供销合同
	办理借款	1.填写借款凭证,请领导签字批准 2.到公司财务处办理借款	×××	
6月28日下午	付款、提货	1.向供应商付款 2.供应商开具发票 3.提取购买的办公用品	××× ×××	核对型号、数量、价格、单据等是否相符
	交接验收	与设备部办理交接手续,填写设备入库交接登记表,并在发票上签字	×××	请设备部到培训部验收
	领取	办理培训部从设备部领取的手续,填写设备耗材发放登记表	×××	同上
	财务报销	1.持设备部签字验收合格的发票,按会计科目分类粘贴 2.填写报销凭证,并请领导批准 3.到公司财务处报销	×××	

（二）现场调查和综合对比

负责选购办公用品的工作人员，必须对不同供应商提供的办公用品的性能、价格、供货地点、付款方式及售后服务等开展市场调查，进行综合对比。

（三）选择供应商

1. 选择供应商对比表

选购办公用品的人员，在经过市场调查、获得准确的市场信息后，必须编制选购办公用品对比表。供应商不得少于三家；供应商地址应填写具体的门牌号码；设备或耗材的名称和型号写清楚；对比项目包括性能、价格、供货地点、付款方式和售后服务五个方面，如表 10-3 所示。

表 10-3　　　　　　　人力资源部办公室选购复印机对比表

供应商	A 公司	B 公司	C 公司
供应商地址	S 市 F 街	S 市 G 街	S 市 W 街
品牌型号	数码 1802	D2058	X1834
性能	复印、打字、传真、扫描四合一 复印速度：18 页/分钟 预热时间：25 秒 缩放比例：50%～200% 体积：550×568×518 耗电量：1.2 千瓦时	模拟复印机 复印速度：15 页/分钟 预热时间：30 秒 缩放比例：50%～200% 体积：550×550×618 耗电量：1.4 千瓦时	模拟复印机 复印速度：16 页/分钟 预热时间：50 秒 缩放比例：50%～200% 体积：550×600×558 耗电量：1.5 千瓦时
价格	28 000 元	25 600 元	26 800 元
供货地点	F 街，送货上门安装	G 街，送货上门安装	W 街，送货上门安装
付款方式	先付 50%，安装试运成功后，再付 50%	先付 30%，安装试运成功后，再付 70%	安装试运成功后，再付款
售后服务	终生保修，更换材料付款。售后服务优秀	保修三年。保修期内更换材料免费。售后服务良好	保修一年。保修期内更换材料免费。售后服务良好

2. 选择供应商的理由

选择供应商的理由，应包括供应商、产品和工作现场三个方面。办公用品选购人员在分析选择供应商理由的过程中，应在自己职权范围内多征求使用者的意见；在对三家供应商的商品性能、价格、供货地点、付款方式和售后服务五个方面以及对工作现场的适应条件进行对比分析后，应写出一份"选择供应商理由的说明"。

【案例 10-2】

关于选购××数码 1802 复印机理由的说明

公司领导：

根据总公司批准的《人力资源部办公室购买办公用品计划表》，我部对相关情况进行了市场调查，并选择 A 公司、B 公司、C 公司三家供应商提供的产品进行了各项指标的对比分析(详见《人力资源部办公室选购复印机对比表》)。根据对比分析结果和办公室的实际情况，我们拟选购 A 公司出售的数码 1802 复印机。其理由是：

一、A 公司数码 1802 复印机虽然价格为 28 000 元，高于计划 25 000 元，但它具有复印、打字、传真、扫描四项功能，购买 A 公司数码 1802 复印机，可以不再购买打印机、传真机、扫描仪。实际上比原计划节省 4 000 元购买费用。

二、A 公司数码 1802 复印机比其他型号复印机节省耗材，碳粉消耗节省 8%，耗电量节省 0.2~0.3 千瓦时。

三、A 公司数码 1802 复印机能与计算机连接，可接入公司局域网，人力资源部的下属各部门都可以通过计算机使用数码 1802 复印机完成打字、复印和传真等工作。

四、A 公司数码 1802 复印机，与人力资源部所属各部门现有的办公用品相匹配，有利于与其他设备构成系统、互换信息、资源共享。

五、A 公司数码 1802 复印机的体积比其他型号复印机小，适合在人力资源部的办公环境中使用。

根据上述对比分析，我们认为选购 A 公司数码 1802 复印机比较合适。

人力资源部

20××年 3 月 21 日

3.报批

选购办公用品的对比表和选择供应商理由的说明，需要报请批准。经过具有批准权限的部门或领导批准后，才能与选定的供应商进行实质性的购买活动。

报请批准的方式，可采用"请示"文件并附"对比表"和"选择供应商理由的说明"的形式。

课后任务训练

到附近的商街调查了解办公用品的经销情况，任意选择一种办公设备，写一份针对这种办公设备的三家供应商的五项要素的对比表和一份选购理由的说明。

第四节 有效管理办公用品

一、接收和发放管理

（一）接收办公用品的形式和来源

1.存储接收。企业一般都设有办公用品的存储保管部门。这些专业存储保管部门一般都设置有保管员、库房和货架。专业存储保管部门主要接收新购入的办公用品、闲置的办公用品、从一个使用单位向另一个使用单位转移的办公用品、因维修或待报废暂存的办公用品等。

2.使用接收。使用单位因工作需要,接收新补充的办公用品。

（二）接收准备

1.人员准备。确定保管或使用人员,并事先通知他们做好接收的准备。

2.存放和使用位置准备。相关人员应事前了解所接收办公用品的名称、型号、特征、体积、重量、用途等。准备好安全可靠的存储或使用位置,保证办公用品一次性摆放到合适位置。

3.接收现场环境准备。确保接收现场办公用品搬运线路、动力、电源、采光、照明等各种条件满足接收的需要。

4.接收文件准备。接收记录、登记表、资产卡片等。

（三）交接验收

交接验收是接收办公用品工作中最重要的环节。交接验收主要是核实所接收的办公用品是否与计划、文件、合同、单据相符。

1.当面查清。接收的办公用品比较简单、一目了然时,当面查清型号和数量就可以办结交接手续。

2.开箱检查。接收的办公用品必须开箱检查,核实清楚各检查项目的真实情况后,才能办结交接手续。

3.安装、试运行确认各个检查项目相符。必须经过安装、试运行,确认各个检查项目相符后,才能办结交接手续。交接验收要有及时、完整、准确的记录。

4.接收登记。验收合格后,应及时、完整、准确地填写"办公用品交接验收登记表",移交和接收方都要在登记表上签字,表示确认完成移交。如表10-4所示。

表 10-4　　　　　　　　　　　设备（耗材）接收登记表

年　月　日　　　　　　　　　　　　编号：

设备编号				
名称				
型号及规格				
单位				
数量				
原值	元	完好程度	%	估计净值	元
设备档案资料				
随机工具及配件				
需要说明的事项				

移交人：　　　　　接收人：　　　　设备（耗材）主管人：

5.发放验收。办公用品直接发放到部门,也需要办理交接验收。

(1)发放部门应核实计划、请领表等。

(2)领取部门应核实办公用品的名称、型号、数量、性能等。

(3)交接验收合格后,应及时、完整、准确地填写"办公用品发放登记表"(发放登记表的格式与接收登记表基本相同),双方签字确认。

二、办公用品管理 A、B、C 法

(一)办公用品 ABC 法

ABC 分类法是对于采购库存的所有办公用品,按照全年货币价值从大到小排序,然后划分为三大类,分别称为 A 类、B 类和 C 类。A 类办公用品价值最高,受到高度重视,处于中间的 B 类办公用品受重视程度稍差,而 C 类办公用品价值低,仅进行例行控制管理。

(二)ABC 分类标准

1.ABC 办公用品的总金额和品种,在企业办公用品中的存储比例

(1)A 类办公用品在总金额中占 75%~80%,而品种仅占 10% 以下;

(2)B 类办公用品在总金额中占 10%~15%,品种占 10%~15%;

(3)C 类办公用品在总金额中仅占 5%~10%,而品种却占 75% 以上。

2.ABC 办公用品的库存管理法

根据 ABC 分类的结果可以采取不同的库存管理方法。

对 A 类办公用品应重点管理,严加控制,采取较小批量的定期订货方式,尽可能降低库存量。对 C 类办公用品采用较大批量的定量订货方式,以节省手续,留出精力管好重要办公用品。而对 B 类办公用品则应根据情况区别对待。办公用品 ABC 分类管理是保证产品质量、降低办公用品消耗、杜绝浪费、减少库存积压的重要途径。

三、存储管理

(一)存储安全

存储保管部门应管理、监督和维护好存放各类办公设备和耗材的房屋、柜架等存储空间及存储物品,做到安全可靠。因此,必须具备三个条件:

1.有安全防范设施。如库房和货架牢固,有消防器材、安全防盗设施,有保暖防冻设施、通风、防潮、防干燥、防虫蛀、防鼠咬设施等;

2.有安全保障制度。如安全技术操作规程、安全责任制等;

3.严格执行安全保障制度。

(二)库存管理程序

建立完善的库存管理程序,是搞好库存管理的关键,重点是库存记录卡片、库存账簿、库存盘点。

1.库存记录卡片

(1)建立库存记录卡片的目的

①保证库存安全,保持安全的库存量,消除由库存短缺引起的工作延缓;②预防浪费,

防止库房用来存储不必要的货物和占用大量的资金;③监督部门和个人合理地使用办公设备和耗材;④监督和防止库存物资被盗和破坏。

（2）库存记录卡片的形式和内容

库存记录卡片的形式,按物品种类建立,一品一卡,将库存物品每次接收、发放和其他因素引起的变化填写在卡片上,明确显示每种物品的库存余额。如表 10-5 所示。

表 10-5　　　　　　　　　　库存记录卡

库存编号：

物品名称：			最大库存量：			
型号：			最小库存量：			
单位数量：			再订货量：			

日　　期	接　　收			发　　放			余额
	接收数量	发票号	供应商	发放数量	申请号	个人和部门	

库存记录卡各项目的含义和用途：

①库存编号:给每一种库存物品单独编一个号码,一般按货架的位置进行编号。例如,A4 复印纸存放在 C 货柜 3 号架板上,A4 复印纸的库存编号为 C3。

②物品名称:库存物品的名称,如复印纸。

③型号:库存物品的型号,例如 A4。

④单位数量:库存物品存放单位的数量,例如,A4 复印纸是以"包"为单位存放的,每包的数量为 500 页。

⑤最大库存量:是指一项物品最大的库存数量,这是根据企业的使用量、资金周转情况、存储空间和物品本身的保存期限确定的。超出最大库存量就会造成浪费。

⑥最小库存量:是某种物品最小的库存限量。小于这个限量,就会影响企业的正常工作。当达到和接近这个限量时,必须采取紧急措施补充库存,以保证企业的正常运转。

⑦再订货量:当库存余额达到这个水平,必须订购新的物品补充库存。再订货量,根据企业正常运行的平均使用量、购置此类物品的工作程序和此类物品的交货时间长短来确定。

⑧日期:接收和发放日期。

⑨余额:在每一次接收和发放之后都会出现余额的变化。物品接收时,余额加上接收的数量。物品发放时,余额减去发放的数量。余额代表库存的实际数量。

2.库存账簿

建立库存物资账簿和库存财务账簿,从物资和财务两方面记录、管理和控制库存物资的变化,可以为领导决策、物资供应、资金调动和保障办公的正常运行提供保障。

3.盘点

（1）行政管理人员应定期按照单位的要求对办公用品盘点。在办公用品账簿管理人员或库房管理人员发生变化时,也应对办公用品进行盘点。

（2）物资盘点，包括库存的办公用品，同时也包括正在使用和闲置、待修、待处理的办公用品。

（3）办公物资盘点，是对办公用品清点查证，核对与财务账目、物资账目、货物登记卡上记录的品名、规格、型号、数量等是否相一致。

（4）盘点发现账、卡、物不相符或损坏时，应按本单位物资管理的有关规定进行查处。

（5）盘点发现货物损坏，若在保修期内，可与供应商联系进行更换处理；若是人为损坏则必须追究当事人责任；如属正常磨损应进行报废处理。

（6）盘点中所发现的账、卡、物不相符或损坏事项，必须向上级汇报。

（7）建立盘点制度，是监督、控制、管理库存和在用办公用品的重要环节。应定期检查、盘点库存、在用和闲置物资，保证物资的账、卡、物相符，及时处理可能出现的有账无物、有物无账、丢失、损坏、积压、短缺和非法侵占物资等问题。

（三）库存保管

库存保管应遵循以下原则：

1.所有库存物资放置的位置都能确保安全。

2.库房中应设置货架，保证所有物资都不直接放置在地板上。

3.分区分类存储，同一性质的物品存储在同一区域内，同一型号的物品存储在一处。

4.按物品的轻重大小合理存放。一般较重的物品放在货架的下面，较轻的物品放在货架的上面；较大的物品放在货架的下面，较小的物品放在货架的上面。

5.按物品的发放频率和存储期限合理存放。一般发放频率较高的物品放在库房的外侧，发放频率较低的物品放在库房内侧；存储期较短的物品放在库房的外侧，存储期较长的物品放在库房内侧。

6.易燃易爆、有毒物品，必须单独安全存放。

7.贵重物品，应单独存放在带有密码锁的保险柜中，并由专人保管。

8.库房和货架，应保持清洁和合理的温度、湿度、通风和采光。

四、使用管理

（一）放置位置的选择

在用的办公用品放置地点应符合以下条件：

1.安全；

2.便于工作；

3.便于安装、维修、移动；

4.与整体办公环境相匹配。

（二）节支增效

正确地使用管理办公用品，可以节省不必要的开支，减少不必要的浪费，为企业增效节支，是对办公用品使用管理的基本要求。具体要求如下：

1.看懂供应商或生产商提供的办公用品的产品使用说明书，做到了解办公用品的使用详情、使用期限、检测方法。科学、合理地维护设备和用品，延长使用寿命，减少耗量。

2.按照产品使用说明书或用户手册的要求,安全、文明地使用,严防操作不当引起办公设备损坏和浪费。

3.在更换、领用办公设备耗材时,应检查、检测耗材是否必须进行更换,若还可以应用,应把旧耗材用尽,以减少浪费。

（三）监督使用者按操作手册使用

行政管理人员应对设备和耗材的使用者进行检查、指导,保证他们按照正确的方法进行操作。

办公设备和耗材的使用说明书(或用户手册)及安全操作手册,应始终放在设备和耗材的附近,保障使用者随时使用。

（四）培训新使用者

负责办公设备和耗材管理的行政人员,对新的设备和耗材的使用者应进行有关操作技能的培训。

五、故障、维修、报废与闲置设备

（一）办公设备常见故障的种类

办公自动化设备故障是指因设备配件损坏,或软件问题而造成设备不能正常使用的状态。一个小的设备故障可能影响设备的正常工作或者产生错误的结果,而一个大的设备故障则可能引起大量数据的丢失,甚至导致整个系统的瘫痪,产生严重的后果。办公自动化的常见设备故障主要包括软件故障、硬件故障、人为故障和病毒故障四种。

（二）故障报告程序

发生故障时,首先检查发生故障的原因,自行排除故障;如果自己不能排除故障,应向关键操作员或上级报告,请求帮助排除故障;如果关键操作员也不能排除故障,需联系供应商排除故障;最后,填写"故障日志"。办公设备故障日志的参考格式如表10-6所示。

表 10-6　　　　　　　　　　　设备故障日志

设备名称：　　　　　　　　　　　　　　　编号：

发生故障日期		报告故障人员	
故障描述：			
消除故障的措施：			
消除故障日期		消除故障人员	

（三）办公设备的维护

办公设备管理和使用人员,应定期维护设备。一般规定在一天的工作开始和结束前或交接班前后,对设备进行维护。日常维护,主要是对设备擦拭、注油、紧固螺丝等。

（四）过期、残损和多余办公设备的处理

办公设备的管理和使用人员,应按照单位的规定处理过期、残损和多余的办公用品。任何办公设备都有使用期限。设备达到使用期限,就会效率下降、消耗加大,甚至出现事故隐患。过期设备如果继续使用,不仅影响工作效益,还具有潜在的危险,应及时进行报废处理。在实际工作中,因为不可抗拒的自然灾害、意外事故或其他原因,造成办公设备严重损坏,丧失了使用或保存价值,应按制度规定进行报废处理。闲置的办公设备,本单位不需要再使用,但办公设备本身并没有丧失使用价值。闲置的办公设备,占用存储空间,需要人工看护,不及时处理就会给企业造成不必要的浪费。闲置的办公设备的处理,应按法规和制度转卖、交换或赠送给需要单位。

课后任务训练

一、你所在的办公室购买了一台复印机,由你接收,开箱检查后,核实清楚各检查项目的真实情况。验收合格后,请你做一个及时、完整、准确的记录,包括填写"办公用品交接验收登记表",移交和接收双方都要在登记表上签字,表示确认完成移交。其他角色需要与工作伙伴合作完成。

二、定期检查你办公室的各种设备,并书写不少于一个月的故障日志。检查时可以向其他工作人员询问他们负责使用的设备情况,把曾经发生的故障补充到你的记录上。故障日志应包括:设备名称、故障日期、报告人姓名、故障描述、清除日期、处理措施、处理人签名等内容。

实践课堂

一、任务模块

(一)复印文件。

(二)与其他成员合作选购一种办公设备和耗材。

(三)管理办公设备和耗材,并监督其使用。

二、目的和要求

(一)目的一:训练和检验复印文件与收发传真的职业能力。

要求:熟练掌握与以下职业能力相关的知识和操作要领:

1.具有获得有关复印和收发传真的明确指示的能力。如果有不明确的问题,具有询问清楚的能力。

2.确保获得完成任务的足够材料,并且获得批准使用这些材料。

3.按照生产商的使用说明进行复印机、传真机操作,并高效完成任务。

4.按质量、数量要求完成复印和收发传真。

5.尽可能少浪费复印纸、传真纸和墨粉。

6.确保多页文件的顺序排列正确且没有纸张上下颠倒现象。

7.保证多页文件的装订整齐、牢固、符合要求。

8.在自己权限范围内按照常规程序处理复印机、传真机发生的问题,并且将出现的其他问题向相关人员汇报。

9.正确完成有关的复印记录和收发传真记录。

（二）目的二：训练和检验选购办公设备和耗材的职业能力。

要求：熟练掌握与以下职业能力相关的知识和操作要领：

1.确定要购置的设备和耗材是当前或预期工作所必需的，且考虑与原有设备相匹配。

2.确定要购置的设备和耗材所放置的位置安全可靠，且有利于工作流程。

3.对不同的供应商货物的性能、价格、供货地点、付款方式及售后服务等进行综合比较及选择。

4.在自己的职权范围内依照单位程序订货购置，并征求使用者的反馈意见。

5.按照采购程序与供方谈判确定购货内容、总费用，交货和售后服务等事宜，并形成文件。

6.按照进货、验货程序检查所购设备和耗材的型号、质量、数量、价格及相应单据。

7.在提供的货物或票据不符合要求时，能立即与供货商联系退换和改正。

8.按单位规定办理和存放购买货物的相关文件及单据。

（三）目的三：训练和检验管理办公设备和耗材的职业能力。

要求：熟练掌握与以下职业能力相关的知识和操作要领：

1.按照单位程序接收本团队或个人工作所需要的设备和耗材，并放置在适当的地方。

2.保证管理、监督和维护好存放各类设备和耗材的房屋、柜架等存储空间安全可靠。

3.按照单位规定正确使用和发放所管辖的办公设备和耗材，做到节支增效。

4.及时、完整、准确地完成和监督他人完成设备和耗材的接收与使用发放记录。

5.按单位要求对货物进行盘点，发现不符或损坏要按规定处理和上报。

6.监督使用者按照操作手册使用设备，并培训新使用者。

7.明确设备出现故障的报告程序及自己的职责，及时、清楚、准确地记录设备故障日志。

8.定期维护设备，必要时与维修服务商联络维护和修理。

9.按照单位的规定处理残废损、报废或多余的设备和耗材。

三、模拟现场设计

（一）所需场地：模拟办公室（或实训室）2间

（二）模拟办公室的物品设置（数量以班级人数为限）

1.办公用具：文具、纸张、耗材。

2.为复印机、打印机、传真机配备的指示留言簿、故障记录簿各1本。

3.制度（模拟）：复印机、传真机、收发传真件、打印机使用的有关规定，设备管理制度，办公室设备维护的有关规定，办公用品发放和保管制度，办公设备和物资购买管理制度，报销管理制度，设备、物资入库、出库、交接管理制度；行政办公人员工作岗位说明书。

4.办公家具：文件柜、存储柜（4个以上隔层、至少1组柜安装了密码锁）（附《用户手册》）；办公桌、椅。

5.办公设备（附《用户手册》）：计算机、打印机、复印机、传真机、投影仪、扫描机、照相机、录像机、装订机、压膜机、碎纸机、电话机和答录机。

6.灭火器、清扫用具（笤帚、拖布、废纸篓等）。

7.办公设备服务中心（模拟图示或以标牌替代即可，设置一个电话号码）。

（三）相关任务包

1.待执行复印、传真文件1份20页、单页单面待复印文件1份、待扩大复印文件1份、待缩小复印文件1份。

2.文件（模拟）：办公设备、耗材购买计划；办公设备、耗材购买预算；购买办公设备、耗材的请示；同意购买办公设备、耗材的批复；设备、物资订购清单；设备、物资订购合同书；设备、物资购买报销单据；设备入库交接验收记录；设备出库发放记录；设备台账；设备库存卡；设备盘点对账表；各类设备操作手册；设备使用监督检查记录；设备使用培训记录；设备维护记录；设备报废审批表；设备转移处理审批表。

（四）模拟办公用品库房

1.货架若干。

2.模拟办公用品10种以上，每种20个最小包装以上。可以用真品，也可以用模型或包装纸盒替代。

3.模拟办公设备5种以上，每种一台以上。可用包装纸盒代替。

4.模拟：①办公用品管理制度。②办公用品接收记录簿。③办公用品接收登记表。④办公用品发放登记表。⑤办公用品库存记录卡。⑥办公用品库存账簿。⑦办公用品请领表。

（五）模拟操作步骤

1.模拟复印操作步骤：模拟复印机操作员完成四项复印任务。

第一项复印任务：单页单面复印

（1）接受复印任务

①一台复印机，旁边放着《用户手册》和一本《复印登记簿》，墙上贴着《复印机操作规程》和《米尼公司复印管理办法》，复印机操作人员正在擦拭复印机表面。

一阵敲门声，操作员停止手中的擦拭，对着门应了一声："请进！"推门进来的是办公室秘书，他拿来一份《国庆节轮流值班表》，要求用A4纸单面复印20份。

②操作员拿出《复印登记簿》，请秘书填写。

③操作员拿着秘书填写的《复印登记簿》，去找办公室主任审查批准。

（2）复印准备

①操作员插上电源，复印机开始预热。

②操作员打开纸盒看一看，发现纸盒里放的是B5纸。他把B5纸拿出放在复印机下面的储纸箱里，又从储纸箱里取出一摞A4纸，双手抓住纸的两头让纸弯曲，一只手掐住，一只手放开，并用手指挡住纸端，让纸自己弹直，其目的在于使粘连在一起的纸页弹开。然后把纸装入纸盒。

③操作员打开碳粉盒，发现碳粉盒中的碳粉还基本够用，又装了回去。

（3）复印操作

此时复印机显示，预热已经完成，处于待复印状态。操作员开始复印。

①操作员拿起原件对照窗户透进的阳光看了看，然后对交给任务的秘书说："原件左上角有一个墨点，右下角有一个手印，需不需要掩盖一下？"秘书说："需要。"操作员找出剪刀，剪下两块纸片，黏贴在墨点和手印处。

②操作员打开复印机操作面板,将文稿原件字面朝下放在复印机稿台玻璃板上,按稿台玻璃刻度板的指示及当前使用纸盒的尺寸和横竖方向放好原稿,盖上复印机操作面板。

③操作员开始设置复印参数,首先查看操作面板上的各项显示是否正常。然后把复印数量设置为"20",把纸张尺寸设置为"A4",把复印浓度设置为"适中"。

④开始复印。

a.操作员按下启动键,复印机开始工作。b.当复印到第 5 页时,突然有多页纸同时从复印机里滚动出来,复印机出现异常的声音。操作员立即关掉复印机,取出纸盒,重新整理纸盒里的纸。先用右手掐着纸的一头左手掐着另一头,让纸弯曲再弹直,然后用左手掐着纸的一头右手掐着另一头让纸弯曲再弹直。最后把纸放回纸盒,重新调整纸盒里的控制挡,让纸摆放整齐、松紧适度。重新开动复印机。c.当复印到第 15 页时,复印机出现卡纸。操作员立即关闭复印机,打开复印机前盖,把夹着的纸慢慢地取出来,再小心翼翼地清理夹在出纸口里的纸屑。然后继续开机,完成复印任务。

第二项复印任务:多页双面复印

(1)接受复印任务

前来复印的是人力资源部经理,他手里拿着一份 20 页的文件,要求双面复印,一共复印 10 份。操作员要求他办理了复印批准手续。

(2)复印准备

因为复印机没有关机,不需要预热。准备工作简单而快速。

(3)复印操作

①操作员拿起底稿看了看,问人力资源部经理:"这份文件可以拆开复印吗?"人力资源部经理回答:"可以。"操作员拿出一个小型起钉器,把订书钉起掉,把文件反转来,扣在办公桌上。

②操作员打开复印机操作面板,把文件的最后一页字面朝下放在复印机稿台玻璃板上,按稿台玻璃刻度板的指示及当前使用纸盒的尺寸和横竖方向放好原稿,盖上复印机操作面板。(多页文件先复印最后一页,按从后往前的顺序复印,有利于正确的分页和装订)

③操作员开始设置复印参数,首先查看操作面板上的各项显示是否正常。然后把复印数量设置为"10",把纸张尺寸设置为"A4",把复印浓度设置为"适中",把单双面复印设置为"双面"。

④开始复印。

a.操作员按下启动键,复印机开始运转。b.当复印到第 7 页时,复印件出现模糊不清,漏行、断档现象。操作员立即关掉复印机,拿出碳粉盒查看。发现碳粉盒中的碳粉没了,立即换了一个新碳粉盒,又重新开机工作。c.当复印到第 15 页时,复印机突然停机,操作面板上红灯闪烁,箭头指示:纸盒无纸。操作员立即关闭复印机,打开复印机纸盒,放进一叠纸,关上纸盒。重新开机,继续复印。

第三项复印任务:放大复印文件

(1)接受复印任务

前来复印的是销售部经理,他手里拿着一份 B5 纸上印着的米尼公司标识图,要求扩大复印到 A4 纸上,复印 5 份。操作员要求他办理了复印批准手续。

（2）复印准备

因为复印机没有关机，不需要预热。准备工作简单而快速。

（3）复印操作

①操作员检查底稿，没有任何问题。

②操作员打开复印机操作面板，把图片面朝下放在复印机稿台玻璃板上，按稿台玻璃刻度板的指示及当前使用纸盒的尺寸和横竖方向放好原稿，盖上复印机操作面板。

③操作员开始设置复印参数，首先查看操作面板上的各项显示是否正常。然后把复印数量设置为"5"，把纸张尺寸设置为"A4"，把复印浓度设置为"适中"，把复印倍率设置为"扩大"。

④开始复印。因为复印量小，没有遇到任何问题，瞬间完成复印任务。

第四项复印任务：缩小复印文件

（1）接受复印任务

前来复印的是技术部经理，他手里拿着一份 A3 纸上印着的设计图，要求缩小复印到 A4 纸上，复印 2 份。操作员要求他办理了复印批准手续。

（2）复印准备

因为复印机没有关机，不需要预热。准备工作简单而快速。

（3）复印操作

①操作员检查底稿，没有任何问题。

②操作员打开复印机面板，把图片面朝下放在复印机稿台玻璃板上，按稿台玻璃刻度板的指示及当前使用纸盒的尺寸和横竖方向放好原稿，盖上复印机面板。

③操作员开始设置复印参数，首先查看操作面板上的各项显示是否正常。然后把复印数量设置为"2"，把纸张尺寸设置为"A4"，把复印浓度设置为"适中"，把复印倍率设置为"A3－A4"。

④开始复印。因为复印量小，没有遇到任何问题，瞬间完成复印任务。

提示：把四次复印的操作过程、出现故障和排除的过程记录下来，并填写设备故障日志。

2.模拟发送和接收传真步骤

准备两台传真机，分别安装在两个房间里，一台作为本企业的传真机，一台作为某大城市假日饭店的传真机。企业领导组团赴该城市参加商品展览会，预定住在该宾馆。宾馆客房部经理张秋颖发来传真如下：

假日饭店传真首页

接收人：办公室主任	发送人：张秋颖
接收单位：米尼公司	发送单位：假日饭店
接收号码：8834××××	发送号码：2331××××
	日　期：2017 年 10 月 12 日
	页　数：1（包括首页）

内　容
请将贵方来我宾馆住宿的人员情况和具体要求传真到我部，以便安排每个人的房间等相关接待事宜。

(1)发送传真：

①接受任务。办公室主任把收到的假日饭店客房部经理张秋颖的传真交给行政助理，要求他草拟一份传真，发给假日饭店，并要求假日饭店将安排住宿的具体情况发传真告知本企业。

②行政助理做了三件事。a.给参加展览会的3个人分别打电话，询问对住宿的意见和要求；b.编制一份住宿假日饭店人员表，并附上相关要求；c.填写一张《米尼公司传真首页》，提出要求住宿安排的具体情况，再用传真返回。他起草的传真原件如下：

米尼公司传真首页

接收人：张秋颖	发送人：行政助理
接收单位：假日饭店	发送单位：米尼公司
接收号码：2331××××	发送号码：8834××××
	日期：2017年10月13日
	页数：2(包括首页)

内　容
现将我公司在贵宾馆住宿的人员情况和具体要求传真给你部，详见下页"米尼公司住宿假日饭店人员表"，请将安排每个人的房间情况传真给我公司。

米尼公司住宿假日饭店人员表

姓名	性别	年龄	职务	要求
易椰楠	男	42	总经理	午餐不在饭店，早晚餐在饭店
冯天茵	女	38	总会计师	就餐同上
姚越	男	40	总工程师	回族，请安排清真餐饮。就餐同上

③发传真

a.行政助理将有字的一面朝下放到传真机的输纸器槽里，听到传真机发出声音，说明纸已经夹住了。b.行政助理拨打假日饭店客房部传真号：2331××××，对方有人接电话，听筒中传来声音："我是假日饭店客房部经理张秋颖，请问您有何需要我帮忙的？"行政助理回答说："我是米尼公司行政助理，根据您的要求，我要给您发一份传真，请您接收。"张秋颖说："好！"然后听到"嘀——"的一声。c.行政助理按一下绿色的标有"启动"的按键。d.行政助理放下电话听筒，机器自动走纸传真。e.在传输到第2页时，第2页纸卡在输稿器口，传真机发出异样的响声。行政助理按动传真机的停止按钮，传真机停止工作。f.行政助理从纸槽中取出底稿，展平后又放进输纸器的槽中，按动"启动"按钮，对方没有任何反应。g.行政助理拿起传真机电话听筒，拨通假日饭店客房部电话，张秋颖刚说："我是……"行政助理立刻说："对不起，方才我方传真机出了故障，麻烦您再给一次接收信号，让我把传真件传完。"张秋颖说："不必客气，我马上给信号。"听筒里又一次传来"嘀——"的一声。行政助理又一次按动"启动"键，他一放下电话，传真件迅速地传了过去。

（2）接收传真：

①传真机响起急促的电话铃声，行政助理提起话筒，听筒里传来张秋颖的声音："我是假日饭店客房部经理张秋颖，有一份传真给您，请您发接收信号。"行政助理按一下启动键。

②行政助理挂断电话，机器自动走纸接收传真。

③假日饭店客房部经理张秋颖传过来的不仅是三位领导的住宿安排，还有客房服务指南、饭店介绍等资料。但到第三页时，传真机停止工作，不再出纸。

④行政助理打开传真机，发现没纸了。于是拿一卷纸装好。把没有接收完的传真接收完。

提示一：分别扮演行政助理和客房部经理，互相发送和接收传真。

提示二：把发送和接收传真的过程，出现故障和排除故障的过程认真的记录下来。

提示三：填写设备故障日志。

3. 模拟选购办公设备和耗材的操作步骤

每5～7人组成一个模拟小组，分别扮演办公室主任、行政助理、保管员、会计、出纳、供应商。

（1）接受任务

米尼公司决定成立创新创业办公室，定员3人。计划为这个新设立的机构配备办公桌椅3套、文件柜3个、计算机3台、打印机1台、复印机1台、传真机1台、电话3部。另外还需要为其配备纸、笔、尺、日志本、橡皮、裁纸刀、笔记本、订书机等用品。其中计算机、复印机、传真机必须买新的。办公室主任说，总经理要求办公室承担创新创业办公室的筹备工作。所以，各位行政助理要立即开始办公用品的选购工作。

（2）准备工作

①重新学习公司设备采购管理制度，以保证新选购设备工作符合程序和要求。

②向模拟的使用对象征询意见，了解他们希望的品牌、性能等。

③调查相关联设备的型号和性能，以确定新选购设备能够与之兼容。

④制订模拟计划，并向模拟的领导请示批准。

提示一：选购办公设备的计划，可以是一份计划表，可以是一份申请文件，也可以是一份附有计划表的请示文件。

提示二：这个计划，需要批准，应该模拟负责选购办公设备的行政助理和有权限批准购买计划的领导，并要互换角色，模拟编制计划和批准计划。

（3）现场选购

①把附近的真实的办公设备供应商作为选购设备的对象，组成选购团队，深入供应商的店铺，进行实地选购活动。

提示：组成模拟的选购小组，分别扮演行政管理人员（采购人员），到真实的商场询价、砍价。

②每一种设备，至少向三个以上供应商开展市场调研。向他们索取商品简介、报价表等相关资料。详细了解品牌、性能、价格、付款方式、售后服务、供货地点、有否打折优惠、运输距离、运输方式等信息。

③对三家以上供应商的同类产品，进行性价比分析，分析的重点是性能、价格、付款方

式、供货地点和售后服务五个方面。并编制出选购设备对比表。

④确定选择供应商的理由。选择供应商的理由,不仅要考虑最优性价比,还要考虑使用环境的适应性和供应商的信誉。这些问题都必须向使用者、同事、上级和内部专家征求意见。最后形成具有说服力的选购理由。

⑤撰写选购理由的说明,报请领导批准。

提示一:选购理由的说明,需要附上《选购设备对比表》。

提示二:这个《选购理由的说明》,需要批准,应该模拟负责选购办公设备的行政助理和有权限批准购买的领导,并要互换角色,模拟提交《选购理由的说明》(或选购请示文件)和批准购买某供应商的商品。

⑥在领导批准购买某一供应商的某一办公设备以后,要直接与供应商谈判,争取得到最便宜的价格和最优惠的条件,购买到最好的商品。

⑦谈判成功后与供应商签订购销合同。购销合同极其重要,务必审慎对待。签订购销合同,就是用法律的形式明确双方的利益和责任。合同务必明确标示商品的名称、型号、价格、付款方式、交货方式、保修时限、售后服务、违约责任等。谈判和签订合同过程中,要切实的维护企业的自身利益不受侵害。

提示一:因为是模拟,不是真买,不可能和真实的供应商谈判和签约。要分别扮演选购者和供应商,讨价还价,最后达成协议,签订合同。并要互换角色,反复演练。

提示二:如能找到现行的办公设备购销合同文本,就模拟这个文本。如不能找到现行的办公设备购销合同文本,可参照下面的模式设计一个合同文本。按文本上的要求,签署合同。

商品购销合同

甲方:

乙方:

经双方协商,乙方向甲方购买以下商品,并签订合同如下:

一、商品名称:

二、商品型号:

三、购买数量:

四、购买单价:　　　　　　总价:

五、供货方式:

六、付款方式:

七、售后服务:

八、其他:

九、本合同一式二份,甲乙双方各执一份,并具有同等法律效力。

甲方代表:　　　　　　　　　　　　　　　乙方代表:

年　　月　　日　　　　　　　　　　　　年　　月　　日

⑧向财务办理借款手续。

提示一:借款手续,主要是填写一张借款据,经过领导签字批准后,财务付款。

提示二:模拟扮演办公设备采购人、批准的领导、审核借款的会计、付款的出纳。并要互换角色,反复演练。

提示三:"借款据"各企业有各企业的设计格式,但内容相差无几,模拟团队可以仿照以下的样本设计。

借款据　　　　　　　　　　　No

借款理由			
借款数额:人民币(大写)			Y
借款日期:　年　月　日			
借款人或报销经手人	会计主管人员意见		
	可由第　款第　项第　目付款		
本部门负责人意见	单位负责人批示		

⑨与供应商办理付款手续。付款必须索取发票和提货单。

提示一:分别模拟采购办公设备的行政助理和供应商销售代表、收款员。并互换角色,模拟行政助理向收款员交款,收款员向行政助理提供发票,行政助理向销售代表出示交款发票,销售代表向行政助理提供提货单。

提示二:提货地点、方式不同,提货单样式不同,各个供应商都会有自己的提货单样式。下面是一个到供应商仓库提货的提货单样式:

提货单

提货单位		提货人		联系电话	
仓库联系人		联系电话		仓库/地址	
商品名称	商品型号	合同编号	发票编号	单位	数量

经办人:　　　　　　　　　　　　　　　　　提货人:

审批人:　　　　　　　　　　　　　　　　　证件类型:

日期:　　　　　　　　　　　　　　　　　　证件号:

交收专用章:　　　　　　　　　　　　　　　提货单位(章)

仓库发货经办人:　　　　联系电话:　　　　　出库章:

备注:1.提货时必须出示提货人身份证或其他有效证件,由仓库确认并记录下证件上的姓名和号码,方可提货。2.提货时仓库必须验明提货单已加盖我公司交收专用章及提货单位公章,提货单位的公章与左上角提货单位名一致。3.提货时仓库必须验明商品购销合同、付款发票,并与提货单登记的号码相一致。4.买方如对货物质量有异议,须在最后五个交收日期内书面通知本公司。

⑩提货。

提示一:提货的地点,可能是供应商店铺的柜台前,可能是供应商的仓库里,也可能直接送到你的单位来。但是,不管在哪提货、也不管在哪付货,都必须认真地检查验收。应检查验收的重点,品种、名称、型号、性能、价格、数量等是否与合同相符、是否与发票相符、是否有缺陷、是否有损伤。有包装的,要打开包装检查。需要连接电源试运行的,一定要连上电源试运行。

提示二:分别模拟供应商仓库保管员、行政助理。第一步,行政助理向保管员提供《提货单》,保管员接过后与自己的登记簿核对,要求行政助理提供身份证,保管员在登记簿上登记行政助理的姓名和身份证号。第二步,保管员要求行政助理出示合同和发票,保管员验证后又交给行政助理。第三步,保管员把一个包装完好的纸箱推过来,行政助理要求打开包装检查。保管员打开包装,行政助理拿着合同和发票核对设备名称、型号并检查外观,然后要求保管员接上电源,设备预热后,正常运转。第四步,行政助理认为设备无问题,要求保管员再给包装起来,然后在提货单上签字,把货提走。

(4)入库验收

米尼公司办公用品仓库。整齐的货架上摆放着各种办公用品。

行政助理前来办理新购进设备的入库交接手续。办公用品设备仓库保管员看过购买计划、购销合同、发票,然后开箱检查设备。认为无误后开始填写《办公设备(耗材)接收登记表》,填好后让行政助理签字。行政助理拿出购买发票,请保管员在发票的背面写上:此设备已经验收入库,并签上自己的名字。

(5)财务报销

财务报销涉及的人物与借款相同,报销的程序与借款的程序相仿。

①填写报销凭证,并附上购物发票。同时要填写一份差旅费报销凭证,在报销购买办公用品费用的同时,报销因购买办公用品发生的差旅费。(也可以分开办理)②请领导批准,一般由批准购买计划的领导批准。③会计审核。④出纳报销,收回借款据。

(6)整理档案材料。将选购过程中形成的各种文件整理成档案,交档案部门保管。这些材料应该包括:申请计划和批准文件、三家以上供应商5个方面情况对比表、购买理由的说明和领导批准购买文件、购买合同、提货单副本、入库交接验收登记表副本等。

4.模拟设备接收、发放、存储管理的步骤

(1)模拟接收的步骤

米尼公司办公用品仓库保管员 A 接到上级电话,大致内容是:昨天发给你的新品购进清单看过了吧,这批物品今天下午2点到货,做好交接验收准备。并要求 A 带领新来的 B 保管员一同参加交接验收工作,培养和训练他尽快掌握库房保管员的工作程序。

新购进的办公用品,包括复印纸、中性碳素笔、办公剪刀、文件筐、梳式文本装订机。这些办公用品,大部分是为新建立的创新创业办公室准备的,少部分是补充库存不足。

①接收准备

A 带领新来的 B 保管员提前来到库房,为接收办公用品入库做准备。

第一步,他们一人手里拿着一张表,上面是要入库的5种办公用品的明细表。他们来到存放复印纸的货架前,两个人用钢尺丈量货架空位的宽度,A 说:"一摞10盒,一共50盒,需要摆5摞,大约需要1米的宽度,大约差20厘米的位置。我们需要把已有的复印纸向左侧移动20厘米。"B 放下手中的表格和钢尺,把原有的3摞复印纸向左移动20厘米。两个人又用钢尺量一遍。A 说:"可以了!"B 把钢尺收起来。A 说:"接收物品入库,需要做好存放位置、进货通道、搬运工具和接收文件的准备。"

第二步,A带着B沿着物品进场的通道走一遍,发现一个折叠梯堵塞了两个货架之间的通道,A让B拿到墙角处。

第三步,A让B把一辆小型四轮平板搬运车推过来,放在库房门口。A让B按下库房门口左侧的开关,所有的灯都亮起来,然后又让B关掉。A对B说:"开灯,是为了检查电源是否完好。交接验收有时需要使用电源和照明。"

第四步,A带着B把一个办公桌搬到库房门口,A让B从抽屉里拿出一本"接收记录"、一叠"办公设备(耗材)接收登记表"和一叠"办公用品交接验收登记表",整齐地排在桌面上。

②交接验收

第一步,采购员将采购物品的计划、批准文件、购买合同和付款单据交给保管员,A让B接下来。

第二步,采购员将5种物品按顺序搬进库房门口,保管员A指导B一一核对计划、合同、单据,检查数量、外包装等,认为无误,记录在记录簿上。B用平板车运进库房。A说:"先随便放在附近,之后我们再整理。"

第三步,移交到梳式文本装订机时,A指导B把包装打开,查看设备外观、附件、说明书和保险单等。认为无误,记录在记录簿上。

第四步,A指导B对前四种办公用品填写了"办公用品接收(入库)登记表",对梳式文本装订机填写了"办公设备(耗材)接收登记表",A指导B在登记表上签字,又告诉B请采购员签字。A指导B留下一份夹在一个夹子上,把另一份交给采购员。

第五步,A指导B把采购员带来的计划、文件、合同和票据还给采购员。采购员拿出报销单据,请B签字,对他完成采购的物品已经入库表示认证。B签完字,递给采购员。

提示一:A由教师扮演,学生轮流扮演B和采购员,反复演练。

提示二:办公设备(耗材)接收登记表样式

办公设备(耗材)接收登记表

年　　月　　日　　　　　　　　　　　　　　　　编号:

设备编号				
名称				
型号及规格				
单位		数量		
原值	元	完好程度	%	估计净值	元
设备档案资料				
随机工具及配件				
需要说明的事项				

移交人:　　　　　　　　接收人:　　　　　　设备(耗材)主管人:

提示三:办公用品接收(入库)登记表样式

办公用品接收(入库)登记表

交接时间: 交接地点:

序号	品牌和名称	型号	单位	数量	单价	金额

移交人: 接受人: 主管人:

提示四:接收记录样式

接收记录

名称	数量	交货人	时间	记事	接货人

(2)模拟发放的步骤

①请领人填写"办公用品请领表"。

②请具有批准权限的领导批准。

办公用品请领表

申请单位: 申请时间: 年   月   日

名称	型号	数量	用途	说明

请领人: 领导签批:

③发放部门审核请领的物品是否与计划相符,请领表是否填写清楚,是否得到领导签字批准。

④请领人要核实办公用品名称、型号、数量、性能是否与计划和请领表相符。

⑤双方交接验收合格后,如果交接验收的是办公设备和耗材,填写"办公设备(耗材)发放登记表"。如果交接验收的是其他办公用品,填写"办公用品发放登记表",双方签字认证。

提示一:"办公设备(耗材)发放登记表"与"办公设备(耗材)接收登记表"基本相同,"办公用品发放登记表"与"办公用品接收(入库)登记表"基本相同。

提示二:相互扮演保管员和领取人,互换角色,反复演练。

(3)模拟存储管理的步骤

①把 20 包 A4 型复印纸、20 打中性碳素笔、10 把办公剪刀、20 个文件筐、一台梳式文本装订机摆放到存放位置。

②填写库存记录卡。按着顺序,把 5 种办公用品的库存记录卡一一填写完。

③将新入库的 5 种办公用品一一入账。

(4)模拟库存盘点的步骤

①组建盘点小组:由领导、办公用品财务管理会计人员、办公用品物资管理行政人员、办公用品库房管理人员组成。

②盘点小组召开会议,讨论盘点的目的、范围、方法、要求等。

③制订盘点计划,包括盘点目标、时间、方法步骤,盘点结果处理等。

④实施盘点。一人查点实物,包括名称、编号、放置位置、型号、数量、完好程度等。两人分别核对财务账簿和物资账簿。一人负责监督盘点。

⑤对盘点完毕的物品填写库存盘点表,确认无误后,盘点人签字。

办公用品库存盘点表

盘点范围:　　　　　　　　盘点时间:　　　　　　　　盘点时限:

序号	盘点项目			数量			简要记事	责任人签字
	品名	型号	位置或编号	账面数量	实际数量	差量		

⑥对盘点结果进行处理。包括盘盈盘亏处理、报废和残损物品处理、账簿处理、库存卡处理等。

⑦编写盘点总结报告。

(5)模拟使用管理的步骤

①接受任务:行政管理人员 A 接到办公室主任的指示:创新创业办公室新领取了一台惠普牌打印、复印、扫描、传真多功能一体机,要求 A 去给予指导。

②选择摆放的位置:A 与创新创业办公室主任 L、工作人员 M 和 G 讨论,M、G 认为应放在 L 办公桌面上,因为 L 是领导,工作方便。L 认为应放在 M、G 两人合并对坐的两张桌子上。A 提出放在靠门口的一张小桌上最合适,一是因为三人使用都方便,二是靠近门有利于设备本身散热,也有利于从门口排放设备运行产生的噪音和废气,三是离电源较近,易于接通电源。大家认为 A 的建议正确,将惠普多功能一体机安装在靠门的一张小桌上。然后,A 又帮助他们把三个人的计算机都与一体机连接起来。

③设置操作规程。A 把他带来的多功能一体机操作规程贴在一体机附近的墙上,又把用户手册放在一体机旁边。

④设置记录簿。A 把带来的复印记录簿和设备故障记录簿,拿出来放在一体机附近。补充一句说:"复印、打字和扫描,都使用复印记录簿记录。"A 要离开时,G 向 A 提出指导一下扫描仪的使用。M 说,正好我有一份报名材料,要求把考生照片用扫描传输过去,我不知如何才能把照片扫描到计算机上。

⑤指导和培训正确使用扫描仪。A 把一体机的电源连上,要求 M 打开计算机。

步骤一,A 指导 M 打开扫描仪上盖,把要扫描的一张照片面朝下压在下面。

步骤二,A 指导 M 双击"我的电脑",在"我的电脑"里点击扫描仪图标。

步骤三,A 指导 M 在弹出的对话框中选择"扫描仪和照相机向导",然后点击"确定"。

步骤四,A 指导 M 在"扫描仪和照相机向导"对话框中,点击"下一步",选择图片类型"彩色照片",纸张来源"平板",再点击"下一步"。

步骤五,A 指导 M 输入文件名、文件格式、保存位置,如文件名"557"、文件格式"JPG"、保存位置"桌面",点击"下一步"。

步骤六,A 指导 M 开始扫描,在"扫描仪和照相机向导"对话框中显示:"正在扫描照片,请稍候。"并有进度条显示。

步骤七,A 指导 M 在"扫描仪和照相机向导"对话框中显示"你要做什么?"的三个选项中,选择"什么都不做,我已处理完这些照片(G)",点击"下一步",再点击"完成"。

步骤八，A 指导 M 返回桌面，查看到桌面上增加了一个 557.JPG 的图标，双击打开这个图标，就看到这张照片了。

提示：办公设备故障处理和设备故障记录，已在复印和传真操作中演示。

四、完成任务后每个人需要提交的工作成果

（一）复印机操作

1.所执行的 4 项复印任务的书面记录。

2.书面解释如何处理复印中所遇到的情况，包括：无纸问题、无墨粉问题、机器卡纸问题。

（二）发送与接收传真的书面记录

1.能够发送和接收以下传真件：单页文件、多页文件。

2.能够处理以下问题：机器无纸、文件挤塞、输入错误。

（三）选购办公设备

1.对欲购买的办公设备提交一份 3 家供应商有关该设备 5 方面情况的比较表。

2.说明选择供应商的理由。

（四）管理和监督

1.提交一份有效管理接收、发放、存储、使用设备和耗材的改进意见和措施。

2.提交两种办公设备的故障日志复印件（每种设备应亲自记录 2 次故障）。

第十一章　会议管理

学习目标

一、　知识

（一）熟悉会议的种类、会议程序

（二）熟练掌握会前准备和会后整理

二、　技能

（一）会议记录方法

（二）会议纪要的写作方法

职场经验

新任销售部经理赵刚到任，决定马上召集所有的部门员工开会。通知任务交给了助理小王。小王大声对办公室的人说："赵经理说，明天下午开会，大家务必参加。"

第二天下午一上班，赵刚让小王安排五分钟后开会。小王立即通知开会，有人说："手头还有紧急的工作没完成呢！"还有人说："我约见的客人马上就要到了。"……抱怨声此起彼伏，有一个员工根本就不知道开会的事情，原来昨天小王通知的时候，他出去拜访客户，不在办公室。员工们来到会议室门口，才发现会议室有其他部门正在开会。小王只得折回经理室，向赵刚汇报。赵刚想了想，说："那就等一会儿吧。"20多分钟后，会议室空置出来，赵刚宣布会议开始。他说："召集大家来开会，主要想讨论以下几个问题：一是本部门的月度目标；二是各位对我今后工作的想法和要求；三是产品销售方式的完善。"员工们听到议题后，面面相觑，不知道从何处开始讨论。赵刚也不知所措地望着大家，不知如何将会议进展下去。沉默了很久，大家才你一言我一语地开始说话。可是，说话的内容却漫无目的、随意扩展。说着说着就说到了公司的薪酬体系上，大家各有看法，抱怨声一片。

这时,赵刚开始说话了,他详尽地阐述自己今后的工作计划,一个人足足讲了半小时还不停歇。只是他的计划与大家的实际工作并没有太大关系,大家听着听着就不耐烦了。有人开始发短信、小声交谈、无所事事地用笔在纸上乱画,更有甚者假装接听电话离开了会议室。

职场忠告

高效率会议应具备的特征是:在绝大多数与会者感到满意的情况下,以最短的时间实现会议目标。这个特征有三个关键要素:实现目标、时间、与会者满意。

高效率的会议

第一节 会议的种类

企业会议,指有组织、有领导商议事情的集会,是进行信息交流的活动。它至少包含四个要素:有组织、有领导、商议事情、集会。四个要素缺一不可,否则就不称其为会议。

一、按不同标准区分会议的种类

会议可以按照人数、开会方式和开会目的进行分类,每一种分类都从一个方面反映了会议的作用,每一种分类都与人们的实际需要、社会的不断发展密切相关。会议还可以按照会议发生的频率分类,每种会议都有其合理的发生频率,只有掌握了合理的会议发生频率,才能更高效地利用各种会议解决问题、达到目的。如表 11-1 所示。

表 11-1　　　　　　　　　按不同标准区分会议的种类

按人数分类	按开会方式分类	按开会目的分类	按会议的频率分类
团体会议	面对面会议	宣布人事安排、讲解政策的会议	固定的部门会议
座谈会	电话会议	当众表扬或批评别人的会议	季末全体会议
一对一会议	视频会议	集思广益的会议	处理突发事件的会议

例如,某公司每周一召开一次总经理办公会,听取各位副总经理、总经济师、总会计师、总工程师上一周各项工作进展情况的汇报,研究和安排下一周工作。各部门都在周五之前把需要公司高层解决的问题进行汇总,提交到分管副总经理那里,在下周一提交到总经理办公会上进行研究,使问题得到及时的解决。

二、企业会议的种类

我们把企业的会议按开会的属性分为三类:第一类属常规会议,第二类属特种会议,第三类属专业会议。如表 11-2 所示。企业里有党、团、工会、妇联、民兵等组织的,这些组织不属企业领导,它们的会议活动由各组织自行决定,企业不干预。

如何对待会议中的意外情况

表 11-2　　　　　　　　　企业会议的种类

种　类	会议名称		定　义
（一）常规会议	1.股东会或股东大会		这类会议是按公司法和惯例召开的,有一定的程序性和规范性
	2.董事会		
	3.监事会		
	4.总经理(或总裁)办公会		
	5.高层管理人员会议		
	6.员工大会或员工代表大会		
（二）特种会议	1.见面会(或会见会)		这类会议的特殊性在于既没有法规规定,也不是例行会议,在会议的时间、规模、议程上也不受限制。它是以经济、贸易、技术为内容的多边主体的一种会议形式
	2.谈判会		
	3.洽谈会(或恳谈会)		
	4.庆典型会议		
	5.会展型会议	(1)展览会	
		(2)博览会	
		(3)展销会	
		(4)交易会	
		(5)展示会	
		(6)招商引资经贸洽谈会	
（三）专业会议	1.安全生产会议		这类会议是企业内部经营、生产、管理等过程中解决实际问题的会议。这类会议没有固定模式、规定时间、参加人数,而是依据各企业的情况决定。一般来说,每个企业在制定内部规章制度时,都将这些内容列为规章制度内容
	2.保卫工作会议		
	3.质量检验会议		
	4.技术研究会议		
	5.财务分析会议		
	6.市场开发会议		
	7.新品研发会议		
	8.宣传公关会议		
	9.防治污染会议		
	10.环境卫生会议		
	11.营销策划会议		
	12.后勤保障会议		
	13.仓储运输管理会议		
	14.交通工具管理会议		
	15.员工生活管理会议		

课后任务训练

米尼公司将举办职工代表大会,小组讨论这属于哪一种会议。

第二节 会议议程和通知

一、设计会议议程

议程是会议的程序表。让与会者明确会议目标的最好方法是预先发给他们一份明确的议程。一份清晰的议程能够规范和控制会议内容,约束沟通的次序和节奏,提升会议的效率,有助于会议目标的顺利达成。书面的议程还会使会议目标具体化,使会议按照既定的轨道进行,见表11-3。

表 11-3　　　　　　　　　　关于核心产品研发讨论会的议程表

会议名称	公司核心产品研发讨论会	
会议目的	确定产品研发的4个主题及研发人员的分工	
会议时间	7月6日	
会议地点	公司大会议室	
出席人员	董事长、总经理、各部门经理、产品研发部全员	
会议主持	产品研发部部门经理	
时间安排	主讲人/发言人	发言主题
9:30～10:30	市场部经理	近期客户需求汇总及变化分析
10:40～12:00	教务专员	公司现有产品体系漏洞分析
13:30～14:00	分组讨论	
14:00～14:30	产品研发经理	汇总意见并确定产品研发主题
14:40～15:00	总经理	研发人员分工

备注:1.分组情况见附件;2.如有特殊情况不能与会者,在会议前一天通知公司办公室;3.会间休息:上午10:30～10:40,中午12:00～13:30,下午14:30～14:40。

(一)会议议程的内容

1.会议名称;2.会议期望的目标或结果;3.会议时间、地点及食宿情况;4.参会人员名单及联络方式;5.分组情况;6.会议主持人;7.会议要讨论的每一个议题、相应的负责人和时间安排;8.有关会外活动安排,返程订票,机场、车站、码头接送等事宜;9.任何外来参加者的姓名和角色。

(二)安排会议议程的原则

1.依照议题的轻重缓急安排先后顺序;2.标明每一个议题的起止时间;3.要求与会者预先思考所要讨论的问题。

(三)安排会议议程的步骤

1.列出需要讨论的所有议题;2.依照轻重缓急的程度安排先后顺序;3.给每一项议题分配合适的时间;4.补充其他信息,包括会议的名称、目标、时间、地点、负责人、联络人、交通、食宿、要求等;5.将议程初稿分发给与会者完善。

二、派发会议通知

（一）会议通知的内容

1. 开会时间（包括日期及起止时间）；2. 开会地点（如果参会者不熟悉开会地点，则应附上确切的位置图及交通路线图）；3. 会议的目标；4. 参会者须事先准备的事项；5. 其他参会者的姓名。

（二）会议通知送达时间

1. 提前一周送达。一般的会议通知最好是在开会前一个星期送达参会者，因为人们大多会提前一个星期规划自己的时间，而且一个星期的时间可以做好开会前的各种准备工作。

2. 开会前两三天再次提醒。超过一个星期的会议通知比较容易被遗忘，因此，最好能在开会前两三天提醒参会者。除非是紧急会议，否则不要发出预留时间太短促的会议通知，因为太匆促的通知，不但令参会者来不及做好会前的准备工作，而且也很容易与他们其他工作安排相冲突。

3. 在线派发会议通知。可以进行在线邀请，由参会者自行编辑。

【案例 11-1】

会 议 通 知

公司所属有关部门：

经公司研究，定于×年×月×日召开"组织架构调整"会议。现将有关事项通知如下：

一、会议内容：组织架构调整。

二、会议时间：×年×月×日（星期三）下午 2：00～2：20 签到，2：30 准时开会，4：00 结束。

三、会议地点：公司大会议室。

四、参会人员：公司全体成员。

五、会议要求：请参会人员安排好工作，准时参加会议。

公司总经理办公室

×年×月×日

课后任务训练

米尼公司最近招聘了技术人员 15 名，公司总经理要求进行一次新员工入职欢迎会。要求你写出会议议程和会议通知。

第三节　会前准备

充分的准备是成功的一半。成功的会议需要经过深思熟虑和精心准备。

一、选择恰当的时间

选择在恰当的时间开会、会议时间长短适宜,可以提高会议的效率。

(一)预留充分的准备时间

除非万不得已,否则不要召开紧急会议。为参会者预留充足的准备时间,是会议高效的基本前提。必须在会前确定关键人员的时间,让关键人员准备充分,以免无法有效地做出决策。

(二)确保决策者出席的时间

协调参会者的时间,确保所有人能够出席会议。先请会议决策者确定一个时间,然后由行政管理人员向每个参加会议的人员征询意见,并要直接告知这是决策人建议的时间。如果有人提出这个会议时间无法参加会议时,要向会议决策者汇报,并请示他在改变会议时间和允许个别人员缺席上做出选择。如果会议决策者决定改变会议时间,行政管理人员还要与所有参会人员进行沟通。

(三)需要快速得出结论的会议不容拖延

有些会议需要快速得出结论,不容拖延,此类会议最好安排在午餐或下班之前,因为当参会者都急于结束会议的时候,效率自然会得到大大的提升。

(四)考虑会议召开期间的自然因素

如果一场会议正在进行中,突然下起了倾盆大雨,而参会者都没有带雨具,那么,他们就无法再安心继续开会。为了规避这些消极的影响因素,会议发起者在选择会议时间的时候应当考虑天气、气温等情况。

(五)严格控制会议时限

每次会议最长不要超过 2 小时,若超过这个时间,必须安排会间休息和茶歇。

二、选择适宜的地点

适宜的会议地点、会场环境能营造出良好的氛围,有利于推动会议进程;而一个糟糕的会议环境则会影响参会者的心情,给参会者造成不便和麻烦,阻碍会议的正常进展。

(一)会议地点的选择要素

1.会议地点应与会议目的相适合;2.考虑会议费用预算;3.选择适度舒服的环境;4.交通要便于参会者抵达会场;5.优良的视频、音频效果必不可少。

(二)会场考察

如果需要在企业外部选择会场,要对会场进行考察,列表记录要点,如表 11-4 所示。然后再对照需要选择,确保会议顺利进行。

表 11-4   会场考察情况记录表

会场名称：			会场地址：	
联系人：			联系电话：	
序	考察项目	情况记录	其他情况说明	
1	会场大小	较大 □ 适中 □ 偏小 □		
2	会场设备	齐全 □ 不足 □ 无 □		
3	会场环境	好 □ 中 □ 差 □		
4	会场交通	便利 □ 一般 □ 不便 □		
5	会场租金	昂贵 □ 适中 □ 便宜 □		
6	会场服务	提供 □ 不提供 □		
7	会场服务水平	好 □ 中 □ 差 □		
考察人：			考察时间：	

三、预算经费开支

会议经费包括场地租赁、设备租金、资料、食宿、交通、娱乐活动、其他经费等项目开支。

如果没有自己的会议场地，就不得不花钱租赁；有时候，为了实现特殊的会议目的，需要租赁特别的场地；设备包括投影仪、音响、麦克风、摄像机、照相机、录音设备、幻灯机、屏幕、计算机等，如果没有这些设备，都要支付一定的租金；资料费包括购买会议文具、印制资料等费用；食宿费包括会议期间参会者的餐饮费用和住宿费用；交通费包括远道而来的参会者的交通费报销，会议期间接送参会者所用的租车费、油费、停车费、过路费、司机劳务费等；娱乐活动费包括会议时间超过两天的会议，可能安排看电影、看戏剧、短途旅游等活动，发生的门票、入场券、交通费等费用；其他经费包括茶水饮料、会议宣传、新闻发布、联络通信、会间活动、合照、保安、翻译、礼仪服务、礼品等费用。

四、布置会场

（一）会场布置类型

布置会议场地，应考虑会议的性质及参会人数的多少。座位编排与会议成效的高低有密切的关系。会场的布置类型可以是标准化的，也可以是个性化的。一般的标准化类型有：礼堂式（剧院式）、教室式（课堂式）、弦月式（研讨式）、方形中空式（口字形）、马蹄形或"U"形、宴会式、鸡尾酒式，还会出现如 T 形、E 形、多 U 形等。不管采用何种形式，会议室布置都是为会议服务的，或方便进出，或增强沟通，或传递信息，在布置前一定要与会议策划者详细探讨。

（二）会场布置中座位的编排

一般有环绕式、散座式、圆桌式、方桌式、主席台式座位安排。在会场上，主持人、主人和主宾被有意识地安排在一起就座，这个在安排座位时有明确的规则。主席台必须排座次、放座次牌，以便领导对号入座，避免上台之后互相谦让。

（三）环境控制

应先决定允不允许在会场吸烟；关注视听设备；备齐会务物品，如表 11-5 所示。会场布置完毕,要求指定会务人员检查所有物品是否到位,在□上打钩,以免出错。不同的会议还需要准备特别的物品,会议组织者要提前考虑周全,并列出清单,逐一准备齐全。

表 11-5　　　　　　　　　　会议准备事项表

序	项　目	备　注
1	□ 会议通知	
2	□ 会议议程	
3	□ 提前清洁会场	
4	□ 大厅电子屏幕　□ 指示牌　□ 会议条幅	
5	□ 企业画册 □ 文化手册 □ 企业报 □ 企业宣传光盘 □ 产品样本	
6	□ 所需准备会议资料复印　份	
7	□ 电脑　□ 投影仪　□ 幕布　□ 音响　□ 宣传影片	
8	□ 矿泉水 □ 水果　□ 湿巾	
9	□ 香烟　□ 烟灰缸　□ 打火机	
10	□ 茶叶　□ 茶杯　□ 杯垫　□ 热水　□ 抽纸	
11	□ 席签　□ 话筒　□ 签到簿　□ 部门区域标示	
12	□ 会场布景花　□ 座席桌面鲜花	
13	□ 外商国旗　□ 咖啡　　□ 咖啡杯	
14	□ 空调调节会场温度　□ 会场照明　□ 通风	
15	□ 饮水机　□ 一次性纸杯	
16	□ 摄影　□ 摄像	
17	□ 教杆　□ 彩笔　□ 展板　□ 白板笔　□ 黑板擦	
18	□ 签字笔　□ 记录本	
19	□ 备用椅子	
20	□ 赠送的礼品	
21	□ 用餐所需烟酒	
22	□ 打扫洗手间　□ 洗手间干手抽纸	
23	□ 备用接待室	

课后任务训练

设计新员工入职欢迎会的会前准备工作内容。由小组合作完成,要求记录所有讨论的经过。

第四节　会议记录和会议纪要

一、会议记录

会议记录是最原始的档案资料,是编制会议纪要最重要的依据,是历史发展的见证。有些会议记录是单位的最高机密文件。所以对会议记录应该给予较高的重视。

在开会过程中,由记录人员把会议的组织情况和具体内容记录下来,就形成了会议记录。"记"有详记与略记之别。略记是记会议大要,会议上的重要或主要言论。详记则要求记录的项目必须完备,记录的言论必须详细完整。若需要留下包括上述内容的会议记录则要靠"录"。"录"有笔录、音录和影像录几种,对会议记录而言,音录、影像录通常只是手段,最终还要将录下的内容还原成文字。笔录也常常要借助音录、影像录,以此作为记录内容最大限度地再现会议情境的保证。

(一)记录人员

记录人员在开会前要提前到达会场,落实记录席位时要注意尽可能靠近主持人、发言人或扩音设备,以便于准确清晰地聆听他们的讲话内容。一名会议记录人员需要同时具有多项才能:反应快,写字快,知识面广(能清楚专业术语),记忆力强,组织、倾听、总结能力强。

(二)会议记录的准备

会议开始前,负责会议记录的人员应做好相关的准备工作。

1.准备会议记录的用品和设备

负责会议记录的人员,应在会议开始前,根据会议的内容和要求,做好会议记录所需用品和必要设备的充分准备。

(1)会议记录的用品包括笔、本、纸张、墨水等。会议记录作为重要的档案资料,对用品有严格的要求。①会议记录的用笔,允许使用钢笔、毛笔、碳素笔,不允许使用铅笔、圆珠笔进行记录。②会议记录的用纸,应该是专用的会议记录本。会议记录本应符合公文用纸主要技术指标要求。③会议记录的墨水是蓝黑、黑色墨水。

(2)会议记录的设备,是指录音机、电视机、速录机及相应的辅助设备等。

(3)现代会议多用电脑进行会议记录。

2.了解会议的细节

任何会议的筹备工作都类似,差别取决于会议的类型、大小、地点和时间。在进行会议记录准备过程中,需要明确了解以下主要细节:①会议的目的。②会议的类别。是内部会议还是外部会议,是正式会议还是非正式会议,是讨论会还是展示会等。③参加人。参会代表和演讲者的数量,尽可能知道他们的名字。④会议的地点和位置。⑤会议的议程、程序、设备等。⑥会议组织者(会议主持人或单位领导)对会议记录的具体要求,如是否应录音、录像、速记,担负笔录的有几人,笔录人员如何分工等。

3.了解会议的术语

会议记录人员必须在会议开始之前,了解会议的主要内容涉及的相关术语。这样才能保证在会议记录过程中,正确地记录专业技术术语,提高记录的质量。

4.阅读会议议程和相关文件

(1)会议议程,一般都会载明所要讨论事项的列表。认真地阅读会议议程,不仅可以掌握会议的主要内容,而且可以了解会议发言的顺序、发言人的姓名和单位、发言的大致时间和内容等,对完成会议记录任务和提高会议记录质量有极好的帮助。

(2)会议的相关文件,是指会议指定文件及与会议内容有关的参阅文件,如领导讲话稿、主持词、参加者的发言稿、开幕词、闭幕词、会议要求与须知等。记录人员会前认真地阅读会议文件,可以深入了解会议宗旨、内容,并可以直接了解会议发言中涉及的专业术语。

5.记录齐全议程开始前的基本信息

会议记录人,应在会议开始前,按照会议记录格式的要求,将会议的基本信息记录在会议记录本上。

(1)会议记录的格式,包括会议名称、会议基本信息、发言记录、签名四个组成部分。

(2)会议名称,应由单位+时间+会议内容+会议组成,如××公司2013年办公环境建设工作会议。有的会议名称可以不写单位名称,如下半年销售计划会议、2013年第20次领导班子会议等。有的会议名称不写单位名称和时间,只写会议内容+会议,如党委会议、销售会议等。会议名称应写在会议记录第一行居中位置。

(3)会议的基本信息,是指会议的时间、地点、主持人、出席人、列席人、缺席人、记录人、议题等基本情况。

①会议的每条基本信息,都要单列一行,缩2格书写,另起一行时顶格书写。信息名称的后面使用冒号":",冒号后面书写具体信息。如:

时间:20××年12月15日

地点:S市B区F路××号,米尼公司5楼第三会议室

主持人:×××

出席人:总经理、副总经理、总经济师、总会计师、总工程师、办公室主任

列席人:×××　×××

缺席人:无(或按缺席人姓名记录)

记录人:×××

会议议题:1.审查办公室起草的n年工作总结和n+1年工作计划;2.审查人力资源部提出的年终奖励名单。

②会议的基本信息,要求会议记录人员在会议开始前即记录在会议记录本上,主要目的是保证会议记录人在会议一开始就进入对会议发言的记录,防止无暇顾及基本信息的记录,出现遗漏。

③会议开始后,应在发言的间隙或会后对会前记录的会议基本信息进行核实,如发现与事实不符或错误,要及时补充和更改。

(三)会议记录的基本要求

对会议记录的基本要求是:规范、全面、整洁。

1.规范。会议记录要符合规范的要求,主要包含两个方面的内容。

(1)会议记录要符合格式要求。会议记录要由会议名称、会议基本信息、发言记录、记

录人和主持人签字五个部分组成。除了会议名称和会议基本信息的内容和格式外,发言记录、签名也要符合格式要求。

①发言记录的格式要求。发言人姓名,应单列一行顶格书写,姓名前或姓名后应写上单位名称和职务,并加冒号":",表示以下是该人的发言。发言人的发言在姓名的下一行缩2格书写,回行顶格书写。发言的议题或内容转换,应另起一个自然段,每一个自然段的开头都要另起一行左缩2格书写,回行时顶格书写。会议主持人宣布会议结束,应记录会议结束的具体时间。

②签名的格式要求。会议记录签名包括记录人签名、主持人签名和发言人签名。记录人应在会议结束后尽快对记录进行一次校对整理,把错字、漏记等问题改正过来,然后在记录最后一页下端右侧签上自己的名字和年月日。记录人应在会议结束的当天,最晚不应超过会议结束的第二天,请会议主持人对会议记录进行审查,如无异议,主持人应在记录最后一页下端左侧签上自己的名字和年月日。会议记录没有记录人和主持人的签字,是无效的。重大事项决议性会议,特别是意见分歧较大的决议性会议,要求所有发言人都要对自己发言记录进行认证,并在记录最后一页下端,记录文字和记录人、主持人签字之间的空白处签名,表示承认记录和自己的发言一致。

(2)会议记录的文本布局要规范。对会议记录的文本布局有两点要求。

①两次会议的记录不能出现在同一文本上。假如一文本已经记录了一次会议的内容,第二次会议的记录就不能从这文本的背面开始,而应另起文本。这是因为在建立会议记录档案时,可能需要将两次会议的记录分开组卷。

②在会议记录纸的四边都要留白,不可顶边书写。记录纸正面的左侧和背面的右侧应留28毫米的装订线。天头留白37毫米,地脚和翻口留白不少于25毫米。

2.全面。就是指会议记录要完整无缺。一是指会议记录的组成部分不能缺少,会议名称、基本信息、发言记录、签名都必须记录在案,一样不少;二是指对每个人的发言,要基本做到有言必录,力求完整。

3.整洁。就是指会议记录的文面整洁、字迹工整、段落清晰、布局合理,便于使用人员察看,有利于文书档案人员建档立卷。

4.及时备份。电子版会议记录注意随打随保存,及时备份,避免文本丢失。

(四)会议记录的内容

会议记录要求忠于事实,有言必录。不能夹杂记录者的任何个人情感,更不允许有意增删。

1.真实记录会议所执行的各项议程和内容

会议记录人员要根据会议的要求,真实、客观地将会议所执行的各项议程和内容记录下来。

(1)会议所执行的各项议程,是指会议或活动期间所进行的每一个项目,是会议组成的各个元素,包括会议主持、会议讲话、会议发言(典型或重点发言)、会议讨论、会议总结等。

①要求会议记录人员能够按照会议实际进展的时间顺序,真实记录会议的进行情况、研讨的问题、报告与发言的主要内容和议定的有关事项等。

②一般情况下会议会按事先设计好的议程进行。但是,任何一次会议都可能根据会

议进展情况进行调整,这可能改变议程,可能调整所议事项的顺序,压缩和扩展某一议程的时间或内容等。会议记录要真实地反映会议议程的这些变化。

(2)有些大型会议的发言,事先写好了发言稿。会议记录人员应尽量拿到发言稿,记录过程中,对照发言稿对实际发言与发言稿不同部分进行补充、删除、改动等,然后将这个与实际发言相符的改正后的发言稿作为会议记录的附件一同存档。如果发言稿单独存档,记录中必须说明发言稿更改的内容和存档的位置。

(3)由于科学技术的进步,一般大型的会议均采用声像记录的方式。声像记录具有形象、真实、全面记录会议议程的优点,但也存在不能记录会议议程调整等的不足,应该采用笔记补充记录的方式,以保证记录的完整性。另外,在记录本中应明确记录声像记录的基本信息。声像记录的基本信息应包括声像记录的编号、发言人姓名、所属单位和职务、发言内容的要点、声像记录保存的位置等。

(4)近年来计算机速录技术也被应用到会议记录中。使用计算机速录技术所做的会议记录,应该进行校对后打印出来,按会议记录的要求经由记录人、主持人签字后,与笔记记录同样存档保管。

2.准确、清楚、完整地记录会议结论、决定、决议及其他重要问题

(1)"有言必录"是对会议记录的基本要求,但事实上绝大部分会议记录人员不可能做到真正的"有言必录"。在实施记录的过程中,要做到详略得当、取舍合理。一般情况下,应按以下原则处理:

①结论性发言要详记,过程性发言可略记;

②重要事项要详记,一般事项可略记;

③争议性发言要详记,非争议性发言可略记。

另外,决策性会议,如领导办公会,参会人中有一名是主持会议的核心领导,无论讨论什么议题,都会有一名主管这项议题的领导。一般情况下,主管议题的领导和核心领导的发言要详记,其他参会人员的发言可略记。

以上说到的详记和略记的原则不是绝对的,一切会议记录都要根据会议的实际情况和会议主持人的要求,准确处理会议记录的详略关系。

(2)准确、清楚、完整地将会议的结论、决定、决议和其他重要问题记录下来,是会议记录人员最重要的职责。在任何情况下,对于会议的结论、决定、决议和其他重要问题都不能省略和简化。会议结论、决定、决议是会议的最终结果,是会议目标的实现形式,要求关联各方在会后按照结论、决定或决议精神采取行动,其重要性不言而喻。因此,必须准确、清楚、完整地记录会议结论、决定、决议,否则,会议记录就失去了应有的意义。

(3)除了会议的结论、决定和决议之外,会议还可能制定一些其他需要相关单位执行的决策性内容,如会议要求或须知等重要问题。这些重要问题,也必须准确、清楚、完整地记录。

(五)会后整理

会后整理,主要是对会议记录和会议文件的整理。

会议记录人员应按照会议的要求和规范的会议记录格式,及时整理出会议记录和会议文件。

1.时间要求

整理会议记录和会议文件的时间,尚没有一个法定的时间界限。一般情况下,会议记录人员能从以下渠道获得会议记录和会议文件的整理和存档时间:

(1)根据会议领导的要求确定会议记录和会议文件整理的时间。大部分会议结束后,会议主持人或单位领导都会召集相关人员进行总结,对会议记录和会议文件的处理的方式、标准和时间等提出具体的要求。

(2)根据会议的具体情况确定会议记录和会议文件整理的时间。比如,大型交流性会议,参会者要尽快启程,那么,会议结束即编发会议纪要。因此,会议记录必须在当天甚至一两个小时之内整理出来,以备编发会议纪要之用。

(3)根据单位的规章制度确定会议记录和会议文件整理的时间。有些单位建立了会议管理的规章制度,对会议记录和会议文件的处理标准和时间要求有明确规定,会议记录人员必须严格执行。

(4)根据档案管理规定确定会议记录和会议文件的整理时间。有的单位的档案管理部门为了加强对重要会议档案资料的管理,派人参加会议,跟踪会议文件资料形成的过程,随时收集形成的各类会议文件,会议一结束立即整理、立卷、归档。

(5)除了上述四种情况之外的会议记录和会议文件的整理时间,应该在会议结束后一周内完成。

2.会议记录整理的内容和标准

(1)会议记录格式的整理。会议记录的格式,包括会议名称、会议基本信息、会议发言和签名,这些要素要齐全、准确。缺项的要补齐,错误的要改正过来。会议的基本信息,要求在会议开始之前就填写在会议记录本上,但实际情况可能发生变化。比如,参加人员可能出现原来决定要来参加会议但实际未来、原来决定不来参加会议但实际上来了的情况,这就需要在整理会议记录时改正过来,使其与实际会议情况相一致。

(2)会议记录文字整理。会议现场记录十分紧张,字迹不可能很清晰、规范,况且每人都有一套适合自己的现场记录方法,有些常用词语,现场记录时往往简化了,需要通过对记录的整理,补充原记录的不足,改正原记录的错误。整理就是语言文字规范化的过程,记录补齐填平的过程。

(3)会议内容的整理。会议记录的内容,特别是决策性会议的内容,会议过程中争议较大的讨论发言,还需经过发言人和主持人、领导的认证。在会议记录整理过程中,需要经过相关人员的审查、核准和承认,并请他们在会议记录的相应位置签字。相关人员一旦在会议记录上签字,就证明会议记录已经得到认可,具有了合法性。所以会议记录整理的过程,也是会议记录的认证、生效过程。

3.会议文件的整理

(1)会议文件,是指会议前、会议中和会议后形成的所有具备存档价值的文件。包括以下文件:

①会议准备阶段形成的文件:会议策划方案、会议筹备工作计划、会议场所选择方案、会场布置方案、会议接待方案、会议预算、其他。

②会议举行过程中形成的文件:会议通知、邀请函、会议议程(会序)、会议拟讨论通过

的议程草案、会议拟讨论通过的决议草案、主持词、发言稿、评选或奖励文件、会议决议、会议记录、会议纪要、会议新闻稿、声像资料。

③会后形成的文件：会议评价材料、会议工作总结或给上级的关于会议情况的报告、会议决算。

（2）会议文件的处理，应按本单位的文件管理制度和档案管理制度处理。一般情况下，应遵循以下原则：

①确认会议下发文件，哪些属于收回文件，哪些属于不收回文件。涉及单位秘密的文件，会后必须收回；领导指示收回的文件，会后必须收回；征询修改意见的文件应该及时收回。

②应收回的文件，要编号下发，会后按号收回。一旦发现没有收回的应收回文件，立即追回。

③确认哪些是应归档文件，哪些是不归档文件。归档文件，按档案管理规定立卷归档。不归档文件，按销毁文件的规定销毁处理。

二、会议纪要

会议纪要是用于记载、传达会议情况和议定事项的公文。会议纪要不同于会议记录。会议纪要对企事业单位、机关团体都适用。

（一）会议纪要的特征

1.纪实性。会议纪要必须是会议宗旨、基本精神和所议定事项的概要纪实，不能随意增减和更改内容，任何不真实的材料都不得写进会议纪要。

2.概括性。会议纪要必须精其髓，概其要，以极为简洁精炼的文字高度概括会议的内容和结论。既要反映与会者的一致意见，又要兼顾个别人有价值的看法。有的会议纪要还要有一定的分析说理。

3.条理性。会议纪要，要对会议精神和议定事项分类别、分层次予以归纳、概括，使之层次清晰、条理清楚。

（二）会议纪要的标题

会议纪要的标题有两种格式。

1.会议名称加纪要，也就是在"纪要"两个字前写上会议名称。如"××钢铁集团工会工作会议纪要"，又如"××钢铁集团新产品研发会议纪要"。会议名称可以写简称，也可以用开会地点作为会议名称。如"京、津、沪、穗、汉五大城市治安座谈会纪要"，又如"郑州会议纪要"。

2.把会议的主要内容在标题里表示出来，类似文件标题式。如"关于加强质量管理工作座谈会纪要"，又如"关于落实总公司领导批示改善机关作风的会议纪要"。

（三）会议纪要的开头

会议召开的形势和背景；会议的指导思想和目的要求；会议的名称、时间、地点、参会人员、主持人；会议的主要议题；对会议的评价。这些都要概要的写在开头里。

（四）正文部分的写作要领与方法

正文部分是纪要的主体部分，是对会议的主要内容、主要精神、主要原则以及基本结论和今后任务等进行具体的综合和阐述。

1. 要从会议的客观实际出发，从会议的具体内容出发，抓中心、抓要点。抓中心就是抓住会议中心思想；所谓要点，就是会议主要内容。要对此进行条理化的纪要。

2. 会议纪要是以整个会议的名义表述的，因此，必须概括会议的共同决定，反映会议的全貌。凡没有形成一致意见的问题，都需要分别论述并写明分歧之所在。

3. 为了叙述方便，眉目清楚，常用"会议认为""会议指出""会议强调""与会人员一致表示"等词语，作为段落的开头语。也有用在段中的，仍起强调的作用。

4. 属于引用性的文字，必须忠实于发言原意，不能篡改，也不可强加于人。

5. 小型会议侧重于综合会议发言和讨论情况，并要列出决议的事项。大型会议内容较多，正文可以分几部分来写。常见的有三种：一是概括叙述式；二是分列标题式；三是发言记录式。

6. 会议纪要必须确保会议纪要的使用者能够正确理解会议的宗旨和意图，正确地执行会议的结论、决定、决议，以推动会议要求事项的顺利进行。

（五）结尾部分

一般写法是提出号召和希望。但要根据会议的内容和纪要的要求，有的是以会议名义向本地区或本系统发出号召，要求认真贯彻执行会议精神；有的是突出强调贯彻落实会议精神的关键问题；有的是对会议做出简要评价，提出希望和要求。

（六）会议纪要的印发

会议纪要是"记载、传达会议情况和议定事项"的文书。会议纪要要想真正发挥其功能作用，还在于它的生效性和及时准确地印发到相关单位和人员。

1. 会议纪要的生效性，在于领导的批准。按照中华人民共和国《国家公文格式》的规定，会议纪要不加盖公章。也就是说，会议纪要不是以加盖公章来表明公文生效的形式，而是以领导签发为生效标识。这也就表明，会议纪要必须经过领导的签字批准才有效，才能够印发到相关的单位和个人。

2. 会议纪要的印发范围，是由单位领导确定的。一般情况下，在单位领导审查批准会议纪要的同时，就会确定印发的范围和印发的时间限制。如果单位领导没有明确指示会议纪要的印发范围和印发时间，有关人员应向单位领导进行请示，直到获得明确指示。

3. 会议纪要可以多向行文。具有上报、下达以及与同级和不相隶属机关、单位进行交流的功用。向上级机关呈报，用来汇报会议情况，以便得到上级机关对工作的指导；向同级和不相隶属机关、单位发送，以便得到支持和配合；向下级机关发送，用来传达会议精神和议定事项，以便下级机关贯彻执行。

三、会议记录和会议纪要的安全保密

会议记录和会议纪要的安全保密，是会议管理的重要内容，也是保密工作的重要要求。会议管理人员，特别是负责会议记录和编制会议纪要的工作人员，应具备保障会议记录和会议纪要保密的能力。

会议记录和会议纪要的保密，对于任何一个单位都有非常重要的意义。很多会议都会涉及本单位的秘密事项，如企业的人事变动、发展规划、营销策略、并购计划、新产品研发、合同标的等。会议涉及的秘密事项,包括细节和数据,都会在会议记录和会议纪要中反映出来。会议记录和会议纪要一旦失密,就会给单位带来工作上的被动、经济上的损失等重大问题。比如,人事任免事项,会议中必然会产生赞成和反对两种不同的意见,这样的信息一旦泄漏,当事人会有较强烈的反应,别有用心的人会拨弄是非、挑拨离间。假如营销策略的信息外漏,会给竞争对手带来可乘之机,使本单位在竞争中处于下风,造成严重的经济损失。有些信息的泄漏,可能使与合作伙伴的谈判失败,可能使某一计划的实施遭到破坏,也可能损坏单位的社会形象。所以,做好会议记录和会议纪要的保密,是会议管理人员的重要职责。

(一)会议记录的保密

1.不对会议之外的任何人透漏会议内容。

2.会议记录本,要专人专柜保管。会议记录本必须保管在专用、加锁的文件柜或办公桌抽屉里。记录本不使用时,存放记录本的文件柜或办公桌抽屉必须处于锁闭状态。存放会议记录本的文件柜或办公桌抽屉门锁的钥匙,专人保管。

3.未经主管领导批准,不得给任何人翻阅会议记录本。

4.会议记录要按机密档案管理的要求及时送入档案室保管。

5.重要例会,如党委会议、董事会议、经理办公会议等应设置专职记录员。

(二)会议纪要的保密

1.认真识别会议纪要涉密事项的保密范围,在编制会议纪要时,向主管领导请示和商定涉密事项在纪要中是否披露和披露深度,正确把握会议纪要写作的保密尺度。

2.对参与印发会议纪要人员进行保密教育,宣布保密纪律,明确提出防泄密的要求。

3.严格控制发放范围。会议纪要的发放范围,一般都是主管领导确定的。有关人员要严格按领导规定的范围印发。实际印制的份数、分发的份数和领导确定的份数要完全一致。

4.严格履行领取文件的手续。印制的每一份会议纪要都要有编号,严格按编号发放到会议纪要接收单位或个人,所有接收会议纪要人员都要认真核对纪要编号,并在领取栏中签字。

5.加强对使用纪要单位和人员的保密教育、检查和管理,确保会议纪要涉密事项不外传、不泄漏。

6.如发生会议纪要丢失、被盗或泄密事件,应立即报告领导,采取措施,及时追查,设法补救。

课后任务训练

以"关于办公室安全隐患的防范方法"为主题开会,并做会议记录,制成会议纪要。

一、任务模块

你受雇于一家大型制造公司——米尼公司,组织一个大型会议。

（一）会议目的

1.决策性会议;2.交流性会议。

（二）参会人员范围

1.单位内部;2.单位外部。

二、目的和要求

（一）目的:培训和检验完成会议记录和撰写会议纪要的职业能力。

（二）要求:掌握与以下职业能力相关的知识和操作要领:

1.根据会议要求充分准备进行会议记录的用品和必要的设备。

2.阅读会议议程和相关文件,力求对会议内容和有关术语有一定了解。

3.按照规范的会议记录格式和会议的要求记录齐全议程开始前的基本信息。

4.根据会议要求,真实记录会议所执行的各项议程和内容。

5.准确、清楚、完整地记录会议结论、决定、决议及其他重要问题。

6.在会议结束后认真查看记录和签字,并及时请会议主持人审阅签名。

7.按照会议要求在规定的时间内整理会议记录及其他会议文件,并归档备存。

8.按照会议要求和会议纪要格式在规定的时间内编制会议纪要。

9.对会议提出的要点和要求准确地表述在会议纪要中,以便于指导和推进会议决定的事项。

10.在会议纪要经过会议领导审阅批准后,在规定的时间内印发给指定的范围。

11.按照会议要求或单位规定确保会议记录和会议纪要的安全和保密。

三、模拟现场设计

（一）所需场地

模拟标准会议室1间;模拟物品存放室1间。

（二）所需设备、器材、物品

视听设备(彩色电视机、笔记本电脑、投影仪、麦克、扬声器等);电话机、传真机、复印机、打印机;摄录像器材;代表胸签;会标、宣传标语、花卉、座席签(姓名卡)、窗帘、茶具、饮水机;会议签到簿、会议记录簿、通讯录、笔、本、纸张;会议材料(会议通知、会议议程、会议日程、会议文件、作息时间表);会议桌椅、沙发、茶几、台布等。

（三）模拟参会人员

模拟参会者若干人,做好配合的准备。

（四）模拟现场的设置要求

1.模拟会议室布置。

2.模拟会议室准备。模拟会议室里预先准备好若干份领导者"指示留言"。

（五）模拟会议记录和会议纪要步骤

1.5～7人组成一个小组，分别扮演会议筹备人员、会议参加人员、会议主持人、记录人、发言人等。

2.模拟任务：

(1)任务一：米尼公司要召开经理办公会，讨论在公司机关和行政管理人员中开展"NVQ企业行政管理职业资格证书培训"事宜，办公室主任要求行政助理为会议做记录，会后起草会议纪要。

提示：这是一个决策性会议，可能听取培训部门（如人力资源部）的汇报或审议某个部门提交的培训计划。议题和决议的内容应该包括，这个培训是否符合企业的实际需要，如果认为需要可能批准这个计划。参加培训人的条件和范围，一共有多少人需要培训。怎么培训，是在工作时间内培训，还是利用公休日和节假日培训。培训结果如何处理，比如要不要参加国家职业资格证书考试，拿到职业资格证书后，在本企业如何对待（比如有些行政管理岗位必须持证上岗或先培训后上岗）。企业需要创造哪些条件，例如房屋、设备、资金等。

(2)任务二：米尼公司决定召开办公环境管理经验交流会议。办公室主任要求行政助理为会议做记录，会后起草会议纪要。

提示：这是一个交流性会议，可能有负责办公环境管理的领导讲话，可能有单位介绍经验。例如，某单位开展办公环境检查，发现了问题，制订了整改方案并狠抓落实，改善了办公环境的经验。又例如，某单位在办公环境里增设企业标识和发展目标，开展绿化美化，增强了企业文化氛围，提高了员工的凝聚力的经验。再例如，某单位开展灭火器使用方法培训，提高了员工自救能力，在办公环境中突发火灾时，员工使用灭火器扑灭了火苗，防止了一场大火的经验等。

3.模拟筹备会议：

(1)选择会议地址；(2)确定会议人员：参加人、列席人、主持人、发言人、记录人；(3)确定会议时间；(4)确定会议议题；(5)制定会议文件：包括会议计划、会议议程、会议通知等；(6)撰写主持人、发言人（如介绍经验）的发言搞。

4.模拟做会议记录的准备工作：

(1)准备会议记录用品和设备；(2)了解会议的细节，包括会议的目的、类别、参加人、主持人、发言人、时间、地点、议程、议题等；(3)了解专业术语。例如NVQ是什么？向有关人员咨询；(4)阅读会议议程和会议文件；(5)记录会议基本信息。

5.模拟召开会议。决策性会议，以小组为单位模拟；交流性会议以2～3个小组为单位模拟。

6.模拟会议记录。

7.模拟整理会议记录。

8.模拟请会议主持人在记录上签字。必要时，还要求会议发言人签字。

9.模拟编制会议纪要。

10.模拟请领导审查批准会议纪要。

11.模拟打印、装订会议纪要。

12.模拟分发会议纪要。

13.模拟办理会议记录和会议纪要存档保管。

四、完成任务后每个人需要提交的工作成果

(一)提交一份近期召开的有主持人签字的会议记录。

提示一:会议记录要符合格式要求。一要符合标题格式;二要符合基本信息格式;三要符合发言记录格式;四要符合签名格式。

提示二:会议记录的纸面布局要规范。一是两次会议的记录不能出现在同一张纸上;二是在会议记录纸的四边都要留白,不可顶边书写。

提示三:会议记录要认真记录会议的议程和内容,尤其是会议进行中发生的议程和内容的变化必须记录清楚。

提示四:会议记录要认真记录会议的结论、决定、决议、其他重要问题和事项。

提示五:会议记录必须是手写的。

(二)一份由上述记录整理出来的会议纪要。

提示一:会议纪要的内容,必须与同一次会议记录的内容相一致。

提示二:会议纪要,是国家行政公文中的一种,应符合相关写作格式要求。

第十二章　商务旅行

一、　知识

（一）掌握旅行安排的方法、熟悉交通方式

（二）了解如何管理旅行的信息

二、　技能

安排旅行和住宿

职场经验

　　一天，主任告诉我，总经理要到××市去开会，让我陪同一起去。我问："总经理坐啥车?"主任说："坐火车，赶上开会就行，不用太早。"我看了看列车时间表，算了一下，坐明天9点的车就正好，既不用起早又不用贪黑，欣赏一路风光，晚上又不耽误休息。我下午买了预售票，就告诉领导明天在家等着就行了。文件、路费都准备齐了，车也安排了。我就安心回家了。

　　第二天，我按时去接了领导，在贵宾室检票，我见贵宾室候车的人很少，很是得意。

　　检票时，傻眼了! 买的票不是软卧，但时间有限，车还是上了。当要补软卧票时，列车员告诉我，这个车次没有软卧，有软卧的是7点的快车。虽然领导一再说"没事"，但我身上就像背个大麻袋似的，压力太大了。一路上，为了减轻我的压力，总经理总是找话说，就像哄小孩似的。但是，这样更使我觉得不自在。总算到站了，而且接站车也一直在等我们。这总算给我一点安慰。

小错误大失误

　　由于我们是坐慢车来的，已经过了吃晚饭的点了，会议服务人员又现给我们热饭。虽然饭菜很好,但我吃了两口就饱了。

职场忠告

行政人员安排好领导的差旅,是工作的一个重要部分。安排过程中,一定要细心谨慎。

上述案例,只是看错一次车,但却给领导增加了不少麻烦,若领导身体不好就更麻烦了。服务中出事,往往都在小事上,又多在轻易之中。所以,时时要小心,小事也不可马虎。

第一节　旅行安排

一、商务旅行

商务旅行又称公干、出差,是指商务旅行者以商务为主要目的,离开自己的常住地到外地进行旅行的商务活动及其他活动。

商务旅行活动通常包括谈判、会议、展览、科技文化交流活动、商务考察、奖励旅游、培训、研修以及随之带来的差旅住宿、餐饮、宴会、交通、游览、休闲、体育赛事、文化、通信等活动。

二、旅行机构

当为商务旅行者进行旅行安排时,行政人员可以直接委托旅行机构全权安排。旅行机构包括内部和外部旅行机构。

(一)企业内部旅行机构

1.个人。由专门负责旅行的行政人员做出全部旅行安排。比如,在企业办公室内设置一个专人,负责商务旅行人员的订票、预订出租车和航班。必要的付款程序由行政人员和旅行人员相互协调。

2.旅行部门。在有大量旅行任务的单位中,往往设置专门的部门安排所有的旅行事务。比如,在企业行政办公室内设立接待科,负责本企业商务旅行的全部安排。行政人员与该部门联系,给出必要的旅行细节,由他们预订所有机票以及提供其他相关服务。行政人员需要检查细节,并提供信息给旅行者。

(二)企业外部旅行机构

在现代社会中,旅行社为企业的商务旅行人员安排所有旅行事务。行政人员与旅行社联系告知必要的旅行细节,由旅行社预订所有机票以及提供其他服务。外部旅行机构包括旅行社、旅行公司、航空公司等。

三、旅行前的准备

出发前,要根据旅行所需要的具体事项做好充分的准备。例如,设计旅行中的交通线路,查找交通工具时刻表;了解目的地环境、天气、文化风俗;问清楚地址,必要的时候准备一份地图;如果是去国外,还应该考虑时差问题,如何解决语言差异问题,安排翻译保证语言交流;分析好所有情况后列出应该携带的物品(如生活用品、银行卡、手机充电器、适量的现金),也应当了解禁止携带的物品等。

四、为领导安排商务旅行

作为行政助手,安排领导出差是常规性的一项工作。通过计划把领导出差在外的工作安排得紧凑而有序,愉快而圆满,这是行政人员工作的目标,也是工作价值的一个体现。

(一)国内旅行

1. 出行前

(1)确定出行目的和日期,确认领导出差陪同人。进一步确定领导本次旅行的目的地城市,确定出行的目的是商务谈判、签订契约还是参加会议等,会谈、签约或开会的具体时间,陪同领导旅行的还有哪些人等。

(2)与出差地相关人员沟通,确定周到的日程安排。通过电话、电子邮件、传真、微信等形式与旅行目的地接待方进行协商,明确如早午晚餐安排、需要的路程时间、接待人员和接机(或火车站接车、码头接船)车辆等信息。

(3)确定行程,预订机票或火车票、船票(注意选择好航空公司、机型及班次或火车车次、轮船班次)、酒店(选择领导习惯的酒店、熟悉酒店的电话、传真等)、接/送机人员(明确接/送机人的联系方式)。

(4)完善细致周到的日程表(时间、地点、对方参会人、议程等)。

(5)根据领导的习惯,准备出差使用的物品。例如,有的领导习惯用纸质文本,有的领导习惯用电子文本,有的领导习惯把文本做成幻灯片。

(6)拟写授权书,向有关人员授权在领导出行期间代行领导的职责,并于领导出行前一天向各相关部门及相关人员发出邮件或复印件公布。

2. 出行中

(1)在第一时间掌握领导到达后的联系方式,并及时通知授权人及其他相关人员。(2)根据领导日程安排,随时向领导通报公司业务进展情况。(3)配合领导的授权人的工作,及时掌握公司及业务相关信息。(4)如果领导出行日程发生了变化,要及时与领导的授权人及相关人员沟通,并调整日程安排。

3. 出行后

(1)及时向领导汇报出行期间公司内部事务及业务进展。(2)出行资料整理(包括资料、名片、会谈备忘),根据需要转发相关人员或存档。(3)向领导认为有必要的合作方致感谢函。(4)各种差旅费用报销。(5)跟进业务后续事宜。

(二)国外旅行

国外旅行与国内旅行的安排顺序及内容大致相同,但在此要特别注意以下几点:

1. 根据公司最新业务情况准备报告(中/英文),与对方确认演示设备,必要时准备PowerPoint演示文稿、U盘、彩色打印胶片和打印稿。2. 机票购买时注意避免经停中转,选择好的航空公司和服务,长途飞行选择好的机型。3. 注意准备好各种证件及邀请函,并提醒总经理携带。4.根据客人的级别和国家风俗习惯准备礼物。5.准备当地的地图及国家风情资料。6.确认对方还是我方提供翻译服务。7.回国后向邀请方致谢。

(三)陪同出行

陪同领导出行无疑对助手的工作提出了更高的要求,在出行前除了前面介绍的注意事项外,在出差过程中,要求助手注意以下事项:

①登机前,为领导办理各种登机手续,并再次确认接车人;②到达后,办理宾馆入住手续,了解领导房间号码及电话号码,并将自己的房号和电话及时告知领导;③每日及时核对本日及第二天的日程安排;④提前设置叫醒服务,并安排早餐;⑤根据当天的日程安排落实车辆;⑥及时提醒并事先落实各项安排;⑦携带领导名片、必要的会议资料(报告稿件、会面备忘、采访提纲);⑧注意建立各种客户关系(包括政府领导、合作伙伴、媒体记者);⑨着装要求:穿大方职业装、着西装,注意言谈举止;⑩出差返回后将领导与客户沟通的事项逐条落实、跟踪,并及时办理费用报销、资料整理。

五、旅行计划

旅行计划是旅行安排的详细时间表。

(一)旅行计划的内容

旅行计划包括:旅行的日期和时间;旅行方式(如飞机、火车、轮船、长途汽车等);旅行的目的(如商务谈判、签约、考察、会议、培训、演讲等);住宿安排;有用的电话号码。

(二)旅行计划的方式

1.放在口袋中或公文包中的小卡片,卡片上包含旅行需要的简短的关键信息,所有旅行安排的详细列表,如表 12-1 所示。

表 12-1　　　　　　　　简要旅行计划

日期:1 月 22 日,星期×

访问新加坡 JKL 工程公司

08:00	坐出租车从家到吉隆坡机场
08:30	机场候机:已订购新加坡航空公司 623 航班,从吉隆坡到新加坡
09:15~10:30	飞往新加坡
11:00	JKL 工程公司的相关人员在机场备车迎接
12:00~16:00	与 JKL 工程公司的采购部门会见并进午餐
16:00	JKL 工程公司派车送,返回新加坡机场
17:00	机场候机:已订购新加坡航空公司 821 航班,从新加坡到吉隆坡
18:00~19:15	飞往吉隆坡
19:30	坐当地出租车回家

新加坡 JKL 工程公司的电话:83631××××

2.商务会议、商务旅行、商务活动表,如表12-2所示。

表 12-2　　　　　　　　　　　　　　详细旅程表

中国医科大学外科医生王博士日程安排

参加国际外科协会年会(如果需要旅行信息以及年会的详细资料请参阅会议文件)

日期:4月11日~4月18日

4月11日

5:30 从家里乘出租车到达沈阳桃仙国际机场:已经预订了某出租车(司机联系电话:1384005×××)。登机前办理东方航空公司5602航班的登机牌,起点是沈阳桃仙国际机场,终点是上海浦东国际机场

07:45 飞机起飞

09:50 飞机到达上海浦东国际机场

12:35 乘中国东方航空公司551航班从上海飞往伦敦

(以下伦敦时间)

18:45 飞机到达伦敦希思罗国际机场

19:15 乘出租车到达威斯敏斯特的王子饭店(王子饭店已预订好出租车,19点在候机楼5号出口等候,出租车费由饭店支付)

19:45 入住王子饭店,已预订标准间(无烟房间,提供早餐),电话:0044 0207 4343×××,入住登记后休息

4月12日~4月16日参加会议(信息见会议文件夹)

4月12日

14:00 向大会秘书提交论文摘要和论文(论文摘要和论文已经放在了旅行袋中)

4月14日

10:00 在会议上宣读论文。

18:30 与伦敦帝国大学附属医院的高级外科医生 Mr John Sinclair 见面并共进晚餐。饭后,在饭店的休息厅与 Mr John Sinclair 会谈(Mr John Sinclair 家里电话:0044 0207 4343×××)

4月17日

19:00 从王子饭店乘坐出租车到伦敦希思罗国际机场

21:20 乘坐中国东方航空公司552航班从伦敦希思罗国际机场飞往上海

4月18日

(以下北京时间)

15:45 到达上海浦东国际机场

21:15 乘坐东方航空公司5607航班从上海浦东国机场飞往沈阳

23:40 到达沈阳桃仙国际机场

次日 00:10 乘坐出租车回家

3.放在手机和笔记本电脑中的电子版旅行计划,使用更为方便。

课后任务训练

要求:根据下述计划查询出行所需信息。

一、出差工作计划

出行时间:11 月 15 日起到 11 月 30 日止。计划为期 15 天。

出发城市:本市

出行城市:南京、无锡、徐州、常州、苏州、南通、连云港、淮安、盐城、扬州、镇江。

二、主要目的

(一)传达本公司企业文化、销售理念,协助指导经销商当地品牌推广事宜。

(二)基本市场调查。

1.产品市场定位,品牌认知度,客户评价;2.区域销售情况,地市分销商信息;3.了解竞争对手品牌销售情况,市场占有率;4.认真听取客户反馈,记录汇报市场最新信息。

(三)拜访当地客户,培养感情,了解经销商公司现状,加强品牌市场操控力。

(四)倾听客户意见、建议,帮助经销商解决销售中的常见问题。

(五)空白区域市场开发,提升区域品牌销售业绩。

第二节　交通方式的选择

一、交通方式

为了进行旅行,需要选择适当的交通方式。目前可以选择的交通有公路、铁路、水路、航空。

二、选择旅行方式的原则

选择旅行方式包括选择旅行线路、交通工具和住宿,是安排商务旅行和确保旅行计划圆满完成的基础。

选择旅行方式,应符合下列原则:

1.安全原则。选择旅行线路、交通工具和住宿,必须确保旅行者安全。旅行线路、经停地点有战争、恐怖袭击、盗匪抢劫、严重的自然灾害等不能选择。

2.通畅便捷原则。选择旅行线路、交通工具和住宿,必须保证旅行畅通、便捷。首先应有可供乘坐的交通工具。其次,各路段交通工具便于换乘。另外,通行速度较快、服务质量较好。

3.节俭原则。选择旅行线路、交通工具和住宿,必须确保旅行费用比较低廉。

4.符合单位规定的原则。选择旅行线路、交通工具和住宿,必须符合单位的有关规定。如果选择的线路、交通工具和住宿不符合单位的规定,可基于两种情况,一种是经过领导批准,另一种超出单位报销标准部分费用由旅行者个人承担。

5.符合旅行者要求的原则。选择旅行线路、交通工具和住宿,必须符合旅行者个人(或团体)要求。如果选择的线路、交通工具和住宿,因安全等问题不能满足旅行者个人(或团体)要求时,应与旅行者说明情况,协调立场,必要时向领导汇报,必须达成一致意见。

三、选择旅行方式的程序

选择旅行方式,包括制订选择旅行方式对比方案、进行方案对比、与旅行者协商、报请领导批准 4 项工作程序。

1.制订选择旅行方式对比方案。例如,从沈阳到北京,可以选择乘飞机、乘火车、乘长途汽车三个对比方案。

2.进行方案对比。按照安全、通畅、节俭、单位规定、旅行者要求 5 方面进行对比分析。

3.与旅行者协商,征求意见,提出最优旅行方式和选择理由说明。

4.报请领导批准。

四、商务旅行的交通工具

公司一般都制定了有关交通工具乘坐等级的政策。不同旅行方式的优缺点如表12-3所示,旅行时要注意保留好车票以备报销。

表 12-3　　　　　　　　　　不同旅行方式的优缺点

类　型	优　点	缺　点
汽车	1.灵活:没有限定的时刻表 2.直接:能直接抵达目的地 3.易得:大多数人拥有自己的汽车或会开车 4.费用:当提供汽车后,费用较低	1.停车:停车有困难、停车费较昂贵 2.有压力:因为旅行者长途驾驶到达会议目的地时,会感到疲劳和压力 3.无效时间:开车前往目的地的同时,不能利用这些时间进行其他工作
火车	1.费用低:对于一个人旅行,火车旅行比汽车旅行便宜 2.无压力:旅行者能休息 3.有效时间:乘车时间能有效地利用于其他工作,例如,阅读或记笔记 4.节约:没有寻找车位停车的问题	1.不灵活:要按固定的时间表和路线 2.买票难:热线或旺季时的火车票比较难买且价钱高 3.不直达:交通不便的野外和乡村,不能直接抵达目的地,下了火车后,要利用其他交通工具到达目的地
船	1.能运输汽车:适用于长时间旅行,并可携带汽车、行李、样品 2.有定期轮渡 3.可选择船种:气垫船、水翼船、渡船	1.速度慢:乘船旅行经常是缓慢的 2.不习惯:在商务旅行中不太受欢迎
飞机	1.速度:最快的旅行方式 2.轻松:压力非常小,提供餐饮 3.距离:常常是唯一有效率的长途旅行方式 4.普及:目的地范围广泛	1.费用:费用昂贵的旅行方式 2.不直接:飞机场的特殊性导致通常需要结合其他交通工具才能到达目的地 3.行李限制:必须为超标准的行李支付额外费用

（一）公路

在公路上的交通工具有私有的交通工具、公司租赁的汽车、公司的汽车、在外埠租借的车、出租车、长途汽车等。

（二）铁路

火车是主要城市之间的一种快速交通工具。中国铁路分为高速铁路（时速 250 公里以上，初始时速 200 公里）、快速铁路（时速 160 公里～250 公里）、普通铁路（时速 160 公里以下）。至今，高速铁路已在全国形成四纵四横的建设格局，成为国内出行的重要选择。火车票是实名制的，购票的人需要提供真实姓名和身份证号码、护照号码或者港澳台通行证号码，并出示证件，才能订到车票。车票可通过电话、网络等方式预订。车票通常有几个不同的旅行级别，例如，软卧、硬卧和硬座。

（三）水路

大多数商务旅行者使用的水上路线是轮渡。此时汽车可用轮渡运输，这在旅行者携带样品和设备时很有帮助。

（四）航空

飞机旅行速度最快，常用于国内主要城市之间、国家之间和洲际旅行；机票是实名制；机场税要求旅客在购票时一起付清。航空公司票价一般分为头等舱、公务舱、经济舱、特价舱。

课后任务训练

根据表 12-4 的工作行程时间表，为调研人员查询所需交通工具提供参考信息。

表 12-4　　　　　工作行程时间表

时　间	地　点	拜访客户与工作安排
11 月 15 日	南京	华海电脑城、雄狮电脑城、百脑汇、珠江路电子街、玄武电子城、数码港、三包大卖场、南方电子市场
11 月 17 日	无锡	梦之岛数码港、百脑汇、金置广场、颐高、宏图三胞
11 月 18 日	徐州	海云电脑大世界、宏图三胞
11 月 19 日	常州	莱蒙电脑城、常州电脑城、百脑汇
11 月 20 日	苏州	友通数码港、领华数码城、新赛格、宏图三胞
11 月 21 日	南通	八仙城、宝隆、新世纪数码港
11 月 22 日	连云港	高翔数码、宏图三胞、数字旗美、国安、旗连电脑城
11 月 23 日	淮安	水门桥、财富广场电脑城
11 月 25 日	盐城	迎宾路电脑街、宏图三胞
11 月 26 日	扬州	江隆电脑城、银河电脑城、超创电脑城
11 月 27 日	镇江	华海电脑城
11 月 28 日	泰州	月城数码、太平洋电脑城
11 月 30 日	宿迁	宏图三胞、好景电脑城

第三节 住宿安排

一、住宿选择

行政人员要为需要停留住宿的商务旅行人员安排住房，通常有连锁酒店、本地酒店和汽车旅馆可供选择。

（一）国内或国际连锁酒店

大型跨国酒店在世界上大多数主要城市都有相应酒店。有些企业在这些连锁酒店中有账户，可以得到商定的特殊的优惠费率。通过预订服务中心预订这些酒店很容易。它们的主要优点是旅行人员知道该酒店的标准和设施，但其设施难以个性化。

（二）本地酒店

本地酒店独立经营，提供广泛的个人服务。应认真了解以保证它们能满足旅行人员要求的标准。可直接向酒店主管进行预订，在预订时应协商价格。如果旅行人员参加会议，会议场所有住宿安排，这对参加会议来说是方便的，可减少交通费用，节省时间。

（三）汽车旅馆

旅行住宿常常选择汽车旅馆。这种汽车旅馆只提供住宿房间，不提供饮食服务。也就是说所有食物需要在当地餐馆购买。这类旅馆分布在主要公路线上，特点是便宜和方便。

二、酒店类型和特征

酒店一般分为商务型、度假型、长住型、会议型、观光型、经济型、连锁和公寓式酒店。根据酒店功能、设施、服务的不同级别，划分为一星、二星、三星、四星、五星级酒店。

酒店房间的基本设备包括床、衣柜、茶几，一般亦设有电话、电视、闹钟，并有冷藏柜（内有各种饮料、酒类及小食品，全部需在房费外收费，在结账时缴付）。房间亦备有电水煲、水杯及咖啡、茶包、奶、砂糖等。除了十分便宜的酒店外，房内通常都设有独立浴室，内有坐厕、浴缸及淋浴设备。酒店的基本设施决定了一个酒店的接待能力和条件，酒店设施的标准和数量决定了酒店的档次。

五星级酒店是旅游饭店的最高等级。设备十分豪华，设施完善，除了房间设施豪华外，服务设施齐全。各种各样的餐厅，较大规模的宴会厅、会议厅，综合服务设施比较齐全，是社交、会议、娱乐、购物、消遣、保健等活动中心。环境优美，服务质量要求很高，收费标准也很高。

三、预订

（一）订房之前需要了解的信息

1. 公司关于住宿的规定；

2. 预算或费用限制;

3. 旅行人员的个人喜好,例如,吸烟或不吸烟,是否要求能熨平裤子;

4. 餐饮要求;

5. 旅行人员的确切目的地。

（二）预订和确认安排

1. 开始查询阶段。用网络或电话联系查询有关费用和空房,在预订之前可联系几家机构备选。在最终预订之前,对选择的行程和住宿应先征得旅行人员的同意。

2. 网络或电话预订。先确认旅行人员的详细资料、到达时间和特殊要求。然后通过电话最终选择并预订旅行住房。

3. 预订的确认。获取宾馆传真和信件以确认住宿预订,包括确定关键的信息内容。该预订也可通过获取相关票据来确认。

4. 预订注意事项。酒店房间一般情况下保留到预订当天的下午 6 点整,节假日可能保留到下午 5 点整;如客人因其他原因晚到,在预订成功后直接致电保留房间,会展等特殊时期需要提供信用卡担保或者提前支付房费;房间价格因季节变化可能不准确,以电话咨询或最终确认为准。

四、入住酒店

（一）室内

到达住宿酒店后,首先应检查房间内的卫生。床单、枕巾应干净整齐,住房内无废纸垃圾,一次性物品齐全无拆封,茶杯应洗净,热水瓶中装有当天的开水,卫生间应清洗干净。如果发现没有清理,应要求前台给予处理。

（二）防火紧急出口

住宿酒店,应首先查明防火通道的位置,以防万一听到火警铃响,能由紧急出口迅速离开,切勿搭乘电梯。不要将衣物披在灯上或在床上吸烟,谨防引起火灾。

（三）出入

1. 出入酒店房间要随手关门,绝不让陌生人进房间。

2. 出门前切记将贵重物品放置妥当。贵重物品可放置在酒店保险箱,如随身携带,注意保管,切勿离手。入住后贵重物品可交予酒店免费寄存,也可以在酒店咨询其他注意事项。

3. 房门大多为自动锁,离开时,应记住携带钥匙。

（四）卫生

1. 房间内要经常开窗换气,使空气对流,以保持室内空气的清洁度。住宿空调房时,睡前调好温度的高低,睡时切忌开冷风,要避免冷风直吹身体,尤其是旅行归来满身是汗或刚洗完澡时不要直吹冷风,否则极易感冒。

2. 谨防使用未经消毒处理的床上用品、卫生用具、公共碗筷等,以避免各种传染疾病的交叉感染。

（五）叫醒服务

一般情况下,酒店都有叫醒服务,就是早上根据客人指定的时间打电话(也有直接敲门的)叫客人起床,或是早上用餐,或是次日有要事。这样的服务常常让客人可以安安稳稳地睡觉而不用担心睡过头而错过了要事。一般是电脑叫醒(比较及时,不容易忘记),如遇电脑没能叫醒客人的情况,才能人工叫醒。

(六)退房

每次退房前,仔细检查所携带的行李物品,特别注意证件和贵重财物,对照物品列表一一查看清楚以防遗漏。应当在当日 12 点前退房,因为一般酒店从 12 点开始计算下一日房费。

课后任务训练

调查你所在或附近城市的酒店情况,写一个分析报告。

第四节 商务旅行信息

商务旅行信息是指商务旅行所需要的各种信息,商务旅行管理人员有责任及时、准确地向商务旅行者提供商务旅行信息。

商务旅行信息

一、健康要求信息

除商务旅行本身要求商务旅行者具有能够保证完成商务旅行任务的健康身体以外,签证和入境检查也会提出健康要求。例如,某些国家入境要求提供在一定时间内的某种疫苗的接种或某种药剂的注射。例如,到除英国以外的欧洲申根国家旅行必须办理健康保险,英国则不要求办理健康保险,这是因为英国向所有入境者在发生意外伤病时提供免费医疗救治。

商务旅行管理人员及时准确地向商务旅行者提供有关健康要求的信息,让商务旅行者提前做好免疫和健康保险的准备,有利于妥善办理诸如签证等相关手续,顺利完成旅行任务。同时,一些不需要的健康保障事项,如果办了(例如去英国旅行的人办了健康保险),不仅是金钱上的浪费,也会拖延工作时间,提高工作成本。

二、住宿安排信息

了解和掌握商务旅行目的地和中途停留地的宾馆的名称、位置、类别、等级和相关信息,对于满足旅行者的住宿要求、制订旅行计划、调整旅行安排等十分重要。

三、货币相关信息

1.商务旅行目的地和中途停留地允许使用的货币种类。例如,在英国可以使用英镑、欧元、美元三种货币,在澳大利亚可以使用澳元、美元两种货币,在中国只能使用人民币一种货币。

2.货币兑换汇率。汇率随着汇率市场变化而变化,每天每时的汇率都不一样。例如,2013 年 11 月 20 日人民币兑美元的汇率是 6.13 05 元人民币兑换 1 美元,11 月 21 日是

6.136 6 元人民币兑换 1 美元,11 月 22 日是 6.138 元人民币兑换 1 美元。

3.换汇额度。根据国家外汇管理局规定,我国居民一年内可以兑换 50 000 美元或 50 000 美元等值的其他币种的外汇。这些外汇,可以汇往国外,可以与其他货币兑换交易,但不能取出作为外币现金使用。

4.换汇应注意以下事项:

(1)关注优惠信息。外汇汇率实时变动,而且每家银行的汇率各不相同。中国人民银行每天会对外币设定参考牌价,各家银行在允许的范围内自行浮动,所以不同银行之间会出现汇率不同的情况,有的兑换多,有的兑换少。在换汇前的一段时间就要开始观察汇率走势,争取在汇率低点选择买入外汇。换汇前要注意"货比三家",因为在同一时刻,不同银行的换汇牌价不同,不同换汇渠道也有差异。

(2)注意限额。国家外汇管理局对现钞携带出境有一定限制,只有在银行兑换等值 5 000 美元(含)以下的现钞可以直接带出境外,无需向海关申报。

(3)使用"西联汇款"。如果在境外旅行发生意外,需要国内的亲朋好友紧急汇款。全球汇款特快"西联汇款",可以在全球近 200 个国家和地区处理国际汇款,短短 15 分钟就可以从国内安全到达境外"西联汇款"网点。

四、时间和日期信息

世界各地的经纬度的不同,造成了时间、日期和季节的差异。这是商务旅行必须关注的信息。

时间和日期是制订商务旅行计划、安排住宿、就餐和活动的重要信息资源。由于时差的原因给商务旅行的计划和旅行者带来诸多不便,而时差信息的不准确会给旅行者造成延误旅行等严重困难。商务旅行管理者必须十分重视时差给时间和日期带来的影响,合理安排旅程,并及时、准确地把时间和日期信息告知旅行者。

1.时差对时间和日期的影响

以北京时间为例。北京时间 2017 年 11 月 28 日 8:00,美国的洛杉矶是 2017 年 11 月 27 日 16:00,英国的伦敦是 2017 年 11 月 27 日 24:00,澳大利亚的墨尔本是 2017 年 11 月 28 日 11:00,新德里是 2017 年 11 月 28 日 5:30。这说明洛杉矶比北京晚 16 小时,伦敦比北京晚 8 小时,墨尔本比北京早 3 小时,新德里比北京晚 2 小时 30 分。

从工作和休息的观念看,北京刚刚上班,墨尔本已经接近中午,新德里还未起床,伦敦正在熟睡,而洛杉矶还处于前一天工作的日程中。

2.夏时制对时间和日期的影响

我国曾经在 1986 年至 1991 年实行夏时制,当时规定每年的 4 月中旬第一个星期天凌晨 2 时,将时钟向前拨一小时,即拨到 3 时。到 9 月中旬第一个星期天凌晨 2 时,将时钟回拨一小时,即拨到 1 时。

目前,世界上尚有许多城市执行夏时制。如墨尔本,2017 年 11 月 26 日是夏季,那里正在执行夏时制,比北京时间提前 3 小时。如果到了冬季,不再执行夏时制时,墨尔本比北京时间提前 2 小时。

五、旅行文件信息

商务旅行文件,主要是护照、特别通行证、签证、签证保险和商务旅行卡。

1. 护照

中华人民共和国护照分为因公出国护照和因私出国护照两大类。

（1）因公出国护照

中华人民共和国外交护照、公务护照、普通护照一般称为因公出国护照。外交护照主要颁发给党、政、军高级官员,外交官及其随行配偶、未成年子女和外交信使以及其他经外交部批准可持用外交护照人员等。公务护照主要颁发给各级政府县（处）级以上官员。因公普通护照颁发给上述人员以外的公务员以及国有（控股）企事业单位的因公出国人员。

外交护照、公务护照和因公普通护照有效期最长不超过 5 年。

（2）因私出国护照

因私出国护照就是个人所持有的私人护照。企业人员因公出差,绝大部分持有的也是因私护照。

因公护照和因私护照的区别：①工作的性质不同,一个是公务活动,一个是私人行为。②被颁发人不同,一个是国家公务员及其家属,一个是普通公民。③办理护照的机关不同,因公护照由外交部、大使馆及其授权政府颁发,因私护照由户口所在地公安局颁发。④因公护照一般靠单位办理,因私护照可以自己办理。⑤使用年限不同,因公护照有效期最长不超过 5 年,期满前可延期。因私护照因具体情况而定,一般使用年限为 10 年。

2. 特别通行证

特别通行证,是用于往来于同一个国家的特别行政区的通行证件。例如"来往港澳通行证"。

3. 签证

出国签证就是在一个人所持的护照或旅行证件上签注（盖章）,或贴上一张标签,盖章或标签带有清晰的说明文字,指明持有人进入该国的事由、允许停留的时间,或通过其领土前往其他国家的许可。

4. 签证保险

签证保险也称为旅行医疗保险。作为签发申根签证的基本前提,所有申请人都必须办理旅游医疗保险。根据申根协议,在入境申根国前所有申请人必须购买并出示医疗保险,否则被禁止入境。

5. 商务旅行卡

商务旅行卡,是一种与有效护照共同使用,无须办理入境签证,可自由往来于被批准入境的国家和地区的证件。例如 APEC 商务旅行卡。

六、文化信息

商务旅行文化信息,主要包括旅行目的地和经停地点的文化细节、着装规范、饮食习惯、商务礼仪。

1. 文化细节,主要是风土人情、文化特色、人们喜恶等。

2.着装规范,主要是着装习惯、着装特色和着装忌讳等。

3.饮食习惯,主要是饮食习惯、饮食特色和饮食忌讳等。

4.商务礼仪,主要是商务礼仪规范、特色等。

七、天气信息

商务旅行天气信息,主要包括季节变化、空气质量、温度评价、空气调节的要求和需要的着装等。

1.季节变化,主要是旅行目的地和经停地点的季节变化。比如中国的一月份是冬季最冷的季节,而在墨尔本却是夏季最热的季节。相反,中国的七、八月份是夏季最热的季节,而在墨尔本却是冬季最冷的季节。

2.空气质量,主要是旅行目的地和经停地点的空气质量评价,比如是否有雾霾,空气中 PM2.5 污染物含量等情况。

3.温度评价,主要是旅行目的地和经停地点的气温状况。

4.空气调节的要求,主要是旅行目的地和经停地点的空气是否需要另外附加设备进行调节。

5.需要的着装,主要是旅行目的地和经停地点是否需要另外准备应对天气变化的服装。

八、获得商务旅行信息的渠道

旅行目的地合作单位、互联网、旅行手册、大使馆、保险公司、国内/国际宾馆连锁机构、旅游公司、年鉴、地图册、日历等。

课后任务训练

5～7 人分成一个小组,讨论 APEC 商务旅行卡的作用和发展前景。

第五节　企业因公出差和费用支付管理

在我国企业活动中,都习惯地把商务旅行称作因公出差或简称为出差。企业因公出差和费用支付管理,是商务旅行管理的重要环节。

一、因公出差审批权限

明晰企业因公出差审批的职责权限,是实现强化出差管理的重要条件。划分企业因公出差管理权限的方法,包括以下三个方面:

1.以出差人的层级为标准划分因公出差审批的职责权限。一般是由因公出差人的上一级或上二级审查批准是否可以出差和出差的时间、地点、任务等。

2.以出差时间长短划分因公出差审批的职责权限。比如出差三天以内,由上一级审查批准,出差三天以上,由上二级审查批准等等。

3.以出差地域划分因公出差审批的职责权限。如本市、省内、出省、出国等不同地域由不同等级的部门和人员批准。

二、因公出差审批程序

每个企业都会有因公出差审批程序的规定,任何一个出差人都必须严格遵守企业的因公出差审批程序,否则不可能被批准出差,也不可能办理财务报销手续。一般情况下,因公出差审批应包括以下程序:

1.制订因公出差(商务旅行)计划和预算,明确列出因公出差的目的和理由,出差的时间和地点,参加的商务活动和约见的人员,选择的路线和交通工具,住宿的宾馆和星级,所需经费和其他要求。同时列出整个因公出差的时间表。

2.填写因公出差审批表(表12-5)。企业因公出差审批表,应包含下列8项内容:

表 12-5　　　　　　　　　米尼公司因公出差审批表

出差人				所属部门		
出差时间		年　　月　　日　——　　年　　月　　日				
出差地点 及所属消费区	至 出差地所属消费区:□一类　　　□二类　　　□三类		;	至		
出差事由						
报销限额核准	交通费: 飞机□商务舱□ 经济舱□ 轮船□一等舱□ 二等舱□三等舱□	火车□软卧 □硬卧□ 汽车□		住宿费:		膳食补贴:
直线上级		单位总经理			分管领导	

(1)因公出差人姓名。

(2)因公出差人所属部门。例如:销售部

(3)因公出差的起止时间。例如:20××年12月5日~20××年12月12日。

(4)因公出差地点。例如:韩国首尔。

(5)因公出差地点所属的消费等级区域。大部分企业都依据国内城市的等级划分因公出差补助报销标准,如:因公出差到直辖市、省会城市、地市级城市、县级城市等不同地域,出差补助的报销标准也不同。

(6)出差事由。可能包括合作谈判、业务洽商、推销商品、催缴货款、参观考察、学习培训、参加会议等多种理由。

(7)应享受的报销标准。因公出差人的级别不同、出差地点不同,甚至出差的任务不同,报销的标准也不完全相同,因公出差人员在出差前对相应的报销标准提出申请,请领导批准确定下来,有利于出差结束后按审批的标准报销。

(8)批准人签名栏。这与企业的审批制度有关,这个栏目就是要设置为有责任批准出差人出差的责任人签名栏。

3.申请批准。因公出差人员,持因公出差审批表,并附上因公出差计划,报请有权批准出差的责任人批准。

4.备案。因公出差被批准后,要到直接上级、人力资源管理部门、财务部门备案。

三、企业差旅费构成

企业差旅费是企业员工处理公务或外送学习培训、外出参加会议、外出考察等活动发生的费用,主要包括:

1.长途交通费:乘坐飞机、轮船、火车、长途客车的费用。

2.市内交通费:乘坐公共汽车、出租车、地铁、轻轨列车的费用。

3.住宿费:异地出差因过夜住宿发生的费用。

4.膳食补贴:按地区标准和出差期间就餐次数及补贴限额计发的补助费用。

5.其他费用:因公务发生的电传、邮寄、寄存、托运、公共服务等费用。

四、因公出差费用的报销标准

企业员工出差乘坐车、船、飞机和食宿费用都应按规定的标准报销。企业因公出差费用的报销标准,因企业所处地域不同,企业的性质不同、企业的创收水平不同和其他各种原因,其限额控制的标准也不尽相同。下面是某企业现行的因公出差费用报销标准,可供参考。

表 12-6　　　　　　　　　　　出差交通费限额标准

层级	交通费			住宿费(元/夜)		膳食补贴(元/天)	
	飞机	火车	轮船				
决策层 (董事长、总裁)	商务舱	软卧	一等舱	按实报销		按实报销	
决策层 (副总裁)	商务舱	软卧	一等舱	一类消费区	×××	一类消费区	×××
				二类消费区	×××	二类消费区	×××
				三类消费区	×××	三类消费区	×××
管理层	经济舱	软卧	二等舱	一类消费区	×××	一类消费区	×××
				二类消费区	×××	二类消费区	×××
				三类消费区	×××	三类消费区	×××
督导层	事前报批 经济舱	硬卧	三等舱	一类消费区	×××	一类消费区	×××
				二类消费区	×××	二类消费区	×××
				三类消费区	×××	三类消费区	×××
执行层	事前报批 经济舱	硬卧	三等舱	一类消费区	×××	一类消费区	×××
				二类消费区	×××	二类消费区	×××
				三类消费区	×××	三类消费区	×××

备注:一、二、三类城市按每年财务制度新标准。国外出差费用每批次由总裁事先审定批准执行标准。

五、因公出差交通费的报销原则

1.应凭与出差地点、路线、时间一致的有效票据报销。

2.座席、卧铺的标准,应按企业制度规定执行,未经批准超标准乘坐飞机、轮船的高等级座席或火车、汽车的高等级卧铺,超过应报销标准部分,原则上应由个人承担。

3.应按原计划核准的线路和所乘坐的交通工具报销,如未经批准改变了线路和所乘的交通工具,超过原核准部分应由个人承担。

4.在出差地办理公务以乘坐公共交通工具为原则,任务紧急或携带公物过重的可选择乘坐出租车。市(县、区)内交通费,应凭据与出差地点和出差时间相一致的公共汽车、地铁、城际铁路或出租车票据报销。

5.多人一起出差,同乘一辆出租车,其交通费只能由一个持票人代为报销,同行其他人员不得再报销。

6.经批准同意,个人或多人一起乘坐私家车出差,凭票报销与出差时间、出差地点相一致的过路费。燃油费按里程核算报销,随同人员不再报销相关交通费。

六、因公出差住宿费的报销原则

1.因公出差住宿费,应以与出差时间、出差地点相一致的有效住宿凭证核准报销。

2.超出制度规定的住宿标准,超过标准部分原则上应由个人承担。

3.国外出差,应按因公出差计划核定的住宿地点和标准,并按与出差地点、出差时间相一致的住宿付费票据核准报销。

4.未经批准擅自改变住宿地点,低于规定标准和核准标准的,按住宿付费单据的金额报销,超过规定标准和核准标准的部分,原则上应由个人承担。

5.由接待单位免费接待安置的,不应报销住宿费。

6.参加会议、学习、培训,其会议培训期间支付的会议费、培训费、资料服务等综合性费用中已包括了住宿费的,不再报销住宿费。

七、因公出差费用报销程序

因公出差人员完成出差任务后,应按规定尽快办理报销手续、结清借款。企业对因公出差人员完成出差任务后办理报销手续的时限要求不相一致,有的规定十天,有的规定七天,有的规定三天。对无故不按期报销者,企业一般都采用不予再次借款或从工资中扣付的处理措施。因公出差费用报销,一般执行下列程序:

1.因公出差人员填写因公出差报销凭证。各个企业的报销凭证不完全一样,基本内容包括:出差人姓名、所在单位、填报报销凭证的年月日、出差的事由、出差的地点、出差的天数、车费的报销标准和金额、住宿费的报销标准和金额、膳食补贴费的报销标准和金额、本部门领导审核签字、批准出差领导审核签字、财务签字、出差人签字。一般都设有发票粘贴处,有的放在背面,有的另附一页纸,也有的在正面留一块粘贴发票的空白处。

2.先交由主管会计对单据有效性及费用标准符合性进行稽核,符合规定的签名后交还出差人。

3.按审批权限分别送部门总经理或分管领导签字批准。

4.再送财务部门进行资金支付审批。

5.审签手续完备后到出纳处报账或冲抵借款。

八、因公出差费用的支付形式

1.转账支票

大额差旅费可由企业财务开出银行转账支票,向旅行机构支付。如飞机、火车、轮船的大额购票费,也适用于企业在酒店设有账户的情况。

2.预付现金

因公出差人员按预算向企业财务借款,用于商务旅行过程中支付差旅费,并获得付款票据。因公出差人员完成出差任务后,凭有效票据到财务办理报销手续,结清借款,没有花掉的余款返还财务。

3.信用卡

企业发给因公出差人员银行信用卡,存入与商务旅行预算相近数额的现金。因公出差人员在商务旅行中,用信用卡支付相关费用。信用卡存款不够支付数额时,由出差人暂时垫付。因公出差人在完成出差任务后,凭有效票据到财务办理报销手续。同时对信用卡支付情况进行结算,多退少补。

课后任务训练

米尼公司派你和管理层人员共计 2 人,从你所在城市出发到距你所在城市 800 公里以外的另一城市出差,参加为期 2 天的业务培训,培训费每人 800 元,计算应该预借多少现金。

实践课堂

一、任务模块

（一）某研究生班赴澳学习,编制旅行计划

P 大学研究生班 15 名学员（其中:男 10 名、女 5 名）,已完成在米尼公司培训中心的学习阶段,即将赴澳大利亚学习一个学期（6 周）。P 大学下一学期开学时间为×年×月×日,请为这班学生安排旅行计划。研究生班代表 A、B、C 对旅行的要求:

1.对航班的要求。全部乘经济舱,提前 1~3 天到达。全班同行。回程安排在学习结束后的 3~5 天内启程,办理往返机票。

2.对住宿的要求。住学生公寓,可 2 人合租,有自助炊事条件,人均每周租金低于 40澳元。住当地居民家里,步行至大学的时间不超过 30 分钟,供应早餐,有自助炊事条件,有较好的自学环境,每周租金不高于 30 澳元。中途转机,候机时间不超过 4 小时,不必安排住宿,候机时间 4~12 小时安排临时性的休息住房,候机时间超过 12 小时安排住宿。

3. 对国内交通的要求。

由北京出境，有 4 人乘本单位车直接去北京首都机场，有 11 人前一天乘×次火车去北京，要求在本市安排车送站，在北京安排车接站并送到首都机场。

由香港出境，全部人员乘本市至香港的飞机，至少应提前 2 小时到达香港国际机场，要求安排车送人到本市机场。

由本市出境，要求安排车送人到本市机场。

如在新加坡樟宜国际机场、韩国仁川国际机场、澳大利亚悉尼国际机场、中国香港国际机场转机并需要住宿时，要求安排人员和车辆接送。

4. 对证件和资料的要求。护照、签证、免疫证、P 大学外国留学生指南、墨尔本气象资料、本次旅行计划、各转机地食宿和交通费结算办法、安全注意事项。

5. 其他。不另配备翻译，由英语熟练的学生担任翻译，需支付翻译费每周 500 澳元。

（二）计划更改要求

在计划确定的启程时间的前两天，突然发现全班带队的 A 和另一名学生 S 的护照，在澳大利亚驻北京大使馆完成签证程序后，没能及时寄到本人手中。经与大使馆联系，确认与其他人的护照同时从邮局寄出。A 与 S 不能与全班同行，必须调整旅行计划。

二、目的和要求

（一）目的：培训和检验安排商务旅行的职业能力。

（二）要求：掌握与以下职业能力相关的知识和操作要领：

1. 准确获取旅行者旅行目的、旅行时间、所到地点、期限等和对旅行及住宿的具体要求。

2. 收集所去旅行目的地必要的资料，并根据单位规定选择旅行的最佳路线和交通工具。

3. 根据单位规定选择相应的住宿规格，并制订出整体旅行方案和经费预算。

4. 按照旅行机构的要求准备齐全旅行者的证件、旅行文件和费用。

5. 在商定的时间内协助旅行者办理好旅行所需的各种证件、旅行资料和国际货币。

6. 在商定的时间内协助旅行者购买旅行计划中的机（车、船）票，解决和落实交通工具。

7. 在商定的时间内协助旅行者预订旅行计划中所到地的住房，并予以确认。

8. 向旅行者提供详细的旅行计划，标明时间、交通、地点、住宿、联系方法等细节。

9. 当计划安排未落实或出现变更时，能够查明原因，及时采取补救措施。

10. 根据预算和实际变化，监督、核查以确定旅行和住宿经费的支出。

三、模拟现场设计

（一）人员：4～5 人一组

（二）场地：一个标准化办公室

（三）设备及设施：

办公桌椅、书柜、一部电话、一台能上网的计算机、传真机、打印机、复印机、记录本、单位简介、单位机构图、单位出差管理规定、旅游手册、中国地图册、世界地图册、火车时刻表、长途汽车时刻表、飞机航班时刻表、模拟政审报告、模拟团组出国请示、因公护照办理的有关规定和程序、模拟因公护照、因私护照办理的有关规定和程序、模拟因私护照、模拟身体健康免疫检查证书、模拟中保人寿保险公司出境传染病保险单、换汇的有关规定和程序、因公购汇审批单、因私购汇审批单、银行对外付款申请单、中国银行电汇申请书、中国银行存款证明书、汇率表、美元式样、英镑式样、澳元式样、模拟飞机票、飞机票价表、模拟火车票、火车票价表、模拟长途汽车票、长途汽车票价表。

(四)模拟编制拉筹伯大学研究生班赴澳旅行计划和计划更改的步骤:

1. 设置以下模拟人员:

模拟行政助理:负责编制旅行计划、监控计划执行和计划更改。

拉筹伯大学研究生班学生代表:负责为行政助理提供赴澳旅行的要求。

P大学代表:负责为行政助理提供P大学课程安排、食宿安排等条件和要求,发食宿安排等方面和最后确认的传真,处理学生住宿、保险、交通、旅游等费用收据。

航空服务公司代表:负责向行政助理提供航班、起降时间表、票价表、机场服务项目、预订机票及其他服务项目、提供模拟机票等。

旅行社代表:负责向行政助理提供旅行服务咨询、旅行手册、签订模拟旅行服务协议书、模拟机票、火车票、长途汽车票、保险协议书等。

防疫站代表:负责提供出国防疫检查的咨询服务、模拟防疫检查证书。

银行代表:负责提供银行换汇的条件、规定和程序、当日汇率、模拟换汇清单等。

中转代表:负责中转食宿和交通工具安排、确认,发送安排和确认的传真。

2. 接受任务

米尼公司培训中心主任向行政助理布置任务:完成P大学研究生班赴澳学习的旅行安排:编制旅行计划,监控计划的执行,在计划执行中出现影响计划执行的问题时调整计划。

3. 行政助理收集研究生班学生的旅行信息,包括此次旅行的目的、旅行时间、所到地点、期限等和对旅行及住宿的具体要求等资料,并写好记录。

4. 行政助理收集其他有关交通工具、交通线路、交通价格等相关资料。

5. 行政助理选择旅行路线。从已有信息中选择一条旅行路线,并说明选择的理由。要求与其他路线对比说明选择的合理性,写成文字说明材料。

6. 行政助理为研究生班学生安排住宿,并写成文字材料说明选择的合理性。

7. 行政助理编制旅行计划和旅行预算。

8. 行政助理为研究生班学生准备旅行证件、旅行文件、旅行费用。包括:身份证;户口簿;拉筹伯大学录取及注册文件;拉筹伯大学邀请函;中心与拉筹伯大学联合办学协议书;拉筹伯大学留学生入学指南(包括该大学简介、地理位置、交通介绍、当地气候、风土人情、住宿和就餐等);旅行计划及预算;所需经费人民币金额(交财务借款单据)。

9. 行政助理组织和指导研究生班学生办理护照、健康免疫检查证书、护照签证等手续。

10. 行政助理为研究生班学生办理换汇申请,将人民币兑换成澳元或美元。

11. 行政助理为研究生班学生订购飞机票、火车票或长途汽车票。

12. 行政助理确定启程时研究生班学生的集中地点、到车站(机场)的交通工具以及准确的出发时间。

13.行政助理确定抵达墨尔本机场后,拉筹伯大学的联系人、联系方式、由机场到拉筹伯大学的交通工具,获取拉筹伯大学接待负责人确认接机时间、交通工具安排的传真、电子邮件或电话记录。

14.行政助理确定中途转机时住宿地点、从机场到住地的往返交通工具、中转接待人和联系方式及特殊情况的应急措施。(中转站负责人的传真、电子邮件或电话记录)

15.行政助理确定旅行者在墨尔本期间的住房,在出发前还要对住房的安排做最后的确认。(安排住宿和确认住宿安排的传真、电子邮件或电话记录)

16.启程前,研究生学生代表打电话告诉行政助理,旅行者 A 和 S 的护照,从大使馆寄出后,没有按时到达本人手里。行政助理立即打电话问询澳大利亚驻中国大使馆,确认 A 和 S 的护照已经签发,并已与研究生班其他学生的护照同时寄出。为此,行政助理修改了计划,为 A 和 S 安排新的行程。

17.行政助理对旅行发生的各种支出费用进行审查,确定哪些是合理的,哪些是不合理的,与预算对照写出分析报告。

18.行政助理向研究生班学生收集对旅行安排的意见和评价。

19.行政助理写出《P 大学研究生班赴澳学习旅行安排总结报告》。

20.行政助理写出《P 大学研究生班赴澳学习旅行中学生对安排的意见的处理报告》。

四、完成任务后每个人需要提交的工作成果

(一)提交为他人安排的商务旅行计划以及办理相关交通和住宿的文件、票据凭证复印件。

提示一:这项工作成果是要求提交 3 种文件和资料:一是近期为他人安排的商务旅行计划,二是办理相关交通和住宿的文件,三是票据凭证的复印件。

提示二:旅行计划是指旅行安排的详细时间表。其中包括:旅行的日期和时间;旅行方式、旅行的目的、住宿安排、有用的电话号码等。

提示三:交通和住宿的相关文件,是指为旅行者预订航班(火车、轮船、长途汽车)、宾馆客房的协议书、确认书、回执书、电话记录等。

提示四:票据凭证,是指旅行者的机票(车票、船票)、住宿发票。

提示五:复印件,是指票据凭证的复印件,不是计划和文件的复印件。

(二)自评在安排上述活动中自己的体会、经验和不足,以及对旅行者意见的处理报告(600 字左右)。

提示:这项工作成果可以分为 2 件或合为 1 件。

如果分为 2 件,应提交 1 份安排上述商务旅行的工作总结和 1 份对旅行者意见的处理报告。

如果作为 1 件,可以将上述内容分别写在同一份"总结报告"中。总结报告内容应包括体会、经验、不足、处理意见四个部分。

参考文献

[1]　胡鸿杰.办公室事务管理.北京:中国人民大学出版社,2008

[2]　吴琼.如何进行行政管理.北京:北京大学出版社,2010

[3]　黄维德,董临萍.人力资源管理.北京:高等教育出版社,2005

[4]　李瑛珊.企业行政管理实务.北京:北京大学出版社,2011

[5]　曾仕强.圆通的人际关系.北京:北京大学出版社,2008

[6]　李建华.企业行政管理经理实操细节.广州:广东经济出版社,2009

[7]　田文雅.常用办公设备的使用与维护.北京:高等教育出版社,2008

[8]　申海霞.现代常用办公设备的使用与维护.北京:北京理工大学出版社,2008

[9]　周思敏.你的礼仪价值百万.北京:中国纺织出版社,2010

[10]　邢以群.管理学.北京:高等教育出版社,2008

[11]　英国伦敦工商会考试局:《如何通过企业行政管理二级》(中文版)1999.6

[12]　英国伦敦工商会考试局:《如何通过企业行政管理三级》(中文版)1999.6

[13]　马蔚然.企业行政管理职业化的路径分析.企业改革与管理,2015(03):24-33.

[14]　马蔚然.如何建立、维护和改善办公环境.商,2013(8):249-249.

[15]　马蔚然.论企业行政管理职业化.企业导报,2012(17):30-31.

[16]　马蔚然.建立机关办公工作程序的规范性研究.辽宁经济管理干部学院·辽宁经济职业技术学院学报,2012(1):16-17.

[17]　马蔚然.人才供求不平衡与建立权威 HR 数据库档案.辽宁经济管理干部学院·辽宁经济职业技术学院学报,2011(3):12-13.

[18]　马蔚然.白领工作中的无效时间与赏识激励.理论界,2010(6):211-212.

[19]　马蔚然.借鉴 NVQ 经验改进管理类实践教学模式的设想.辽宁经济管理干部学院·辽宁经济职业技术学院学报,2010(2):96-97.

[20]　马蔚然,赵兴元.人力资源管理系统的开发与应用——中小企业咨询项目的设计.辽宁经济管理干部学院·辽宁经济职业技术学院学报,2006(3):47-48.

[21]　岳昕,马蔚然.试论人才"过剩"与职业生涯规划.辽宁经济管理干部学院·辽宁经济职业技术学院学报,2004(4):48-49.

[22]　马蔚然.怎样提高企业办公设备管理效率.商情,2013(46),312-333